做中國人

楼宇烈清华《君子》演讲实录

楼宇烈 著

人民东方出版传媒
People's Oriental Publishing & Media
东方出版社
The Oriental Press

图书在版编目（CIP）数据

做中国人：楼宇烈清华《君子》演讲实录 / 楼宇烈 著 . —北京：东方出版社，2023.1
ISBN 978-7-5207-3252-9

Ⅰ . ①做… Ⅱ . ①楼… Ⅲ . ①中华文化—文集 Ⅳ . ① K203-53

中国版本图书馆 CIP 数据核字（2023）第 001115 号

做中国人：楼宇烈清华《君子》演讲实录
（ ZUO ZHONGGUOREN：LOU YULIE QINGHUA《JUNZI》YANJIANG SHILU ）

作　　者：楼宇烈
策　　划：张永俊
责任编辑：张永俊　李　森
责任审校：任　丽
出　　版：东方出版社
发　　行：人民东方出版传媒有限公司
地　　址：北京市东城区朝阳门内大街 166 号
邮　　编：100010
印　　刷：北京启航东方印刷有限公司
版　　次：2023 年 1 月第 1 版
印　　次：2023 年 1 月第 1 次印刷
开　　本：710 毫米 ×1000 毫米　1/16
印　　张：18.5
字　　数：225 千字
书　　号：ISBN 978-7-5207-3252-9
定　　价：58.00 元
发行电话：（010）85924663　85924644　85924641

编选说明

1914 年 11 月 5 日，梁启超先生应邀在清华同方部做《君子》演讲，他用《周易》中"天行健，君子以自强不息""地势坤，君子以厚德载物"这两句象辞，勉励清华学子发愤图强、勉为真君子。这次演讲后，"自强不息，厚德载物"八个字被铸入清华校徽，高悬于大礼堂的上方，成为清华师生共同遵守的校训。

1999 年 11 月以来，承季羡林、杨振宁、李政道、金德年、钱逊、楼宇烈、韩铁城等学长和大先生们的鼓励帮助，在清华同方股份有限公司、清华大学继续教育学院、清华大学教育基金会、清华校友总会、河北清华发展研究院、清华大学艺术教育中心等学校相关部门及社会各界的接续支持下，以"传承清华人文精神，弘扬民族优秀传统文化"为己任，校友们志愿发起开展了"清华园里读经典"系列主题公益文化活动，先后策划并承办了清华大学 90 周年校庆"名家绘清华"、100 周年校庆"百年树人"、110 周年校庆"清华校友名人故里行《家国君子》主题文化寻根活动"等大型文化艺术创作展示交流项目。

2014 年 11 月，由部分 1983 级校友倡议发起，开始组织"君子的节日"系列年度传统文化论坛，包括每年 11 月中上旬的"纪念梁启超清华《君子》演讲年度讲座活动"和每年校庆期间以"中华优秀传统文化创造性转化与创新性发展"为主题的"校庆新民文化论坛",连续九年,楼宇烈先生作为年度主讲嘉宾和活动总顾问,莅临清华做《君子》主题演讲,数百万人次曾经线上线下聆听过他的教诲。

《做中国人——楼宇烈清华〈君子〉演讲实录》一书,由清华校友总会推荐出版,编选了楼宇烈先生 2014 年至 2022 年在清华"君子的节日"上的演讲和为学生社团协会做的相关主题讲座实录 16 篇,内容主要由先生的博士弟子子宁、佳希、肖磊等老师整理,谨此致谢。

楼宇烈先生是"清华园里读经典"系列主题文化活动的总顾问,是中华优秀传统文化的集大成者和虔诚守护者,在清华的《君子》演讲先生谢绝了所有课酬,本次图书出版前又签约向清华校友君子文化传承发展基金项目捐赠全部稿酬。感恩先生大德,清华校友总会特设立"清华园里读经典 楼宇烈新民文化论坛奖",以鼓励更多的公益文化学者参与中华优秀传统文化的传承与发展事业,谨此致敬。

徐林旗

2022 年 11 月 10 日

（徐林旗,清华校友总会君子文化传承发展项目总干事、"清华园里读经典"系列主题文化活动公益总发起人。）

目 录

做中国人（代序）

各位领导，各位老师，各位同学，各位朋友：

大家下午好。又逢清华"君子的节日"活动，邀请我来做一个演讲，今天我要讲的主题是"做中国人"。其实这个题目对我来讲，是一个很沉重的题目。今年徐林旗老师跟我商量，说要把我多年在清华《君子》论坛的讲话整理出版，书名定成什么呢？我考虑了很久，最后定为《做中国人》，徐老师很赞成。后来我把这个想法跟很多朋友交流，大家都很赞成。那么，为什么我说这个题目沉重呢？在座的可能会想：做中国人？我们生在中国，长在中国，生长在中国，为什么还提出"做中国人"这样一个题目来呢？我们近百年来，一直向西方学习，可以说学到了很多东西，也推动了我们国家多方面的文化发展；但是，我们很多人也丢失了中国心，我们变得有点不像中国人了。所以，我感觉这是一个非常大的问题、非常严重的问题。文化的自信、文化的主体精神，是一个民族、一个国家的显著标志，文化首先体现在我们的衣、食、住、行里。

我们现在是怎么穿衣服的呢？你穿的衣服，我穿的衣服，还是中国的衣服吗？这是个很大的问题。我们现在的婚丧嫁娶，都以西方为典范，慢慢成为一个很普遍的现象。丢失自己民族的礼仪、服装和风俗特色，其实是一件很令人难过的事。比如说我们大学生、研究生、博士生的毕业礼服问题，我记得清华的彭林教授曾经提出，希望改革我们现在所穿的毕业礼服，认为这样的服饰样式是完全西方的，是西方基督教传教士的服饰。多年来，也有人尝试过设计有中国文化特色的学位服，但至今我们仍然穿的是西式的。我们有五千年的文明，我们有源远流长的服饰传统，我们有五十六个民族，每个民族都有自己的特色服饰。为什么不选择我们中华民族的服饰，或者在这个基础上进行设计，从而形成有中国特色的学位服呢？中国自古被称为"衣冠上国""礼仪之邦"，"有礼仪之大，故称夏；有服章之美，谓之华"，对照现实状况，我们心里不由得不难受。

再看看我们现在的婚礼。中国传统上是以红色为喜庆，所以过去的婚服以红色为主色调，而白色用作丧事。我们现在的婚礼，特别是女性，穿的多是白色的衣裙、婚纱，与传统的理念风俗正相反，还有中国特色吗？这非常值得我们思考。其实，我们要走向世界，就要拿出我们自己国家的文化特色。我一直讲，这句话很重要：民族的才是世界的。不要误以为走向世界，就是和世界一模一样，就是迎合现代潮流；相反，越是民族的，越具有世界性意义。我们要好好地思考，因为我们有自成一体的优质特色，才能参与和全世界的交流互鉴，在差异中学会互相尊重、互相欣赏、彼此丰富。别人看到你，才可能来尊重你；你把自己的特色都弄没了，根本就不会被别人看到，尊重又从何而来呢？

我记得彭林教授也讲过，我们现在的饮食方面也失去了特色。就拿我们的寿宴来讲，过去过生日，给老人做寿，我们吃的是寿桃，喜洋洋的。现在呢，吃的是蛋糕，蛋糕上还插了蜡烛，然后还要吹灯拔蜡。作为一个中国人，从小习惯了这样，其实是有一点问题的。我的意思，并不是要复古、完全回到原来的样子，而是说我们自己的很多风俗习惯，保留下来是很有必要的，让子孙知道先辈是怎么生活的，这里面有什么讲究。我们现在过很多节日，我们传统节日的气氛是让人内守、让人宁静淡泊，而现在过西方人的节日，比如情人节、复活节、圣诞节等等，加上商业的炒作，越来越热闹。而这些，虽然可以说是严肃的问题、很沉重的问题，但都还是外在的，更重要的问题是内在的。

内在的，就涉及我们的观念，包括生命观、价值观等等。在这些上面，我们丢失的太多太多了，比如说，现在一些基本的概念——人类的共同价值观念：平等、自由、博爱、民主。在对这些概念的理解上，我们习惯了西方的标准。很多人都不知道，中国有几千年的历史，文化中早就有对这些观念的认识，这些认识可以跟西方文化中对这些观念的理解相比较，相互取长补短。有多少人想过，我们历史上关于"平等"的概念，是不是就像现在通常理解的这样？我们中国的平等概念，是"维齐非齐"的，是承认差异的；现象上的平等不是真正的平等，我们不是追求形式上的、外在的平等，而是追求人类内在的真正的平等。事物之间有着差异、差别，差异、不平等不是正常现象吗？世界上没有两个完全相同的东西。任何两个东西之间都有差别，我们经常讲，世上没有两片完全相同的树叶。孟子讲过一句话，"物之不齐，物之情也"，万物不是齐一的，这是万物的实情。我记得习近平主席在庆祝孔子诞辰 2565 周年大会上的讲话（编者注：指 2014 年 9 月 24 日在纪念孔子诞辰 2565 周年国际学术研讨会暨国际儒学联合会第五届会员大会开幕会上的讲话），也引用了这句话。这是正常的，是现象上的真实情况。所以我们要求现象上的平等，这是西方人的观念。我们要求男女平等，男女能平等吗？男人能成为女人，女人能成为男人吗？不可能，要相互尊重，这才是真正的平等。《礼记》里面讲："礼者，自卑而尊人。"这个"卑"，不是卑鄙、卑下，而是谦卑、谦虚。礼的目的就是要我们每个人懂得尊重别人，自己要谦虚、谦下。在我们的传统里，"虽贩夫亦有可尊之处"，就是一个挑担子的人，也有值得我们尊重的地方，所以孔子才说，"三人行，必有我师"，这才是中国人的真正的平等观念，追求内在的相互的尊重，而不是外在的形式上的平等。有的时候，外在的平等还会伤害很多人。人的智能、体能都是有差别的，我们不可能要求大家一样。有人生来就体弱，只能扛50斤的东西，有人生来就身强力壮，扛100斤的东西也很轻松。我们怎么能要求前面的人跟后面的人去拼呢？我们强行要求每个人都扛100斤，那只有50斤承重量的人肯定受不了。反过来说，让每个人都扛50斤，那对100斤承重量的人来说是一种委屈、屈才。那好，平均一下，大家都扛75斤，这样两方都受损害。那怎么才是真正的平等？每个人尽自己的力量，发挥到最高、最好的程度，我能扛50斤，就把50斤扛好，而且不断提高；我能扛100斤，就把100斤扛好，我尽自己所能，多承担一些。扛50斤的人尊重扛100斤的人，扛100斤的人也尊重扛50斤的人，这样才是真正的平等。这是体能上的差异，智能上的差异就更大了。不可能要求大家都一样，必须相互尊重才行。所以中国的平等，讲究的是内在的平等，这是一种真正的平等。礼教的一个重要内容就是要求相互尊重。

那么自由呢？就是可以自我放肆吗？不是这么简单的事情。自由一定是在规则下的自由，这是中国文化中的要求。中国历史上有没有追求绝对自由的人？也有。比如说魏晋时期"竹林七贤"中的嵇康，提出的口号很响亮："越名教而任自然"，要超越名教对人的束缚，在嵇康看来，名教也有束缚人的一面，要超越，放归自然。可是，想怎么样就怎么样，行吗？当然不行。嵇康另一方面又看到，人类的行为必须有自我约束。如果不能自我约束，会影响人的各方面，特别是身体。他在一篇《答难养生论》中，提到了养生有五难：一难，名利不灭；二难，喜怒不除；三难，声色不去；四难，滋味不绝；五难，神虑消散。

第一条，名利不灭，别谈养生。名利是什么呢？人的欲望。这种欲望追求，需要得到控制、限制。讲到君子，有一条很重要，就是能控制自己的情绪。《周易·损卦》的象辞里有一句话，"君子以惩忿窒欲"，君子能够控制住自己的情绪，不能随意发泄。控制不住自己的情绪，就会引发很多问题。这就是嵇康讲的养生难的第一条。

第二条，喜怒不除，难养生。就是刚才讲到的情绪控制，大喜大怒不仅会对健康造成伤害，还会让你的人生遭遇很多困境。

第三条，声色不去，养生难。声色也是一种欲望的表现。贪爱这个颜色，喜欢这个形象，追求这个鼓声，这种过度的偏好、欲望，也需要得到控制。

第四条，滋味不绝，养生难。吃到好吃的放不下，过度地吃、拼命地吃，就把自己撑坏了。

第五条，神虑消散，耗散自己的精神，养生难。

就这几条，不灭、不除、不去、不绝、耗散，所以养生难！像嵇康这样，一方面提出"越名教而任自然"，另一方面也看到人不能无穷地放肆，这就是自由的艺术。中国文化对自由的理解就是这样的，是在守住一定规矩的前提下，能够自我克制，才会有自由，否则没有自由可讲。孔子讲他"七十而从心所欲不逾矩"，其实也很好理解，在我们日常生活中到处可以碰到。我们如果遵守交通规则，那么怎么开车、怎么骑车、怎么走路，都是很自由的；但我们想闯红灯、不遵守交通规则，那就一点自由都没有。其实西方的自由概念也不那么绝对，是我们在接受西方自由思想的观念中有误解。而更大的问题，在于我们不懂得自己传统文化中关于自由的理解。

至于民主，大家恐怕就更不明就里。对传统文化中的民主理念，大家不一定理解。现在提到民主，似乎就是西方式的争取权利。其实，中国文化中的民主，是有两点非常重要的内涵的。我们现在正在继承和发扬，但我们是不是理解和自觉呢？我讲出来给大家听。中国的民主是以民为主、为民做主。民是国家的主人，这叫民主，"民惟邦本"嘛！习近平总书记讲过一句话：江山就是人民，人民就是江山。中国的民本思想，"民为贵，社稷次之，君为轻"，历史上有没有走歪的呢？有，颠倒了君和民的轻重关系就是走歪了。但我们的根本理念，仍然是以民为贵、以民为本、以民为天、以民为主。这是中国民主的根本。我们说说另一方面的含义，要为民做主。当管理者、当领导的，必须为民做主，才叫民主，不能为老百姓做主，不能为老百姓的利益着想，那不如回家卖红薯。那么怎么为民做主呢？就是我们提出来的"全心全意为人民服务"。人民就是江山，江山就是人民，这是中国的民主思想的核心。我们现在在运用，但未必理解得清楚。我们的思想受西方的影响太大，一切以西方的话语权为标准，失去了中国自己的文化话语权。

中国的文明体系很早就建立了，就是通过礼和乐的教化。礼的教化更多地侧重道德方面，做人应该怎么做？要做个君子，君子之德是什么？做一个君子，应该讲诚信。朱熹讲，两个字：一个"诚"，一个"敬"。诚就是做人要讲诚实，不能够自欺欺人；敬就是要懂得尊敬、敬畏。这是礼的教育的核心，同时还有乐教。

礼教和乐教是一架车的两个轮子，缺一不可，缺一个轮子车就不能平稳前进。乐教，就是艺术教育，中国文化是充满了艺术精神的。而艺术教育的目的也是教人怎么做人。我们现在的艺术教育，存在很多严重的问题，特别异化，变成伤害人了，让你去争。本来琴棋书画、诗歌、舞蹈等等，都是为了完善人的品格、提升人的素质。就拿写字来说，所谓书法，就是书写的规矩、法度。写一个字，要横平竖直，这样字才端正好看。草书是在急匆匆的情况下写的，属于急就章，另当别论。苏轼早就讲过，草书是在匆匆忙忙的情况下写的。我们平时写字要横平竖直，这也是在教人做人、修身，而不是为了表演，更不是为了竞争。可我们现在引导的方向呢？是表演的、竞争的，是凸显自我、胜过别人的，是在倡导追求名利。所以，中国文化中的艺术的根本精神被异化了。艺术首先为了自娱，其次用作相互交流、共同探讨、彼此鼓励、陶冶高雅情操，现在却变成互相竞争，这是很大的问题，违背了中国文化中的艺术的根本性质。歌舞可以说是把情感宣发出来，书画让人心平气和，都是修身养性的。所以我一直倡导，每个人都应该有丰富的、充分的艺术生活。然后从艺术生活中去体会、去领略人生的艺术。这才是艺术的根本精神所在。我们不能让艺术完全受西方当代的影响，不断地往表演、竞争、争名夺利的方向发展。不要忘记我们中国艺术的根本精神，是以道统艺，由艺臻道。

中国这么悠久的历史，中国人的健康靠什么来维持？当然是我们传统的医学。西方的医学，特别是近代的医学传入中国，也就 100 多年的历史。可是我们现在的话语权，都交给了西方现代医学，把中国传统医学——维持中国几千年生命健康的医学谴责为不科学，要丢弃。这样合情合理吗？不。没有中医的话语权，不信中医，抹黑中医，是一个很严重的问题，说来话长。中医的概念，在现在很多人的认识里，仅是一个国别性的医学概念，其实不是这样。中也好，医也好，两个字结合在一起，其实有自己的意义。我们现在把"医"看作治病的，医生就是看病的。但我们知不知道，中国传统文化中有一句话说得很尖锐："有病不治，常得中医。"这句话是《汉书·艺文志·方技略》里的。为什么有病不治？这个和中国的"卫生"

概念紧密相关。现在国家管理生命健康的部门，叫卫生部。卫生是什么意思？一般的理解是，打扫卫生、消毒、清洁，这就是卫生。其实，卫生这个概念在中国也存在了几千年。我们现在能够看到的最完整的对卫生这个概念的阐释，是庄子，庄子离我们现在 2000 多年。《庄子》里面借老子的口来说，人们问怎么才能够让身体健康，老子说，要"卫生自经"。卫生自经，就是维护生命的要点。他提出来卫生有四个重点：

第一点要"抱一勿失"。"一"是什么？就是生命的源头，一生二，二生三，三生万物嘛！万物生之源头，要我们每个人能够珍惜、保持自己先天的那个生气。精气神最重要，气消耗完了，生命也就结束了，所以我们要守住根本。这是"卫生之经"里讲的第一个内容。

第二个，"能无卜筮而知吉凶乎？"卜就是占卜，筮就是筮卦，是中国古代的预测手段。"卫生之经"明确提出来，能不能不通过预测，我们就知道吉凶呢？现在有一个口号，"早发现，早治疗"，我们不能说这句话错误，但导致的后果是很严重的。以前很多人没体检，什么问题也没有，一体检出来，这也有问题，那也有问题，担惊受怕，三个月、半年、一年就走了，心里承受不了。其实"能无卜筮而知吉凶乎"讲的是，人更重要的是要知道养生、知道生命的规律，掌握了生命规律，就不用去预测而对自身有把握。生命规律也是很简单的，《黄帝内经》里面有一段话，第一篇《上古天真论》中说："其知道者，法于阴阳，和于术数，食饮有节，起居有常，不妄作劳。""法于阴阳"，就是要遵守自然的规律，春夏秋冬，我们不能夏天捂得要命、冬天冻得要命，而是要顺应天地气候的变化、地域的变化，要顺其自然。"和于术数"，要挑选适合自己的健身方法，不能乱学一气。人的年龄有差别，年轻时拼命跑步没问题，年纪大了行吗？不行。中国古代讲了很多养生的方法，也不能执着，要挑选好。后面的更简单了，

"食饮有节，起居有常"，吃东西要有度，不要看到好吃的就拼命吃，吃东西七八分饱就行了。"起居有常"，该睡觉的时候睡觉，该起床的时候起床，该工作的时候工作。我们现在一方面提倡全民健康，另一方面又在提倡 24 小时消费，白天睡觉，晚上玩手机，可以说南辕北辙。"不妄作劳"，不能过分劳累，不要年轻的时候拼命赚钱，年纪大了又拼命花钱治病。《黄帝内经·上古天真论》中说的那些通达大道的人，按照这几条做，结果是"神与形俱"，精神和形体都很健康饱满，"尽终其天年，度百岁乃去"。反过来，不懂得生命的道理，不懂得生命的规律，胡吃海喝、黑白颠倒、过分劳累，无端地消耗精神，不遵守一年四季的变化，害生伤命就是必然的，凶。中国讲"顺天者昌，逆天者亡"，道理其实很简单。

第三条，"能舍诸人而求诸己乎？"舍弃掉也就是不去依靠别人，而回到自己本身来。这是中国文化中关于生命的最重要的一个原则。生命掌握在你自己的手里，别人讲一大堆道理，你明白却不去做，那就没办法，别人爱莫能助。现在呢，我们一遇到点问题，不是求诸己，而是求诸医、求诸药。现在的医药思路，不把人看作一个活的整体的人，而把一个人看作各种零件的组合，看作一部机器。两百多年前，有人写过一本书《人是机器》，有中文翻译，也很有名。把人看作一部机器，看作各种零件的组合，所以你这个人一出现问题，我就可以修理，就吃药嘛；吃药不管用，就动手术切除，再不行就更换器官。"求诸己"却不是这样，是调整自己的心态，调整自己的生活习惯，让自己的五脏六腑达到平衡，让自己的情绪达到平衡。其实这个在两千多年前的《吕氏春秋》里面就讲得很清楚。《吕氏春秋》曾经对寿命的寿、长寿的寿做了一个说明，所谓寿，不是延长命数的问题，而是"毕其寿也"，活到该活的年纪。怎么才能活到该活的年纪呢？要祛害。大喜、大怒、大悲、大咸、大腥、大辣，过了就是害。可以说，中国古时候的生命科学是十分发达的，中国文化也可以说是一种生命文化，而生命又是指以人为主的生命。"寿，非千岁也"，《淮南子》说："明死生之分，则寿矣。"能够明白生死的道理，就寿了。我们现在这些理念，还有吗？我一得病，身体一不舒服，就去找医生，就要动手术，就要换器官，而不是从整体上来调整，自我反思：我今天身体不舒服，是不是最近我情绪有点问题？最近我是不是吃得不合适？这段时间我是不是太劳累了？

第四条，"能儿子乎？"能不能保持婴儿的状态？婴儿是困了睡觉、饿了吃饭、过了就忘。有一句很简单的话，讲了养生的道理，叫"去其所本无，复其所固有"，把本来没有的东西、后天附加的很多东西给去掉，把先天的东西找回来。所以，要保护好先天的精气神，"恬淡虚无，真气从之。精神内守，病安从来？""正气存内，邪不可干。"《黄帝内经》讲的这些话，就是要我们保护精气神，既要保护，又要培养、恢复。"卫生"的概念，我们现在有多少人了解？真正的"卫生"，只有尊重生命的规律，我们才能够健康。

我想我举了很多例子了，讲了我们丢失的许多东西。把这些东西丢失了，我们还有中国文化的主体吗？我们的生活，还是中国人的吗？我迫切希望大家好好地反思一下。我并不是排斥向西方学习，而是主张要有主体性地去吸收。我们有不足的地方，也要向别人学习，以得到充实的发展，但我们要对自己的文化有了解，有自信，有自觉，这样才能成为一个真正的中国人，从我们的衣食住行，到我们的价值观、生命观。

我在这里特别讲一个概念——遗体。什么叫"遗体"？我们现在通常认为，遗体就是尸体，人死了不就是遗体吗？但在中国文化语境下，"遗体"不是这样一个概念。"遗体"乃是生命的延续，《礼记》里面明确讲：

"身也者，父母之遗体也。"我们的生命、我们的身体，是父母遗留给我们的，所以中国的生命观，是代代相续的生命观，不是一个个体的生命观。我们每个人都要珍惜自己的生命，因为我们的生命是我们父母生命的延续。你不珍惜自己的生命，是最大的不孝。现在很多年轻人，不重视自己的生命，动不动就自杀、自残，问题很严重。必须珍惜我们的生命，《孝经》里讲："身体发肤，受之父母，岂敢毁伤？"我们要把我们这个代代相续的生命观，好好理解、继承。

"礼有三本。天地者，生之本也；先祖者，类之本也；君师者，治之本也。"天地是一切生命的本源，祖先是我们生命的本源，每一类生命都有祖先，代代相续。君师告诉我们怎么样做好人，怎么维护自己生命。中国人的传统礼仪里面，就把"天地君亲师"作为最根本的一个祭祀崇拜的对象。

时间的关系，很多东西不好展开讲。还有很多我们误解的、曲解的历史观念，我们需要一点点纠正过来，才能谈继承、发扬。这样我们真正的有特色的中国社会主义才能够实现，我们的民族自信才能真正建立，我们的精神文明才更丰富、厚土深植。

今天就讲到这儿吧。谢谢诸位。

（本文是 2022 年 11 月 5 日，楼宇烈先生在"纪念梁启超清华《君子》演讲 108 周年讲座活动"上的演讲实录，由子宁、肖磊整理校对。基于疫情防控安全考虑，本次讲座在先生的书房里以网上直播的形式举办，得张朝阳学长和搜狐视频支持，100 多万校友和社会各界人士在线参与。）

清华《君子》年度纪念讲座

君子之风

今天我非常荣幸来这里，进教室一看，说实在的，心理负担不小，来了那么多同学。徐林旗老师推荐我来做这个讲座，说是为纪念一百年前梁启超先生在清华的《君子》演讲，梁启超先生当年是哪一天讲的，我现在也不知道，但《清华周刊》上发表他的《君子》文章，那是一百年前的十一月十日（1914年的11月10日），那今天过了九天（今天是11月19日），在这样的日子里，来清华讲这个题目，我感到很荣幸。

那次徐林旗老师他们到我家里，约我做梁启超《君子》演讲一百周年的纪念讲座，讲什么题目呢，我当时随口就说了，就讲《君子之风》吧。说完了以后，当我为这个讲座做准备的时候，我发现这个题目不是那么容易做的，涉及方方面面，太多太大了，于是，我先做了一个准备工作：统计"君子"这个词在先秦典籍里出现过多少次。这样一统计，把我吓一跳——四书五经再加上《老子》《庄子》《墨子》《韩非子》等著作里，"君子"一词就出现两千多次。当年梁启超先生讲《君子》，引用了"天行健，君子以自强不息；地势坤，君子以厚德载物"，后来"自强不息，厚德载物"这两句就成了清华的校训。我想，当时梁启超先生是希望清华学子都能成为国家的栋梁，能够为社会振兴、国家发展起到一个带头作用，他的愿望很大，他说："今日之清华学子，将来即为社会之表率，语默作止，皆为国民所仿效。设或不慎，坏习惯之传行急如暴雨，则大事偾矣。"他就是希望我们的清华学子，能够"崇德修学，勉为真君子，异日出膺大任，足以挽既倒之狂澜，作中流之底柱，则民国幸甚"。他当年对清华寄予了厚望，我想今天我们清华果然是没有辜负梁先生期望的。

一、君子的含义

"君子"是我们中国文化的一项重要内容，是塑造一个人的品格的。一个国家的兴盛、发达、强大、进步，靠什么来体现呢？在一百多年前，西方宗教改革，有一个宗教改革家，叫斯迈尔斯（1812—1904），他在《品格的力量》中就曾讲过：一个国家的繁荣和幸福，不在于它的国库的殷实，不体现在它的城池有多么坚固，也不在于它的公共设施如何华丽。一个国家的强大不在于这些，那么体现在什么地方呢？他说啊，一个国家的繁荣就在全体国民所受的教育，在他们的理想、人格，总的来讲是一个公益的、文化的、综合的素质形成的一种做人的品格。那么我想中国文化的精神就是人格、品格的问题，而"君子"这个词，其意甚广，很难界定，如果用西方的文化来做一个比较的话，梁启超说勉强可以和西方的"绅士"这个词相对应。

我们来了解一下传统中的"君子"的概念。根据很多学者的研究，"君子"一词，在春秋之前，或者说在孔子之前，主要是从政治角度立论的，君子主要是指社会的掌权者、当权者等发号施令的国家治理者，其身份是官员，或者长辈。当然，这里面也带有一定的文化素养或者道德的含义，因为中国历代文化都强调统治者作为一个民族的表率，他在引导社会，引导民众，是化民的，他是通过教育来化导民众，因为他既是一个统治者，也是一个教育者。《礼记》中的《学记》一开始就讲："建国君民，教学为先。"建立一个国家，君子来管理，来统治老百姓，首先要通过教育来教化民性，改变社会的风俗，通过教育达到最后的一个目标就是化民成俗，改变人们的心性，然后形成一个良好的社会氛围。无论他是一个在上位的社会统治者，还是管理者，他同时具有这样一个教化的责任。在孔子之前，君子概念主要着眼于社会的身份和地位，往往相对于小人、野人来讲。

孔子以后，君子的概念发生了比较大的变化——从一个社会地位的差别、社会地位的标志转变为人格品格的标志，变成主要从道德的理念来讲的概念。君子做一个这样的规定，这个大概形成以后整个中国文化传承的主流，君子跟小人的差别主要是在道德上、品格上，所以说有一个很大的变化。当然，中国文化也不是光"君子"这一个词，跟"君子"相通的，还有两个词，一个就是士，再一个叫圣人，所以我们有时候说士君子，儒家最高明的是圣人。后来荀子对这三个概念做了相当明晰的解释，他曾经讲过"好法而行，士也"（《荀子·修身》），执着这个法，这个法既包括礼也包括法，遵循一定的规律办事，侧重从现实的做人做事来实现这个法。荀子接着讲，"笃志而体，君子也"，实实在在去做，志向非常坚定。所以后来我们讲的君子，特别强调君子的志向，志向是非常坚定的。这个君子有远大的坚定的志向，又能够很实在地实践它，也就相当于《中庸》里提到的"博学之，审问之，慎思之，明辨之，笃行之"，要实实在在地去做，这是君子。荀子又讲，"齐明而不竭，圣人也"，意思是，圣人的境界更广大了，"齐明"就是对各种各样的道理都非常清楚，天地人之理都看得很清楚，而且没有停止的，不断向上，不断探索，去认识世界、认识人生，这就是圣人。荀子曾给君子、士、圣人做了相当清楚的定义，他有三个层次，到了圣人是最高的。这里面实际上也贯穿了一个统一的道理，士也好，圣人也好，君子也好，都是遵循一个做人的根本道理去做，遵循一个社会应该遵守的礼法去做，而且要坚持不懈、不断地提升，这个是一致的。我们再切实一些讲，君子和圣人的差别，圣人更理想化一些，所以孔子也曾明确说自己算不上圣人。圣人只可能是少数，不可能人人都是圣人。当然，从道理来讲人人都可以成为圣人，可是真正能够成为圣人，真正能够流传千古的圣人，那绝对是少数。中国五千年的文明，有文字记载的历史也有三千多年，真正流传到今天，被我们认同的圣人有几个？所以圣人是更理想、更完美的。君子是我们在现实生活中可以达到的楷模，他更现实、更实际。我们达不到圣人的标准，但是可以做一个君子，这两者也是有一些区别的。总的来讲，君子也好，圣人也好，他们都是德行上的一个楷模。我们用"博雅"来形容君子最恰当，所谓博，就是学识丰富，雅就是品行端正，要做君子就要学识丰富、品行端正。北大有个博雅塔，博雅塔开始时取这个名字并不是这个意思，"博雅"这两个字是音读，但这两个字选得很好，就是北大要求人们所达到的，要学识丰富、品行端正。儒雅君子，这个雅最早就是正，端正，品行端正，雅声就是正声，"博雅"两个字是君子所要具备的一个基本素养，君子也称作博雅君子。

　　总的而言，我们定义君子是很明确的，它包含社会身份的差异，但更重要的是德行上面的差异。

二、君子的社会责任

君子的社会作用，其中的一点，就是引领社会风气。"君子之德风，小人之德草，草上之风，必偃。"（《论语·颜渊》），这意思就是说：君子的德行像一阵风一样，小人的品德就像草一样，风在草上一吹，风往哪儿吹，草就往哪儿倒。君子起引领作用，是一个社会正能量的体现，一个社会是需要有引领的。如果我们在座的有研究心理学的，就会知道社会心理的力量是不可小视的，大家都有同样的心理就形成了一股风，这个风一刮，大家都往这个方向去了。

中国人有很多优秀的文化，但是并不是说中国的文化没有缺陷，中国文化也是有很多缺陷的，从很多角度都可以看到。我们对中国文化的理解要看到它最根本的优点，也不能忽视它存在的各种毛病、问题。中国文化中，有一个缺点，就是跟风，从心理学角度讲，就是常常会被一种社会的心理所带动。有这样一个故事，上个世纪30年代，有一天北大哲学系几个教授在一起喝茶聊天，聊到气节的问题，做人气节的问题（是君子非常重要的一个品德，君子就要有一种气节），大家都说，这个问题孟子讲得最出色了，孟子讲要做一个大丈夫，大丈夫也就是一个君子，要做大丈夫就要具备这样三种德行气节："富贵不能淫，贫贱不能移，威武不能屈。"如果为富贵贫贱变节了，为权势压力所屈服了，那就是丧失气节。讲到这儿的时候，胡适先生坐在一旁，就笑了笑说："照我看，这三个还不够，还得再加一条。"大家说："你说加什么？这三条讲得很全面了，再加什么呢？"他说："照我看要加一条，时髦不能赶。"这虽然是一个传闻的故事，我也没去考证过，但是确实是这样，胡适先生的这句话非常切中国人的一个弱点——爱赶时髦、爱跟风。这种缺点我们现在还可以看到，所以要摒弃，要做个君子就不能赶时髦，赶时髦是会丧失某些气节的。

古人认为君子要成为一个社会的引领者，要以身作则，身教重于言教。宋代的张载在《正蒙》里面讲到一句话，"君子于民，导始为德而禁其为非，不大望于愚者之道与"，就是引导人们按照社会的德行前进，禁止他为非作歹。君子对社会有非常重要的引领作用，引领就必须以身作则，自己先做到，才能要求别人做到，身教胜于言教，你光讲大道理，自己却不这样去做，那称不上是一个君子，君子一定能够以身作则，所以《大学》里面才有这样的说法："君子不出家而成教于国"，他不用出门就可以使国家的百姓受到教育，为什么？就因为他身体力行，他是去实践的，他是做出榜样来的，是以自己的行为来教育大家的，他不一定开堂讲课，但他以自己的行为去教育大家，什么该做什么不该做，所以很多的君子"不赏而民劝，不罚而邪止"（《吕氏春秋》）。

君子的社会作用，还有一点就是文化的传承。文化的传承就是靠君子来延续，社会上如果没有文化传承的人，那这个文化就会中断。文化是在不断前进、不断发展、不断变化的，随着时代的变化，文化从内涵到形式都会发生各种各样的变化，但是我们很多的文化精神不能放弃，文化精神就要靠君子来传承，因为很多思想的内涵会随着形式变化而丢失。在一次讲座中，有一位先生问我："楼老师，你对中国传统文化的现状是怎么看的？或者说有一个什么样的评价？"我说，你要我说真话，我就说真话，什么真话呢？我们现在传统文化或者国学是魂飞魄散，或者说失魂落魄。因为根本精神丢失了，以前一直体现在我们的礼仪规范上，现在都没有了。那些体现在我们外在的、行为的、仪表的东西，现在也都因为我们丢失了灵魂而没有了。可是我们不要忘掉，很多形式上的丢失，也会让我们的灵魂散落。形式与灵魂是密切相关的，我们说要传承传统文化，并不是要大家拘泥于外在的各种各样的形式，而是要把灵魂、精神传承下来，这是最重要的。就比如说我们很多礼貌、礼节、仪式的东西，它随着时代的变化不知道变化了多少，我们去看唐代的许多学者，他们也搞不清楚《仪礼》里面很多事情究竟是怎样做的。《仪礼》是先秦时期的作品，是讲夏、商、周三代各种各样礼仪的。到了唐代，一千年过去了，人们也搞不清楚了，这是很正常的，所以仪式可以变化，但是精神是不能变化的，精神要传承。那么礼仪的根本精神在什么地方呢？集中起来讲主要在两个方面，一个是大报本，一个是敬。大报本就是让我们不要忘掉我们从哪儿来的，我们的生命从哪儿来的，记着我们的本，要去定位这个本、尊重这个本、感恩这个本，本不能忘。我们常常讲，为什么西方人那么敬畏上帝？因为他们认为我们这个世界就是上帝创造的，人的生命也是上帝给的，他不敬畏上帝敬畏什么？这就是西方人不忘本。那我们中国人有没有本呢？礼里面有没有本？当然有本，中国礼教有三本，"天地者，生之本也；先祖者，类之本也；君师者，治之本也"（《荀子》）。君和师，君就是国家象征，师是老师。治，是治理的治，治什么？治我自己，也就是让我懂得怎样做人，没有国家和师长的教育，我就不会懂得怎么做人。人要懂得做人的道理，一定要懂得父母、师长、国家的教育。一个刚生下来的孩子，把他扔到狼群里，他将来就是一个狼孩，他不会懂得做人的道理，所以教育是非常重要的，它能够让人成为一个真正的人。中国人就认为这是三个本，我们要报本，报本报什么？天地君亲师。如果我们到一些老宅子去看看，堂屋会供奉写着"天地君亲师"的牌位，这是我们生命的本源，万物都是天地之气和合而生的，是父母之气和合而有我们的。东汉哲学家王充就讲"天地合气，万物自生；犹夫妇合气，子自生矣"。人不是造物主造出来的，所以我们不能忘掉天地、忘掉父母，要做一个真正的人更不能忘记师长的教导。

孟子讲性善也好，荀子讲性恶也好，归根结底是要通过教育恢复人性，改变兽性。一个是复性，性善；一个是化性，性恶，要改变。总的来讲，通过教育我们才能懂得人是什么样的，所以礼的核心的东西不能忘掉。你个人行事可以，但是都要去孝顺你的父母、祭祀你的祖先，每一家每一户都应祭祀自己的祖先，做人绝对不能忘掉这个根本。祭祀天地，祭天地是最大的一个本了，统治者都会去祭祀。礼是大报本，追踪溯源，要追到最后的根源上去，这是礼的一个核心，所以我们要懂得知恩报恩。

礼里面第二个重要的内容是敬，这体现在人与人之间的相互尊敬，不仅要相互尊敬，自己也要尊敬自己，去掉敬，礼仪都是虚设的，所以各种各样的礼，不管是跪拜礼、鞠躬礼还是拱手礼，所有的礼仪都体现了相互尊敬。仪式可以变化，但这个内涵不能丢掉，丢掉了就会手足无措。《孟子》里有个例子，弟子问孟子：我见了人都很恭敬，给他们鞠躬，但总觉得别人对我的鞠躬行礼没什么特别的反应，这是怎么回事？孟子说，你不用问别人，问你自己，你是出于内心对别人尊敬，还是出于一种形式，给他敬个礼？这就是很大的差别，所以礼里面的敬是出于内心的，而不是一种形式上的东西。当然，我们首先要从形式上开始，最根本的是不能丢掉礼，君子的责任就是传承文化精神，把魂保护好，不要让它丢失，如果已经失掉，做君子的一定要把它找回来，不要停留在形式上，要让人真正感受到礼的意义。作为一个君子，就要看到他的社会作用，一种传承的作用、身教的作用、引领的作用。引领在某种意义上就是营造一种氛围、一个习俗，一个社会的良好习俗非常重要，比什么都重要，如果现在社会有一个很好的习俗，大家相互间都非常尊重，对老人非常尊重，对幼儿非常爱护，整个社会都尊老爱幼，人们相互之间都讲诚信，那么我们活在这样的氛围中一定是毫无忧虑、不用担心的，不会像我们今天考虑买的是真货还是假货，是真的绿色食品还是假的。不要小看这个习俗，这个比法律的功能要强大得多，法律办不到的事情，这个能办到。三百多年前，欧洲的启蒙思想家孟德斯鸠在他的《论法的精神》里面就讲：一个有良好习俗的社会，它的法律是简单的。法律之所以那么烦琐，是因为缺乏了良好的社会习俗，什么都要用法律来管理，那这个社会是管不过来的，只有靠大家道德的自觉，形成一个良好的社会习俗、风俗。那么这种风俗靠谁去营造呢？君子！君子去营造这样一种氛围，大家都是坦荡荡的君子，都是谦谦君子，那么这个社会就是互相谦让、互相尊敬、互相讲诚信的。社会不可能没有不正之风，也不可能没有负能量，整个社会永远是处在一个正负之间的平衡。那么我们受到了教育，尤其是我们大学的学生都受到了高等教育，社会就会对我们有所期望，期望我们都能够成为社会的栋梁，成为社会风气的引领者。看到我们清华的陈吉宁校长在开学典礼上提到了梁启超先生的《君子》，他在讲话中引了爱因斯坦的话："使学生成为人格健全、个性和谐的人，而不是'专家'，应始终成为学校的目标"；"教育就是忘记了在学校中所学的一切之后剩下的东西"，意思是学生到学校里面来不是来学那点知识的，而是要成为一个能改变风气的人；教育的最终目标不是传授知识，而是让人形成好的品质。我们现在就是过分偏重知识的教育，而缺失人文的德行的教育。

三、君子的品德

作为一个君子，要具备什么样的品德？太多了，从方方面面，有几百条，君子有三畏，有九思，各种各样。对君子的品德要求也很多，有一个字的、两个字的品德要求，也有三个字、四个字、五个字、八个字的品德要求等等。

　　一个字的品德要求就是"孝"。百善孝为先。这跟中国文化有关系。西方文化中，孝归到了对上帝的敬，因为所有的人都是上帝的子孙，都是上帝生的。中国文化讲天地生万物，人类有人类的祖先，所以我们要孝我们的祖先，最直接的就是孝我们的父母。孝是中国文化的核心，和生命观是有密切关系的，生命是父母给予的，所以要报答父母，父母要养育、教育子女，子女就要孝顺、敬重父母，这是相互的关系，是一种自然的关系，孝不是强制的、强迫的。魏晋时期，王弼对孝做了非常好的诠释，他说"自然亲爱为孝"，父母子女之间就是自然亲爱的关系。过去我们都讲，要孝，首先要光宗耀祖，这是孝的最充分的体现，让你的父母能够在大众面前露脸，让世人知道他们教育了这么好的子女，对社会做了这么大的贡献，难道不应该这样吗？大孝尊亲，让你的父母得到社会的尊重，得到大家的认同。其次不辱，你不能给你的祖先争光争彩，至少不能让你的父母受到社会的羞辱。其下能养，能养父母是孝里面最低的要求了。所以孝有三，大孝尊亲，其次不辱，其下能养。孝体现在方方面面，尤其通过丧礼来体现，中国很重视丧礼，守丧三年，为什么？就为了报答、报本，报答父母的养育之恩。一个孩子，能够脱离父母的襁褓而相对独立地活动，至少需要三年，现在我们讲三年是虚的，实实在在讲就是二十四个月，两年，一个孩子两年才能有相对的独立性。守孝三年的风俗现在好多大城市已经没有了，但韩国一直保留到现在，特别是长子，父母去世，三年内家里要设灵堂，每天早晚都要行礼。这样一个礼，我们现在看来似乎太没有意义了，其实意义很深。还有祭礼，祭礼是追溯远去的祖先，过去我们除夕晚上都要祭祖先，这是比较远的，再近一点就比如上坟等活动，如果前面的丧礼是非常慎重地对待死去的亲人，那么祭礼就是追溯我们远去的祖先。《论语》里有一句话，"慎终追远，民德归厚矣"，社会有这样的风气，我们的民风才能淳朴，大家都不忘本，都记着我们的祖先对我们的养育之恩、教育之恩，所以说祭礼直接跟民风关联在一起了，这不是一个简单的事情。礼仪是可以千变万化的，过去守孝三年，要到路边盖一个草房子，但现在不需要，改为在家里设一个牌位，也不一定天天去，初一、十五去祭祀一下，这也是可以的。可是，社会的这种氛围越来越淡薄了，甚至没有了，所以我们要重新来认识孝的社会意义。孝不是我们所想的那么简单。

两个字的品德是"诚敬"。南宋的朱熹曾经讲过，为人行事，重在"诚敬"二字，做人做事把握这两个字就可以了。什么是诚？诚者毋自欺，毋妄为。不要自己去欺骗自己，不要妄为、想怎么做就怎么做，这是诚。什么是敬呢？不怠慢，不放荡叫敬。我们要敬畏别人，也要敬畏自己所从事的各种各样的事业，事业也需要我们敬畏，不能怠慢，更不能放荡。一个人如果能够根据这两个字去做，就是"君子人也"。《论语》里讲到，有人问孔子，人做到这样，是君子吗？孔子答曰，当然是君子！在梁启超的文章中也引用了。做到诚、敬就是君子了，不自欺、不妄为、不怠慢、不放荡，这个人就具有了君子的品德。

三个字的品德，"智仁勇"。"智仁勇"三个字的含义我们理解得也比较肤浅，智，有智慧；仁，爱人；勇，勇敢，勇气。只是这样吗？其实不是，《中庸》里面对这三个字做了非常深刻的诠释：好学近乎知（智），作为一个君子就要好学，不断地学，学无止境，不断上进，只有学习才能不断上进；仁，也不是我们一般理解的"爱人"，力行近乎仁，要去做，踏踏实实地去做才是仁；至于勇，知耻而后勇，懂得羞耻的人才能勇，能够发现自己的错误并能改正错误的，才是真正有勇气的人，才是一个强大的人。具备"智仁勇"三达德的人才能称为君子。

　　四个字的品德，"礼义廉耻"。一个君子最基本的应该是守礼、敬人，守礼就是做自己该做的事，每个人在社会上都有一个身份，这个身份不是指地位，而是你在社会、家庭中的身份。儒家讲五伦，五伦是礼的一项非常重要的内容，它是指君臣、父子、夫妇、长幼、朋友。五伦里面君臣先不说，先说父子、夫妇、长幼、朋友，这都是一个自然的关系，父子的关系能颠倒吗？夫妇的关系能颠倒吗？不能，长幼的关系当然也不能颠倒，他就是比我先来到这个世界，他当然就是长了；他是男的，她是女的，夫妇关系也不能颠倒；朋友，也是不可缺的，除非你一个人孤立地待在那儿，但社会不可能是孤立的，每个人都是群体中的一员，有群体就有相互之间的关系，这就是朋友。人都处于这种关系之中，在这种关系中，你一定有一个身份，你是父母还是子女，是长者还是幼者，是男的还是女的，这是一个自然关系，无法逃避。你有这种自然关系里的身份，就要做这个身份该做的事情，守礼就是按照你这个身份做该做的事情，换句话来讲，就是尽职尽责，尽你的责任义务，作为一个君子一定要守住本分，这就是守礼。君臣，不仅仅是自然关系，从社会关系来讲，一个需要正常运转的社会，人与人之间是要有分工的，需要有不同的地位角色，否则就成为无政府主义状态，谁说话都算数，谁说话都有同样的分量，那是不行的，所以这个社会总要有人说话算数、有人说话不算数，说话算数的、拍板的就是在上位的。在中国文化中，君臣之间的关系不是像父子、夫妇、长幼这样一种自然关系，但是也尽量想办法把它变成这种自然关系，所以君臣关系常常转化为君父、臣子，官员也被称为父母官，要按父母子女关系处理这种关系。

　　义，就是该怎么做，不该怎么做，是人特有的。人要明白什么能做，什么不能做，一念之差就会变为禽兽，甚至连禽兽都不如。孟子讲，"人之所以异于禽兽者几希"，人与禽兽的差别也就一点点，有时候就是在一念之间，所以人要懂得什么该做什么不该做，要掌握这样一个方向。义是什么？"义者，宜也"，"义者，人路也"，人走的路，人应该走人的路，不要去走禽兽的路。

廉，正直，清廉，做人正直才能起表率作用，一个正直的人才能够诚信，做什么事情都能让人家看得到，"君子坦荡荡，小人常戚戚"，所以君子是什么事情都可以让大家知道的，可以让大家都看到的，正因为他有这样正直的心，所以他才能做到这一点。

第四个是耻，要懂得羞耻，不懂得羞耻的人什么事情都敢做，什么事情都不怕，错了也不会去改正。我们礼的教育、道德的教育的目的就是要让人们有一种羞耻心，使他的行为能够非常方正。《论语》里面有一句话，"道之以政，齐之以刑，民免而无耻；道之以德，齐之以礼，有耻且格"，也就是用政教的方法告诉大家，一定要守住一个底线，要走正路。但是用什么标准来判断呢？刑。刑就是我们的法，它带有某种强制性，用法律去规范大家走正路，它所达到的结果是民免而无耻。在法律的强制下，一个人可以不去做某件事，但有空子就会钻，没有羞耻心。如果有羞耻心，他不会去钻这个空子，所以我们常常讲，很多法律不是针对小人的，而是防君子的，我们一把锁锁住了，是防君子，不是防小人的，民免而无耻。我们通过道德教育的办法，告诉他做人应该这样应该那样，启发他的道德自觉性，然后用礼规范他。礼不是强制性的，比如说礼里面，父母要关心子女，子女要常回家看看，这是礼里面的要求，不是法的要求。如果一个孩子从来不去看他的父母，邻居街坊就会谈论他，孩子会受到舆论的指责，这不是用法律来强制他。如果他做得太不好了，就会成为千夫所指，抬不起头来，这样舆论的监督远比法律的强制力量大得多。因此，一个人有了羞耻心，他就不会走歪道。羞耻心是做人的一个非常基本的品德，人要有羞耻心，这样他才不会做他不该做的事情，即使做了不该做的事情也会立刻反省、立刻改过。人非圣贤，孰能无过？重要的是有了过错以后不怕改正，自我反省，自我检讨，来改正过错，以后再不犯了，能够做到这一点就是一个君子了。

五个字的品德，"仁义礼智信"；扩展开去，还有八个字的品德，"孝悌忠信，礼义廉耻"。这是中国人的 DNA，中国文化的基因。君子的品行是多方面的，一言一行、一举一动，都要成为常人的表率。那么，有人会说，做君子太痛苦了。其实成为习惯就不会成为一种负担。我们教育孩子，就是从言行举止入手，让他从小养成习惯，长大就变成自然的行为了，而不会觉得这些东西是一种负担，是压力。如果你认识到自己的责任，你处处按照这个责任去做，把被动变为自觉，那就不会成为一种负担了。

四、君子品德的养成

君子品德怎么养成？我们说，教育不能脱离家庭、学校、社会这三个因素，环境是非常重要的，但环境的影响也不是绝对的，不是决定因素，决定因素还在你自己身上。中国文化中特别强调"反求诸己"，中国历来是"为己之学"，"古之学者为己，今之学者为人"（《论语》）。所谓"为己之学"，也可以说是君子之学，荀子明确讲过，"君子之学也，以美其身"，君子学习是使自己成为更加完美的人，君子的学问是，"入乎耳，著乎心，布乎四体"的，从耳朵听进去，留在心里，落实到行动中去，使自己变得更加完美。小人之学或者今日之学者，是为人的，"为人之学"就是禽犊也，把学到的东西看作猪啊、牛啊、鸟啊、飞禽走兽嘛。禽犊就是你拥有的财富，我有那么多的财富，这些东西也可以说是做表面文章的，显示给别人看的，炫耀自己的，所以为人之学，就是"入乎耳，出乎口，口耳之间则四寸耳"，根本不经过大脑，不落到心里面去，更不落到行动上去。因此，中国文化始终强调为己之学。"人不为己，天诛地灭"，我多次讲过，我们对这句话的理解是完全错误的。这句话让人以为人人都要为自己的利益去奋斗，甚至可以不择手段地达到自己的目的，达不到自己的目的，天地都要诛灭你。是这样吗？我们非常敬畏老天爷，可是天地鼓励人们为了自己的私利去努力，没有这样做还要诛灭你，可能吗？其实人不为己，是说人不提高自己的德行，老天爷都不容，而不是说为了自私自利，为了个人的利益。老天爷给你这个人身，是难得的，你今天得到这个人身，就应该不断完善自己、提升自己，如果你做人不懂得完善自己、提升自己，那老天爷是不能容忍的，所以说"人不为己，天诛地灭"。要成为一个君子，主要靠自己，君子要求自我不断提升，而不要埋怨环境，不要随波逐流，能够"笃志而体"，有坚定的志向，而又去身体力行，这才是君子，不要赶时髦。

另外，我们还要寻求名师良友，荀子曾讲过，你一整天去看书，看各种书，当然对你有帮助，但是最直接的就是向你身边的君子学习，他是榜样，活生生的榜样。所以良师益友，或者名师良友，是非常重要的。为什么古代人那么注重择邻、择友？要有好的环境、好的朋友，不要一天到晚跟捧着你的人交朋友，一天到晚捧着你的人是害你的人。最好多找一些整天批评你的人，他们才是真正的良友，是爱护你的人。不仅如此，我们还可以放开眼界，向天地万物学习，天地万物很多品德都是我们学习的榜样。古人用很多事物来比喻君子，反过来讲，君子要向这些事物学习，比如水，比如玉，用玉来比喻君子，这是很常见的。还有莲花，著名的哲学家周敦颐写了一篇《爱莲说》，讲莲花是花中之君子也，为什么说莲花是花中君子？是它具有的品格，中通外直，出淤泥而不染，濯清涟而不妖，只可远远地去欣赏它，不能轻浮地玩弄，古人从荷花上就学到了这些品德。老子从水里看到了许许多多的品德，水总是往下流，抚育万物不求回报，具有谦下、奉献的品德。水还善于随器而赋形，流到圆的器里就变成圆的了，流到方的器里就变成方的了，所以君子就要学这个。《论语》里讲"君子不器""君子不党""君子和而不同"，这跟向万物学习是有直接关系的。我们还有岁寒三友"松竹梅"，"梅兰竹菊"四君子，因为它们都有很多品德，所以赞颂梅花、菊花、竹子、松树的诗歌文章多得不得了，都值得我们欣赏、学习。通过这些学习，我们可以认识到：人还不如植物吗？植物都有这样的品格，我们难道还不应该向它们学习吗？我常举竹子的例子，竹子有这样的特点："未出土时便有节，及凌云处尚虚心。"我们拿"节"来比喻一个人的气节，在它还没有出土的时候，还埋在地下的时候，它就有这么个气节；可当它凌云直上，跟云彩都够得上了，中间还是空的，所以地位再高也是谦虚的，也要谦下，这就是竹子的品德。梅花更是那样，多少人写梅花的诗，"不经一番寒彻骨，怎得梅花扑鼻香？"梅花的扑鼻香是从寒冷中度过来的，梅花香自苦寒来。因此我们只要做有心人，君子品德可以从方方面面中学习，从我们周边的朋友身上，从古往今来伟人的身上，从我们生活中的万物中间，哪怕一棵小草上也有可以学习的地方——白居易的那首"离离原上草，一岁一枯荣。野火烧不尽，春风吹又生"。我们不能经不住一点点挫折，遇到一点点挫折就抑郁，抑郁不能突破，就跳楼自杀了。一点点挫折算什么呢？要学习小草的坚强生命力。君子不是高不可攀，只要我们能够谦虚谨慎，向天地万物学习，向良师益友学习，我们每个人都可以成为君子。

前两天我说要到清华做个题为《君子》的报告，我的学生就问我，有没有女君子啊？我说当然有了，现在男女平等了，既然有女汉子、女强人，为什么不能有女君子呢？当然可以有女君子！前两天我在上海，看到有一个文化聚会，刚好是她们的女子书法班学习的时候，我去看了看，好几张纸上面写的"女汉子"，真厉害，真是男女平等的时代了。既然有女汉子、女强人，为什么不能有女君子？！当然也需要有女君子！古代把君子主要落在男性身上，但是随着时代的变化，我们也要养成很多的女君子，不要光记住女强人、女汉子，我们也可以做一个女君子。

五、结语：回归经典，从我做起

我今天很少讲到君子这样那样的品德，因为讲起来实在太多了，我粗略地查了一下，在先秦的经典里面提到"君子"的不下两千处，哪怕把重复的、意义不是很大的去掉，至少也是有一千五百个词是可以用的，介绍这方面、那方面，实在太多了，今天就不给大家读了。这里我要给大家留一个作业，大家去找找，我这里只简单地给大家报一个数字：《诗经》里面有两百多处讲到君子，一开始就讲"窈窕淑女，君子好逑"，《易传》里面有一百多处，《礼记》里面有三百多处，《左传》里面也有三百多处，这些我们都可以看看，重要的是《论语》和《荀子》，《论语》里有一百多处，《荀子》里有两百多处，我们没讲到的《墨子》里面也有一百多处，所以我们这个国学经典文化传播协会，能不能做一个事情，把有关君子的条目都集出来，弄个小册子让大家看看，这很有意思。当然有几种办法，一种是按照书的前后顺序来分；如果再做得精细一些，也可以按照类别，这些是讲君子哪方面的，但是这个难度比较大，因为仁者见仁，智者见智，许多解释也不一定是对的，而且有的条目既可以这样来解释也可以那样来解释，既可以用在这个德行的培养方面，也可以用在那个德行的培养方面，这就比较复杂；还不如按照自然的顺序来排，也就是按书里面篇章的先后来排。能够把它编成一本书来看，我想对于我们要学习做君子的人是一个很大的方便，当然我不建议大家都去看，太多了，就跟刚才讲到的"一二三四"做就可以了，一孝，二诚敬，三智仁勇，四礼义廉耻，太多了也不见得就好，我经常讲一个人能取一言而终身奉行之，坚定不移、笃志而体，这就是君子。你做到孝，你就是君子；你做到诚敬，你就是君子；你做到智仁勇，你就是君子；你做到礼义廉耻，你就是君子。真正做到不在于多，而在于实实在在终身奉行它。

　　我今天就讲到这里。

　　（本文根据楼宇烈先生 2014 年 11 月 19 日在清华大学六教的演讲整理而成，题目为编者所加。）

读书与做人

　　时间过得很快，去年这个时候，我来这儿做演讲。转眼一年过去了，我们清华大学又有了新的进展和活动。刚才我看到金德年老师写的那幅字，很有感触，"清华园里读经典"，清华园，本来就是一个读经典的地方。

　　在上个世纪二三十年代的时候，我们清华有国学院，有闻名全国的四大导师，我们清华的图书馆藏有丰富的传统文化文献。1952 年院系调整的时候，清华变成了工科大学。值得庆幸的是，清华的图书馆保留下来了，我们清华的学子，可以去图书馆读许许多多的传统文化典籍，包括很多非常重要的典籍。我们清华园的图书馆在高校里也是数一数二的，和北大的平起平坐。

一、读书 = 做人

　　今天邀我来讲的题目叫"读书与做人"。这个题目有两个词，一个"读书"，一个"做人"，中间加了"与"字，我想这个"与"字可以改成等号，读书 = 做人，做人 = 读书。为什么这样讲？我想先读一段话。

清初的一位著名学者，叫陆陇其，他在给他的儿子的信中这样讲：

> 读书做人，不是两件事。将所读之书，句句体帖到自己身上来，便是做人之法，如此方叫得能读书；人若不将来身上理会，则读书自读书，做人自做人，只算做"不曾读书的人"。

所以读书与做人是一回事，不要把它看作两件事。

清代还有位著名的学者，我们现在常常读到他的家训，第一句话叫"黎明即起，洒扫庭除"。大家想想是什么家训？是《朱子家训》（也叫《治家格言》）。这个朱子，不是指的朱熹，而是清代的一名学者，叫朱用纯（号柏庐），他还写过一番话：

> 读书须先论其人，次论其法。所谓法者，不但记其章句，而当求其义理；所谓人者，不但中举人、进士要读书，做好人尤要读书。中举人、进士之读书，未尝不求义理，而其重究竟只在章句。

就像我们现在从小学开始，就去背标准答案，为了应付上初中、上高中、上大学，就是过去的为"中举人""中进士"而读书，也就是只在章句上。

> 做好人之读书，未尝不解章句，而其重究竟只在义理。……故曰：读书先论其人，次论其法。先儒谓今人不会读书，如读《论语》，未读时是此等人，读了后只是此等人，便是不曾读。此教人读书识义理之道也。要知圣贤之书，不是为后世中举人、进士而设，是教千万世

做好人，直至于大圣大贤。所以读一句书，便要反之于身：我能如是否？做一件事，便要合之于书，古人是如何，此才是读书。若只浮浮泛泛，胸中记得几句古书，出口说得几句雅语，未足为佳也。（《训俗遗规·劝言》）

所以古人已经告诉我们，读书与做人，它是一个道理。怎样的读法呢？读书不是我们之前的"为稻粱谋"，读书是为了做人。

二、读书的目的

我简单地归纳了一下读书的目的。

（一）通晓人道，明白事理

汉代《淮南子》里有一句话，我常念给同学们听，大家一听都说太符合我们的现状了。它讲两个字，一个仁，一个知。在传统文化中一个人具备了知、仁的品格，就可以说是一个圣人。既仁且智，就是圣人。怎么才叫知、仁呢？《淮南子》里说："遍知万物而不知人道，不可谓知；遍爱群生而不爱人类，不可谓仁。"这是两千年前的古人说的，是不是和现在很相似？我们什么都知道，就是不知道人事；我们爱群生，什么动物都爱，就是人类可以互相杀戮。所以读书是为了通晓人道、明白事理，明白事理是为了做一个真正的人，不要连禽兽都不如。中国的文化，我们读书、学习，最根本的就是要落实到做人，要"通晓人道"。最终思考问题、观察问题都是从人入手的，从人的角度来观察问题的，是把道理与人联系在一起来进行思考的。我们常讲，中国以人为本的人本主义，以及以人为本的人文精神，其根本特点就是看一切问题都是和人联系在一起。我们看动物间的许多行为，可以体会到人是不是应该比它做得更好，至少要跟它做得一样。俗语说，"乌鸦反哺，羔羊跪乳"，连动物都知道怎么报恩，怎么讲礼，老乌鸦年纪大了，飞不动了，找不到吃的，小乌鸦就会去找东西喂老乌鸦。连禽兽都有这样一种回报的精神，我们做人难道连禽兽都不如吗？

我一讲这个，科学家们马上反驳：这有什么人文的含义，这完全是自然现象，条件反射，毫无人文精神，上升到那样的高度去看干什么？这是根本不懂人文，人文的思考就是要在这样最平常、最自然的方面去体会做人的道理。

我们清华的校训，"自强不息，厚德载物"。自强不息，从哪里学得？——"天行健，君子以自强不息"；厚德载物，从哪里学得？——"地势坤，君子以厚德载物"，从天学的，从地学的。天地是那么广大，那么包容、宽容，天在上，地在下，万物在中间郁郁生长。天地非常包容，天地从不会嫌弃万物，"这个物，我不喜欢，我不载着它了，我不覆盖着它了"，不会的。所以说"天无私覆，地无私载"。天地之心是最广大的，我们人也应该学习。

我们的文化是通过对自然现象的观察，来发掘、学习它对人生的意义，而不是光简单地观察。我们过去把科学称为"格致学"，格物致知。按照程朱理学的说法，格物就是格万物，去考察认识万物的道理，这是我们向外的考察。那我们考察了以后，是为了得到些什么呢？不是说这些事物都是自我的存在，和我们没有直接关系。我们考察了之后，要看到这些关系变化对于我们做人的道理的启示。它都是关联起来的。

所以我们学任何学问，都不应该把它看作纯粹对象化的东西，而要把它们和人生联系在一起。所以我们读书首先要"通晓人道，明白事理"。

（二）变化气质，完善人格

不是光懂得道理就可以。学一句，就要对照一下自己，督促自己按照道理去做，通过读书学习使自己不断地有所变化。原来读书之前，不明白事理，不通晓人道，这没有关系，但学了之后，就应该根据我们所学的事理、通晓的人道，去改变自己。所以知和行一定要结合，光知了，不去行，可以说毫无意义。我一直讲，让孩子们读《弟子规》，很好啊，因为里面讲的都是我们日常生活应该遵循的言行举止规范。其实《弟子规》不光是对弟子讲的，与弟子相对的老师、成人也要这么去做。我们从儿童、少年、学生时期就要养成这些规范，并不只是弟子要这样做，大人也要这样做。我们学习《弟子规》，光倒背如流就行吗？不行。学一句做到一句，学两句做到两句，学了十句，能达到十个要求，我想这个人就不错了，比他人的倒背如流要强得多，他的气质会发生变化，人格会不断提升、完善。

中国传统文化讲的是"为己之学"。《论语》中讲"古之学者为己，今之学者为人"，按今天的说法，从字面上理解就是，今之学者比古之学者要好，古之学者为自己，不好。但它不是这个意思，"为己之学"，是不断地完善自己、提升自己，不是为了炫耀给别人看。是问问自己究竟学了这些东西后有没有提升，人格有没有完善，气质有没有变化。荀子讲，"君子之学也，以美其身；小人之学也，以为禽犊"（《荀子·劝学》）。美是完美的意思，不断提升自己的气质，不断完善自己的人格，这是学习的根本目的。不是学了之后掌握了知识，有了资本，就可以和别人交易了，那个叫作"为人之学"。"小人之学，以为禽犊"，禽犊，以喻干禄进身之物，就是财富，是为了财，可以去和人进行交易了。所以荀子曾说，人生来其实没有多少差别，尧舜也好，桀纣也好。我们历史上典型的圣人和恶人，其实本来没有什么差别。那怎么有人就变成圣人、有人就变成恶人了呢？主要是后天的习染、教育。所以从根本上来讲，后天的教育和自我的学习，才造成了人与人之间巨大的差距。

不管说性善还是性恶，都承认人是可以变好的，是可以成为圣贤的，也是可以变坏、成为恶人的。《论语》里说，"性相近也，习相远也"。所以读书很重要，读书对于我们人格的完善、德行的提升起着很大的作用，读书和做人不能看作两件事。当然，这是相对而言的，不是说不读书的人就不是好人，读了书的人也可能是坏人。

（三）拓展知识，学习技能

读书的三个目的是有次第的，不是并列的。先通晓人道，再实践，然后拓展，就像孔子讲的，"行有余力，则以学文"，首先要志于道，人都做不好，事情也做不好。其实一个人不管做什么事情，要看他有没有这个志向，有没有这个胸怀，是为个人做这件事，还是为了国家呢？我们要志存高远，绝不能只为了个人，不能只为个人谋稻粱，为了个人过上奢靡的生活。我们要胸怀大志，为国为民，有了这样的大志，才能做大事。新中国成立初期，很多科学家在国外，他们为什么想尽办法要回国呢？就是有一种要让我们的祖国更加强大的心愿，有这样的胸怀，再艰苦、再难以攻克的堡垒，也能够攻克，也能承受。没有胸怀的人，一碰到困难就退缩，一碰到艰难就受不了。当然，志存高远，行在脚下。不能光有光明的理想，夸夸其谈，而不去做，一定要把这两者结合好。

有了这个志向，什么困难都不怕，就可以不断地创造。人的可塑性很强，并不是学了什么就一定要干什么。只要这个社会需要，我们去干这个也可以，干那个也可以，但我们要有这种精神，没有这种精神是不会去担当的。所以读书就是要让我们立下志向，要有一个远大的志向、宏伟的志向，这样才能让我们的人格更加完美。

三、读什么书

有句老话叫"开卷有益"，话是这么说，但在还没有鉴别能力的时候，不能拿到什么书都读，因为可能被误导。当我们有了鉴别能力，能够分清是非、好坏，就什么书都可以读。正面的可以增加知识，反面的给我们教训，但是我们也要选择。可读的书多得不得了，现在的图书分类法里，把所有书都分为几百类。那么我们从哪里入手？我倒觉得我们古代的分类简明扼要——经、史、子、集。它对每一个所要传达的信息都做了很好的归纳。

（一）经书

经书，经典，就是恒久的、经常要阅读的典籍。

它有一个长久的生命力，经就是常。经部就是指那些常用的、具有生命力的经典，这是在一个漫长的过程中形成的。人们慢慢发现有一些典籍，它说的道理有恒常性，有超越时代性，特别是关于一些做人的道理的论述，只要是人，它就有启发，就有意义。所以中国文化在发展过程中，逐渐形成了一些根源性的典籍。我们在先秦时期便提出"六经"的概念，《诗》（诗经）、《书》（书经）、《礼》（礼经）、《乐》（乐经）、《易》（易经）、《春秋》（春秋经），六个方面的经典。这是最初有"六经"的概念，但还未完全形成。到了汉代，才基本上奠定了"六经"的地位。这也是有一个过程的，在这个过程中，《乐》被纳入了其他经中，所以到了两汉时就叫"五经"，就是《诗》《书》《礼》《易》《春秋》，没有《乐》了。因为当时主要以儒家文化为主体进行归纳，所以提出"五经"概念。五经里面告诉我们最基本的人道、天道、地道的问题，天、地、人三道，所以我们读经书，就是我们刚才所说的第一个目的：通晓人道，明白事理。做人应该怎样做？做事应该怎样做？言行举止应该遵守哪些规矩？现在人不太愿意听"规矩"这个词，一听"规矩"就觉得把自己收起来了，但是，没有规矩不成方圆，人的行为也是如此。人们羡慕孔子，"七十从心所欲"，但是不要忘了"不逾矩"啊。西方也说，我的自由不能妨碍别人的自由，这是最简单的道理。

那么礼教呢，礼教的根本目的就是让我们认识到自己是一个什么样的人，这样的一个人应该遵守什么规矩。其实是告诉我们，你要是遵守这些规矩，就有天大的自由，否则你就没有自由。

你有了父母的身份，就要生而养，养而教；子女，就要去孝敬。我们常想子女孝顺自己，自己不去孝顺父母，行吗？不行。上有老下有小，我们怎么对父母，子女就会怎么对我们。这个规矩，是一个社会运行的秩序所需要的。每个人都能够认同自己在社会上的身份，按照这些身份做事，去尽自己的职责，那是最愉快、最自由的。所以通过经的阅读，我们可以了解到自身在当下是一个什么样的身份，当下应该怎样去做。否则就是不符合身份，那就要到处碰壁。经告诉我们日常生活的行为规范，它的核心就是要强调礼。

《易经》里就说天地变化，那么我们人也要遵守这样的天地变化。夏天我穿着棉袄，冬天光着膀子，行吗？那怎样保持我们的健康呢？读经，让我们懂得做人的道理、做事的道理，不能违背天理，不能制造人之间的冲突、隔阂。如果社会上人人都能够尽伦尽职的话，那么一定是一个很和谐的社会。其实我们现在很多人都希望这个社会稳定，那就要求你是在什么位置的人，就尽这个位置的责任，而如果认为这是一种束缚，不安本分，那社会就乱了。

所以只要我们去深入思考，就会发现我们对很多问题是存有偏见的，只是看到了一面，把它夸大了。就像礼教，是自然法、习惯法，是我们生活中养成的习惯，不需要人去强制，是自觉、自然地去做，是自律，是社会的基础。我们常常说子女要多去看一看自己的父母。这个事情本身提倡得很好，可是现实中做不到的人却有很多。有人就说，是不是要把这些定到法律条文里？我说，太丢古人的脸了，中国人的孝是最自然的，不是人能强制得了的，如果我们连最基础的人与人之间的秩序都不去遵守，那还叫中国人吗？

"礼"其实就体现了司马迁所说的"究天人之际，通古今之变"。天就是自然，万物和人有什么关系，研究它干什么？当然有关系，我们要多去研究跟我们生存有关的，比如我们的生存环境、我们的地球发生了什么变化，等等，多关心关心人，好好研究这个，从人的长远生存角度去思考问题，把人放在整个生存环境里。所以经里告诉我们天人之际、古今之间有什么变化。后来经书扩展了，从儒家经典来说，加进去《论语》《孟子》《孝经》《尔雅》，后来《礼经》加了《礼记》《周礼》，十一部了，《春秋》

呢？也加了《左氏传》《穀梁传》《公羊传》，这就是十三经了。这是儒家体系里的。

道家呢？《道德经》啊，《庄子》也是一部经。大家不要小看《庄子》，《庄子》对我们影响很大，大家生活中常用的成语，很大一部分是来自《庄子》，《庄子》寓言里有相当深刻的思想，对我们做人做事很有启发，对中国文化的特点的形成也有重大作用。比如我们说读书不是为了词句，而要抓住根本精神，把握根本思想，"文以载道"。文字是用来传达道的，把握了道之后，管它文呢。当然，这个我说得绝对化了，文字不优美谁去读，文字是重要的载体。我们讲中国人是写意的，像西方的抽象画派，其实很大程度上是受了中国写意的影响，可是他们理会错了，他们以为形不重要，随便画上几笔，你去猜吧。中国的写意不是不要形，而是不要停留在形上，是要通过形去体会这个人物的精神面貌、这棵树的气势、这朵花的美丽，是相较而言的，我们要"得意忘言"，最初是《庄子》里讲的，"得鱼忘筌""得兔忘蹄""得意忘言"。去捕鱼，不能抱着这个筌而把鱼忘了，不能得了兔子，抱着那个捕兔的夹子而把兔放了。语言是传达一种思想、一种精神，得到思想，它语言怎么讲的，就不要斤斤计较了。后来道教里把《庄子》称为《南华真经》。

汉代还有一部经书《黄帝内经》，我们千万不要把它单纯地看作医学经典，中国的医学与中国的文化是融为一体的。《黄帝内经》里天道、人道的思想都有，只是比较偏重人的方面。比如里面讲，"圣人不治已病，治未病；不治已乱，治未乱"，这句话不仅是说治病，它同样适用于治理国家。这是从荀子的思想中来的。荀子讲君子、圣人怎么治理国家，"君子治治不治乱"，所以中国的经典不仅仅有恒常性，也有很强的贯穿性，适用于各个方面。

　　现在很多人认为中国人没有科学思想，其实不是这样的。只是因为我们今天用的科学的标准不对，人们普遍认为演绎、推理就是科学，直观、感觉、体悟得到的结论就是不科学。我们知道，中国人最科学的核心理念其实很简单，就是"阴阳消长，五行生克"。这就要讲到梁启超了，梁启超对阴阳五行是彻底批判的，他当时也是有点迷信西方的理性逻辑方式，认为中国的直观的、直觉的、经验的、体悟的思维方式不科学。其实今天我们科学界也发现了，人类本来是兼有理性与感性两个方面的，理性可以去认识世界，感性同样可以去认识世界，而且应该是并行不悖的，两种方式同样可以得到正确的结论。而且有时非理性的直观直觉，可能更接近事物的全貌与真相，而理性可能只是局限在问题的某一个方面。所以不要再停留在这样一个科学的观念上——好像只有逻辑理性的归纳、推理、演绎才是科学的，感性直观的就是不科学。

　　其实阴阳消长，五行生克，揭示了社会、自然、人身最根本的道理。汉代思想家董仲舒讲"凡物必有合"。有上就有下，有左就有右，有里就有外，有阴必有阳，要是你们看到我只有前面没有后面，那就可怕了。所以任何一个事物都有两面性，都是相反相成的。中国的哲学早就提出了对立统一这个道理了。老子早就说过，"反者道之动"。我们把自然的现象、社会的现象、身体的现象，以五个方面加以归纳，就是金、木、水、火、土。各种现象、事物有相似的一面，也有相对的一面，然后看它们有什么样的关系，怎样达到一个整体的平衡，这就是科学。我们一个社会有各个部门，相互之间也有不同的关系，如果搞错了，那就不行了。所以我们用这样的道理管理社会、认识世界和自然，有什么不可以呢？用这样的道理去管理我们的身体就更可以了，中医就是建立在这样的理论上的，说它不科学，我实在是想不明白。它用最简单的语言、最简单的物与物之间的关系，说明了事物的全貌和真相。怪不得西方一些物理学家，比如卡普拉，写《物理学之道》的人，他说中国文化里用最简单的语言说清楚了最复杂的自然现象。所以我们要有自信，中国不是没有科学理论的，李约瑟那个命题是个伪命题，为什么说它伪？因为他只是从西方的理性科学角度来看科学，他根本没有认识到这种直观直觉体悟的认识世界的科学性。他没理解，也没法儿理解，所以我们读经书，可以认识到方方面面的道理。

（二）史书

读史书，是要"通古今，知兴替"。

唐太宗说过，"以史为鉴，可以知兴替"。中国的史书是最完备的，全世界没有像中国这样完备的，就因为中国人认为我们要搞清我们当下的情况，一定要用历史的镜子来照一照。我们很多文化精神，也是通过总结历史的经验教训提炼出来的。比如说，我们的以人为本，强调我们不依靠神，也不去追逐物，一定要把人的主动性、能动性、独立性放在第一位，这样一种以人为本的文化理念，就是通过总结历史经验教训得来的。夏那么强大，夏禹建立了夏朝，而且夏朝维持了几百年，可是到了桀，就完蛋了，为什么呢？就是德行不够。德行靠谁呢？靠自己，所以成汤带着商人征服了夏，推翻了夏朝，建立了商朝，可以说是开启了有文字记载的中国历史，在中国历史文化中是一个非常重要的时代，有了甲骨文，有了成熟的文字可以记载我们的历史文化，可是到了纣王，又完蛋了。所以周才正式根据夏、商两代的历史经验教训，告诉我们：我们不能靠外在的天命，要靠自己的德行的完善，才能使国家长治久安。

我们文化中的这样一种人文精神就是从历史经验中总结出来的，所以每一个朝代，当它政权相对稳定之后，都必然要做一件事情：修前朝的历史，总结一下前朝怎么兴起的，又是怎么灭亡的，将总结的经验教训作为我们今天的借鉴。所以我们的历史都很完整，从第一部纪传体通史《史记》开始，历朝都修史，以至修出"二十四史"。现在要找天文学最早的资料，也要到中国的史书里找，全世界都如此。读了史书，我们就能懂得古今是怎么变迁、朝代是怎么更替的，要"通古今之变"，就要懂历史。我们今天的人有个大问题：不太尊重我们的祖先，看不起他们，觉得没有祖先现在也可以，觉得我们今天的人比过去的人聪明得多，我们才是最聪明的，而且绝对相信一种理论——进化论！不断地进化，所以我们一定比我们祖先聪明。这样一种直线的进化论真是害人啊！我们老是觉得事物都是从简单到复杂、从低级到高级、从落后到进步。事实上，历史不是那么简单的，历史是有进也有退的。

　　近代有位思想家章太炎就提出了一个理论，叫作"俱分进化论"——进化不是单向的，善进化，恶也在进化。我们早就说过，"道高一尺魔高一丈"，恶的一面比你进化得还快呢。我们不要看不起我们的祖先，我们今人的成就就是在古人的基础上积累起来的，一定要记住"无古不成今"，一定要尊重我们的祖先。我说尊敬都来不及，我们的古人创造了那么辉煌的历史，我们还看不起他们，现在还有很多人，说中国文化没有创造性，可是他们能够否认吗？包括西方许许多多的思想家、科学家都不否认，中国至少在16世纪前是世界领先的，我们且不说在17、18世纪还有很多领先世界的"第一"。没有古哪有今，无古不成今。没有你的祖父母，没有你的父母，哪儿来的你啊。

　　还有句话，也要记住，"观今宜鉴古"。历史经验最值得我们总结。如果我们有这样两个信念——"无古不成今，观今宜鉴古"，我想我们不至于把传统完全抛掉。我们要时刻回头去看，找到历史上的不足也好，找到历史上可以给我们启发的，更好。历史是一步一步发展来的，经验教训也是一点一点显露出来的。每个时代都会总结前一个时代的经验教训，所以读史书非常重要。今天很多问题就出在我们把历史给断灭了，今天的人不了解自己国家的历史，不了解我们的历史是怎么走过来的，文化是怎么发展来的，我们的文化里面又有什么样的特点，哪些是我们的特质，哪些是我们今天需要改造的，哪些是需要我们坚持的，等等。比如说我就认为我们必须坚持中国文化的人文特质，只有这样才能让中国文化成为世界性的文化，如果放弃中国文化的人文特质，跟着人家的科学特质去走，那永远创造不出我们中华文化的优势来。

所谓人文特质，就是考虑任何问题都要以人为本，要坚持人的主体性、独立性，但不把人凌驾于天地万物之上，不去做天地万物的主宰，而是要努力去向天地万物学习。这是中国文化人文精神的根本特质。这种人文主义，不是人类中心主义的人本主义，而是既不做神的奴隶，也不做物的奴隶。西方社会在近代接受了中国传统文化的人文精神，去批判中世纪以来的神文化，获得了成功，人类从神的脚下站起来，人类的理性得到了充分的肯定与发扬，结出了丰硕的成果。这就是我们现在所说的现代科学主义。但是他们又被理性的胜利冲昏了头脑，认为人的理性无所不能，原来是上帝主宰一切，现在是人要主宰一切，这就成了西方现在最大的问题——人类中心主义，科技是万能的。所以现在西方在批判、反思这个问题。

最初的反思就在上个世纪，两次世界大战以后，大家反思，怎么会发生如此残酷的战争呢？人类相互杀戮，战争最终的目的是什么？战争的目的就是资源和财富的争夺。为了争夺，相互杀戮。人还是失去了自我，变成了物的奴隶了。所以两次世界大战以后，西方思想家又重新提出，要高举人文主义、人本主义的大旗，开始重新确立人文主义、人本主义精神，而它的资源还是要到东方、到中国传统文化中去寻找，因为中国一直是人文主义，没有走偏，没有从拜神教偏到拜物教。中国始终认为人既不能做神的奴隶，也不能做物的奴隶，又不能高高地凌驾于万物之上，做万物的主宰。

现在很多年轻人都认为人文主义的思想是从西方传过来的，不知道这是中国的"土特产"，而且也不知道这种土特产的特点究竟在什么地方。他们接受的西方的人本主义里面夹杂了大量的人类中心主义和科学万能思想。去年我在北大举办的北京论坛上，就专门对这个问题进行讨论，得到了很广泛的反应。现在国外的一些研究机构也在找我，希望我们东方人把中国的真正的人文主义精神发扬出来，让大家认识到什么是真正的人文主义精神。要做到这一点，读史非常关键。

（三）子书

子就是诸子百家。游百家，增智慧。

子书里主要是那些带有思想性的、哲理性的、科学理论性的书，这些都收在诸子里。这里要说，在中国的文化里，读中国的书不是为了增长知识，而是要增长智慧。知识与智慧是两回事，知识是死的、静态的；智慧是活的、动态的，是发现知识、掌握知识、运用知识的能力。我们过去常说一句话，"知识就是力量"，有本杂志就叫《知识就是力量》，我年轻的时候也很相信这句话。毕业工作后，经过多年工作的磨炼，经历坎坎坷坷的人生，才体会到，智慧才是力量！你不知道怎么去发现知识，怎么去掌握知识，更不知道怎么去运用知识，这个知识对你有什么用？弄不好还可能成为你的累赘，越学越糊涂，越学越不明白，钻进去了钻不出来，于是苦恼、郁闷都来了。事实上也是这样，我们学得越多，越会发现我们不知道的东西太多了，越学越发现自己的浅薄。无知者无畏啊，什么都敢说，一有"知"了，掌握了很多知识后，知道怎么运用了，反而不敢轻易说话了。这就要求你有智慧去分辨。多读诸子百家的书，可以增长我们的智慧。

过去把老子、庄子、管子、荀子等都归于诸子百家，而没有列到经典里面去，但是诸子跟经也有很密切的关系。诸子中有很多人，比如我多次提到的荀子，他的思想不亚于《论语》《孟子》，甚至在某些地方还超过《论语》《孟子》。近代人重新认识荀子以后，像章太炎，就认为荀子的思想比《论语》《孟子》更加深刻。我们去看《荀子》这本书的最后一段，就是在评论荀子的思想。当时人就认为，荀子思想的深度、广度远远超过了《论语》《孟子》。不一定要把诸子纳入经里面，但是现在我们也想做这种工作，北大在编《新编新注十三经》，就把《荀子》编了进去。

董仲舒的《春秋繁露》，也可以当作一部经，它把先秦的各家的思想综合汇通，重新建构，刚才提到的阴阳五行的基本构架就是由董仲舒来奠定的。他用最直观、最形象的方法来说明一年四季的变化。从理论上讲，冬至那天，阴长到最高点，阳消到了最低点，白天最短了，黑夜最长了。冬至一过，物极必反，一阳复始，阳一点点往上升，阴一点点往下降，到了阴阳平衡了，就是春分了，白天黑夜一样长了。之后阳继续往上长，阴继续往下降，一消一长，阳到了极点，阴到了最低点，夏至到了，白天最长，黑夜最短。夏至以后，一阴复始，阴一点点往上长，阳一点点往下降，就到了秋分，之后继续冬至……多生动、多形象，很清晰的道理。

你不能说这个不对，这是描述的事实啊，怎么不对？我们看到的、体会到的，就是智慧。我们学是学智慧，不是学死的学问。所以读书要"活读书，读活书，才能读书活"；否则，"死读书，读死书，可能要读书死"的！

（四）集部

集书就很庞杂了，文学、艺术等都包括在这里面，所以也不可以小看它。读集部可以长见识、养性情，在长知识的过程中不断陶冶我们的性情，那些文学家、艺术家，从自己的生活中、工作中总结出来的为人处世的道理和他们的人生境界，都可以让我们增长很多的见识，也能够修养我们的性情。中国各种各样的文学艺术，不管是文学作品，还是歌舞书画，最根本的目的是告诉我们应该怎样正确地对待自己的人生，正确地处理人与人之间的关系、与天地万物的关系。所以集部是非常丰富的，是可以让我们从各方面体悟人生的，让我们艺术性地体悟人生。我经常建议，希望大家的人生多一点业余爱好，丰富一下自己的生活，把生活变成艺术的人生，在艺术的人生里面去发觉、去学习人生的艺术，只有丰富、艺术的人生才能够在里面发觉到、学习到人生的艺术。特别是我们学工的，容易陷到思维定式里去，一个框架里去，所以发起读经典也好，各种各样的学生社团，文学、艺术、歌舞、书画……多好啊，让我们在丰富的艺术当中学习人生的智慧，增长我们的智慧。

我们的传统中，把典籍分成经、史、子、集四大类，是很简明扼要的。

四、怎么读书

其实我们真正把握了天、地、人的道理之后，就可以应用到所有方面。苏东坡说："物一理也，通其意，则无适而不可。"这就是中国文化的特点，看起来好像没有变化，古今一也，万物一也。其实这里面充满了智慧，把这样"一也"的道理用到万事万物上去，这才是创造啊！我们讲科学日新月异，为什么日新月异？根本原因就在于它没有通这个"一理"。今天看到这个事实，于是把这个作为假设的前提，作为定理、公理，然后构建出一套理论体系。很好啊，但走着走着发现不够用，于是马上换一个前提，再重新假设，重新来构建一套体系，创新了。是不是？科学的体系往往是建立在假设的前提下，而这种假设是不需要证明的，我们首先肯定它是没有问题的，可是走着走着发现不对了，看到了一面还有另一面呢！于是不断地更新之前的假设，更新它的体系，我们说这个很创新吧。

其实这是局限的，眼光的局限，我们要注重整体，把握的是整体。你的创造性要在运用中去发挥，运用也可以各出其招。同样一个病症，我用这样的方法可以治好，你用另一个方法也可以治好，中医里面这种情况太多了。有人说中国文化没有创造性、缺乏创造精神，我说不对，正是因为我们认识到一个整体性的道理，所以我们才能不断地去创造，因为它要运用与落实，我们的创造是在运用中去创造。

我们现在很多照搬的，就麻烦了。典型推广是最讨厌的东西，因为典型永远是一个地方的典型，它不一定适合运用到其他地方，所以只能够借鉴，不能够照搬。

标准化，更麻烦，任何个性都没有，让我们的孩子都变成背标准答案的孩子。我们的教育难道只是要背标准答案吗？我们需要培养学生的个性，让他懂得做人做事的道理，懂得天道人道变化的这种根本规律。比如说，找一个"反者道之动"的例子，他就会知道任何事物都是相反相成的、对立统一的，任何事物都是物极必反的，任何事物都是你中有我、我中有你的；福里面是包含祸、祸里面是包含福的，搞得不好，福是可以变成祸的，搞得好，祸也是可以变成福的。科学发展到今天，多少变化啊，从牛顿力学到相对论，到量子力学，日新月异的变化，可它还没有深刻地把握整个宇宙的发展规律。当我们把握了宇宙的整体规律，我们把它运用到各个方面去，这就不断地在创新了。所以读书要读成智慧的，不要读成书呆子，不要读成书的奴隶、知识的奴隶，而要成为书的主人，成为智慧的主人。

怎样读书，我之前已经讲了，我们读书最根本的是要能得其意，举一反三。清代有一位文人，叫包世臣，写过一句话"好书不厌百回读"，但是我们读"好书"，得益就不是那么容易的了，所以我接了一句"精义勤求十载功"。我们现在读书，为了做学问，常常是把简单的问题搞复杂了，化简单为复杂，我们现在的"学术功夫"，是有学问的体现。其实大道至简，真理平凡，没有那么复杂。可是我们跟你们说最简单的、最普通的话，人们就觉得没有学问，没有什么意思。比如很多人学佛，老是要问怎么个学法，总觉得有什么深奥的东西，修行中有很神秘的东西。我说你现在在做什么，就继续做你的事，你把现在你该做的事情做好，就是修行。他就会觉得我什么也没说。

你好好想想，做好本分事，做好平常的事，比你学那些很玄妙的东西难得多。我常常讲，我们去寺庙里面打禅七，坐七天，七天下来，倒是心里安静了很多；可是一回来，照样烦恼丛生。所以你的本事，应该是在天天碰撞的事情中，学会如何平静地对待。其实真理是很简单的，就像刚才我讲的万物的关系，用阴阳五行归归类，构建相互的关系，就很清楚了，而且也符合事物的本来面貌。我们看到的事物就是两面，不要太理想主义，幻想把一切不善的东西都去掉，把社会打扫得干干净净，是不现实的。没有对比，又何谈你是干净的，他是脏的呢？所以，一个社会里面永远是有善恶的，永远是有美丑的，永远是有黑白的。我们要做的只是怎么样让它达到平衡。

平衡不是 50% 对 50%，绝对不是。社会现象也好，人的身体也好，都不是那么简单的 50% 对 50%，有的这个 70%，那个 30% 才是平衡的。我们讲的和谐也好、平等也好，你迁就我，我迁就你，那不叫和谐；你尊重我，我尊重你，才叫和谐。保持我们各自的差异特点，不需要我改变我的观点来抚慰你，也不需要你改变你的观点来抚慰我，这才是平衡。我们现在很多理解就是采取的这种简单化的思维方式：平衡就是你 50%，我 50%；平等就是你这样，我也这样。你穿这样的衣服，吃这样的饭，为什么我就不能？完全否认人与人之间的差异性。可是自然的差异我们是不能否认的，天下没有两片完全相同的树叶，哪有完全相同的人？人的智能、体能，各个方面都是有差异的。所以怎么能运用同一个标准来要求呢？自己明明不可能这样，非要说我就要和你一样。

我不是宣传不平等，而是说什么地方平等、怎么样的平等。每个人的智能与体能都是有差异的，可以智能、体能都很高，也有可能你偏于这方面的高，他偏于那方面的高，也是不同的。我可以很自豪地说，我永远比不上霍金，霍金也永远比不上我。我讲不了他的理论，他能够这样讲中国的传统文化吗？每个人要能够看清自己的能力在什么地方、特长在什么地方，去充分地发挥自己的能力、自己的特长，这才是真正的成功。事事向别人学，即使达到了他那个顶点，你内心痛苦得要命，这算成功吗？不算。

所以究竟怎么样学，是一个很重要的问题，这是一个思维的问题。人和人之间有差异，年龄、性别、智能、体能等的各种差异，明摆着的道理，一看就看清楚了，不需要理论推演。各种各样的学术我们可以去参考，比如说西方现在非常盛行一个研究：人有没有前世。特别是在欧洲，他们提出大量的方法，进行大量的实践，统计出来结果：至少有 4000 人知道他的前世，通过这个证明人是可能有前世的，甚至有人说人就是有前世的，生命就是有轮回的。我们可不可以作为一种学术来看它呢？我看也不用反驳它。可是能提取出一个普遍的东西吗？只有 4000 人嘛，世界上有多少人？几十亿呢。所以你要不信就不信吧，要信就信吧，有什么非要去辩论的吗？我们还是把力气花在别的地方去吧。科学的普遍性实际上也是一种相当局部的普遍性，不可能得到所有的数据。通过抽样调查，然后由个体推演到全体，这种思维方式我觉得是相当可怕的。大数据时代，其可怕程度我不敢想象。甚至有人现在预言，大数据将来实现以后，在网上就可以看病了。人家都给统计好了，你这个症状吃什么药就行了，医院都不用去了。法院也可以是网上法院了，因为有例证，有案例……可怕不可怕？完全不顾很多细节，很多地方内在的东西。

所以我们不要把本来简单的，通过直观、直觉、经验就可以解决的问题搞得那么复杂，然后还要把它推广开来，来危害人们。我们不要化简为繁，要多做一些化繁为简的工作。让一般老百姓一听就明白，而不是让他感觉摸不着头脑。

五、读书的次第

最后谈谈读书的次第，"四书"里面的《中庸》告诉我们：博学之，审问之，慎思之，明辨之，笃行之。

博学，就是要广博地学习，多学习，主动地学，好学不厌，学无止境，活到老学到老。审问，这个词我们现在还在用，比如审问犯人。其实我们读书学习也是如此，书就像犯人一样，我们得多问它一些为什么，多问它背后还有什么东西，弄清楚，有疑就问，不耻下问，不要觉得丢脸，没有一个人是十全十美的，每个人都有长处、短处，有他清楚的，也有他不清楚的，所以《论语》中讲"三人行，必有我师"。慎思，就是要认真地思考，要想明白，碰到事情就要思考。《论语》中还讲了，"君子有九思"，一言一行都要想一想。读书就要想，然后呢？就要明辨，分辨是非，分辨疑惑，分辨事情该做不该做。最后就是笃行，身体力行。中国古人讲："学至于行之而止矣"，学到了去做，才达到了最高点。古人已经给我们指出了很明白的做学问的次第了，从博学到审问，到慎思，到明辨，到笃行，我们现在只要把这些搞清楚了，按着这些去做，就很不错了。

有三种品德是每个人都应该具备的，所谓"三达德"：知仁勇。《中庸》里面解释："好学近乎知"，一定要好学，活到老学到老，不把自己封闭起来，有多种爱好、多种兴趣，再教育，终究要开启这样的智慧。什么叫仁？"仁者爱人"，《中庸》里面讲："力行近乎仁。"既要学也要行，知行合一。什么叫勇？"知耻近乎勇"。有羞耻心，知错必改，就是敢于面对自己的错误，敢于去修正自己的错误。这要有很大的勇气，这才能够体现一个人的强大。《老子》里说："胜人者有力，自胜者强。"我们现在似乎战胜别人就叫强人，其实战胜自己才叫强。人最难的是做到自知和自胜。人贵有自知之明，更贵有自胜自强。

所以"知仁勇"三达德是每个人都应该具备的品质。这个理论实际上把我们读书的次第也包括进去了，"博学近乎知，力行近乎仁，知耻近乎勇"，我希望我们每个人都记住这三句话，这样的话，我们就可以把读书和做人合为一体了。

今天我就讲到这里了。谢谢大家。

（本文根据楼宇烈先生 2015 年 11 月 4 日在清华大学一教的演讲整理而成，标题为编者所加。）

"三不""四留"中的安身立命之道

　　非常高兴今天又一次跟清华的老师、同学们见面。前些日子徐老师去找我，希望我在清华的"君子文化月"里再做一次演讲。由于时间的关系，不能赶在当年梁任公先生讲《君子》的那个时间，所以一直推到了这个月的月末。讲什么内容呢？我当时就讲，今年我在学习中有一些心得，我把这些心得归成"三个不"，并给自己起了个堂号，叫"三不堂"，以"三不"来勉励和要求自己。同时呢，我觉得这"三不"对大家可能也会有点启示。所以我希望把这些心得拿出来与大家共勉。另外，今年我得到了一个拓片，这个拓片叫作"留余匾"，是河南巩义的一个有几百年历史的老庄园的传家训条。这个拓片的开头引用了南宋王伯大的《四留铭》。我觉得对我们今天这个社会，对今天每一个人做人做事也很有启发。所以我就说把"三不""四留"一起讲一讲吧。

一、"三不堂训"里的儒释道文化智慧

　　"三不""四留"这两个题目我给我的学生们都讲过了，所以今天是想

跟我们清华的老师、同学们一起来分享和互勉一下。先讲"三不堂训"。为什么叫"三不"呢？

（一）"不苟为，唯贵当"

第一个叫"不苟为"。我们做什么事情都不要苟且为之，就是"不苟为"。这个"不苟"是从哪儿得到的启发呢？是从先秦的著名思想家荀子（我们常常把荀子称为先秦思想的集大成者）那里得来的，他的著作里有一篇文章，题目就叫作《不苟》。这篇文章一开头就讲："行不贵苟难"——我们的一切行为都不要看重苟且地去做。第二句叫作"说不贵苟察"，我们的言说、学说，不要看重说得很明白、很清楚。第三句，更重要了，"名不贵苟传"，我们不要把名声留传下去看作多么重要的事，为了留名，好像做什么样的事情都可以。那怎么行呢？没有原则，不合乎常理常情的事是不能做的。所以荀子在《不苟》篇里面，一开始就告诉我们，做什么事情，不管是行为、言说，还是名声，都不要为了传下去而去做那些不合乎常理常情的事情。这就叫作"不苟为"。

那么应该怎样做呢？荀子讲，"唯其当之为贵"。"当"，把事情做到恰如其分，这个是最重要的。我觉得荀子这个教导非常重要，我们很多人为了凸显自己而刻意去做那些看来似乎是常人做不到的事情，去说那些违背常理的话，来显示自己的与众不同。荀子认为，违背常情常理的事和话，我们不能够把它放在一个最重要的位置，而应该做那些恰如其分的、合乎常情常理的事情。我想，作为一个人，必须保持做人的气节，坚持做人的原则，就像孟子讲的大丈夫的精神、一种气节。孟子讲的大丈夫的气节有三条，第一条是"富贵不能淫"，富贵的引诱也不能够让他改变；第二条是"贫贱不能移"，再穷困也不能动摇他的意志；第三条就是"威武不能屈"。我们常常讲，这是做人的一个原则。要保持或者要坚持这样一种气节，富贵不能淫、贫贱不能移、威武不能屈。而荀子在这儿讲的"行不贵苟难，说不贵苟察，名不贵苟传"，我觉得也是来说明一个做人的原则立场问题。孟子讲的这三条大家都比较熟悉，而荀子讲的这个可能大家不是很熟悉。但是孟子讲的是比较笼统的原则，荀子讲的这个则是相当具体地落实到我们的言行举止上了，我觉得我们做人应该有这样一种不苟为的品德。

所以我就把第一条，从否定到肯定两个方面给结合起来，叫作"不苟为，唯贵当"，这是我"三不堂"的第一个堂训。

（二）"不刻意，顺自然"

第二条，是我看了《庄子》里面的一篇文章，文章的篇名叫作《刻意》，这篇《刻意》跟荀子所讲的《不苟》在精神上是相通的，用我们现代人经常讲的话，"刻意"实际上就是"故意"，而它比故意又要更准确一点，因为有的时候，捉弄人好像也可以用故意这个词，故意这样去做，让你吓一跳或者怎么样；刻意呢，可以说是为了标新立异、凸显自己而去做的。所以我看到这篇文章，第一句开头就是"刻意尚行"，就是他的行为行动，都是刻意去做的；其中他讲到"刻意尚行，离世异俗，高论怨诽，为亢而已矣"。那么他说这种毛病是什么呢？"此山谷之士，非世之人，枯槁赴渊者之所好也"，就是这种"刻意尚行"的人，他是跟社会脱离的，跟我们的习俗是不一样的，因为我们人生活在社会中，就应该跟这个社会打成一片，当然，这打成一片不是随大流，还是要有自己的信念、自己的操守。但是你如果离世异俗，用跟这个社会完全脱离来标榜自己，"高论怨诽"，发出那些很高的论调，然后去怨恨这个，怨恨那个，没有一个东西你是看得上眼的，把自己看作最清高的。从历史上来讲，这就是那些进到山林里面去标榜自己如何清高的人的做法，他们不是看到了社会的各种问题，然后用自己的言论、用自己的行为去参与、去努力地改变这些不良境况，而是在那儿发牢骚，埋怨这个埋怨那个，显得自己很清高。这是一种刻意。大家可以去找这篇文章看一看，它说了好多种情况，其中也说到了，有一些人为了延长自己的生命，去这样做那样做，例如导引术，这都是刻意的。那么，为什么庄子会去描述那么多的刻意现象呢？这个我还要说明一下，这跟道家的思想是有很大关系的。因为道家是崇尚自然的，崇尚自然这样一个概念里边，包含了什么样的寓意呢？

首先，我们要尊重事物的本来状态，就叫作"自然"。今天我在学校里，也跟同学们讲到"自然"两个字的组合，我先讲，什么叫"然"呢？是不是这样啊？"然"就是这个样。你说是不是这个样子？是。所以"然"这个字就是如此。那么自然呢？就是它本来就是如此。所以什么事情都有它的本来面目。可是我们现在呢？不这样，我们非要刻意地去做，违背了事物的本来状态，所以道家就批评这样的思想，我们一切都要顺其自然，多好啊！庄子批评了这些现象以后，就讲"若夫不刻意而高"，你不那么刻意地去批评这个批评那个，怨恨这个怨恨那个，就自己努力地、兢兢业业地去做，以你自己这样的一些行为去影响社会、改变社会，来显示你的高明之处、高尚之处，那才对。

第二个，庄子讲到，"无仁义而修"，有些人一天到晚高唱仁义，满嘴仁义道德，可是满肚子男盗女娼。不要以为一天到晚讲仁义道德，人品就多么好了，不对的，不是这样子。不唱高调，不在那儿整天地喊仁义道德，就实实在在按照这个道理做，这才真正说明你是有德行的，有修养的。

庄子一个一个分析，最后就讲到"不导引而寿"。我们现在很多人也非常注重养生，于是采用各种各样的方法，吃这个营养，练那个功夫，希望自己能够长寿。其实这些在庄子这篇文章里，看起来都是在刻意地求长寿。你如果"不导引"，不做导引而达到了"寿"，也就是顺其自然。我们生命有个自我保护、自我修复的能力，那我们为什么要做这个导引去求寿？说得难听一点，就是因为我们人贪生怕死，想通过导引让自己能够长寿，甚至不死。所以庄子就说，你如果"不导引而寿"，那才是真正的"寿"。人其实就是这样。

说到这儿，我想引用西汉时期《淮南子》里边的一段话，它可以跟这个相呼应。这段话是"天下有至贵而非势位也"，即天下有最高的贵，它不是权势和地位。"有至富而非金玉也"，即天下最大的富，不是我拥有了很多很多的金玉。后面还有一句话，跟我们刚才提到的这句话有关系，"有至寿而非千岁也"。我们希望人长命，万岁、千岁是不是？觉得这就是至寿，最高的寿了。其实不是。这里边，这三句话涉及我们平常讲的福、禄、寿。

这里边，它对我们世俗人心目中的福、禄、寿，一笔都否定了。那么它正面地提出了一个什么样的富、贵、寿的理念呢？它就讲"原心返性，则贵矣"，我能够回归自我的本性，能够回归自己的天良，那就是最贵的了。什么叫富？"适情知足，则富矣"，适合你的情况、能够知足，那才是真正的富。我们一般人为什么总是感觉自己不够富？就是因为不知足，就是因为不适情。什么叫适情？适情就是合乎你的实际情况。人跟人差别是很大的，我这个肚子吃一碗饭就够了、就饱了，他的肚子吃两碗饭才饱；我只有一个肚子，那我吃一碗饭就行了，就满足了，我不要去羡慕别人吃两碗饭。如果我也像他一样吃两碗饭，可能就会把我撑死了。他也不需要羡慕我：他吃一碗饭多省事，多省钱，我也吃一碗饭。那恐怕没几天他就饿坏了。

所以人不要去互相攀比，适情即可，适合你的实情就行了。《淮南子》里边还有另外一句话也是来告诉我们这样的道理，它说作为一个圣人，怎么样呢？"量腹而食"，根据自己的肚子来吃；"度形而衣"，根据自己的身体状况来穿衣服；"节于己而已"，节于己，"节"在这儿的意思就是适合咱们，恰好的，对他来讲，恰好的就够了，所以"节于己而已"。一个人就这样，够吃了，够穿了，对我来讲就完全合适了，行了。这就叫作"适情知足"。知足者永远觉得已经够了够了，不知足者永远觉得不够。所以"知足者常富，不知足者常贫"。

刚才《淮南子》里那句话我还没念完，于是后面就出现了一个我们今天看到的现象了，它说："贪污之心奚由生哉？"贪污的心从哪儿生出来？够了，他就不会去贪多余的东西、身外的东西，所以贪污之心就不会生起。由此，我们可以看得很明白，什么叫作贪污？贪污就是贪你所需要的之外的那些东西，对你来讲实际上没有多大的意义，有的时候反而是害你。

那么，我们再回到刚才《淮南子》那一句话里面，"适情知足，则富矣"。还有一个"寿"字，"寿"字怎么讲？"明死生之分，则寿矣。"我们如果明白了，任何一个生命都逃不过生死，有生就有死，没有一个人是能够活到一千岁的，所以我们去求千岁干什么？自然而然地生、自然而然地死，这就是寿。所以不是说一定要活到一千岁才是最好的寿，一个人能够健健康康、快快乐乐地活着，平平安安无疾而终，这就是寿。

所以，《庄子》里面讲，我们不要刻意地去延长生命，不需要，我们只要顺其自然地活，说一句大家不太爱听的话，该死的时候就让他死，不要因为不想死，学这个学那个，吃这个吃那个。再比《淮南子》还早一点的那本书，叫作《吕氏春秋》，里面就警告我们，我们人"毋以厚生而害生"，厚生就是太看重自己的生命，可就是因为你太看重自己的生命，反而害了你的生命。今天进这个补，明天进那个补，后天用这个办法，再后天又用那个办法，就想着自己不要死，这样刻意地延长生命。所以，《庄子·刻意》篇里边就讲到了，如果不刻意而能够顺其自然的话，那么最后"众美从之"，而且说："此天地之道，圣人之德也。"

我觉得，这个对于我们每个人来讲，也是非常有意义的一个人生的启示，做什么事情都要随顺自然。当然，我们说这个话很容易，要做起来是很不容易的。因为我们常常会想到，这样是不是会让我们产生消极等待的心理。由这个也就联想到，人们常常把道家提倡的"无为"思想看作完全消极的态度。其实要做到无为，比你想有为要难得多。我有为地去进这个补，去进那个补，去练这个功，去练那个功，看起来很难，其实很容易。只要我有足够的经济实力，我要去买这个营养品，买那个营养品，很容易、很简单。只要我有时间，我有坚持的劲儿，我学这个功，学那个功，也很容易。但是如果要让我们去随顺自然，不刻意为之，那很难，为什么呢？

第一，我们要明白死生的道理，那不容易。其实也不用讳言，不用回避了，贪生怕死是人的本能。总是不想死，为什么？我们总是把生和死看成完全隔离的两个地方，不同的区域。死了以后什么也没有了，我活着有那么多的享受，所以看不破生死。这是人的本性、本能，要明白这个道理就不容易。第二，明白了这个道理要能够这样去做，就更不容易了。为什么不容易？这是要有很强大的认识生命本质的能力，认识怎么样来对自己有充分的信心，这个就更难做到。为什么说对自己有信心那么难做到呢？我们现在很多人很有自信啊！你真有自信吗？尤其是涉及自己身体的时候，我想我们很多人现在一点自信都没有，为什么这样讲？因为我们现代人已经习惯于依赖外在的力量来保护自己的生命，这种理念可以说是已经深入人心了。我们身体一不舒服就要去找医生，就要去吃药，就要去找那些手术仪器，是不是这样？我们现代人已经习惯于依赖外力来干预"我的健康"，所以要让你顺其自然，不把自己的生命交给外力来管理，而是让你自己来管理，相信我们每个人都有一种自我修复、自我痊愈的能力，这容易吗？我经常去讲这样的道理，很多人都说有道理，可是自己一不舒服了，马上去医院，马上去找医生，给他开化验条、开检查单，迫切要看看自己的健康数据如何。血压是不是高了？血糖是不是高了？这是一个。另外一个呢，要做到这些，就必须在日常生活中，能够自己约束自己，这就更难了。餐桌上那么多好吃的东西，还不放开嘴巴、放开肚子大吃一顿？要约束自己，是不是更难？所以明白生死的道理，明白生命的健康要靠自己来维护，要靠自己来预防，而且要去践行这样的理念，那是不容易的。其实，自汉代以来的那些名医们，比如汉代的张仲景，唐代的孙思邈，都告诉我们：你的生命掌握在你自己手里，必须自慎，自己要慎重，自己要管理自己。孙思邈甚至提出来，什么叫自慎？是"安不忘危"，安不忘危，不光是治国、治社会要秉持这样一些理念，实际上维护自己的生命也是同样的，你感觉到现在自己不错，所以就放开嘴巴去吃，自己不管好自己；该睡觉的时候不睡觉，昼夜颠倒，你自己都不爱护你自己，自己都不能够保护自己，这些名医说了，那医生也没有办法，药也没有办法。所以提出"自慎"这样一个非常重要的概念。自慎里面包括你自己对待自己的饮食、起居、劳作，要顺其自然。首先要明白自己的生命是怎么回事，要看透生死是正常的现象，然后又要自己去管好自己。我们一听自然呀，无为呀，好像是什么也不要做了，其实要做的事情比你靠外面的东西，靠什么营养来让你更健康，要难得多。但是这个又是最重要的。

我是用这个例子来说明"刻意"和"顺自然"之间的区别。你越刻意，可能产生的结果越不好；你越顺其自然，就越可能达到最好的结果。所以我第二个提出来，"不刻意"。那么，怎么样来对应这个不刻意呢？"不苟为"对应的是"唯贵当"，那么"不刻意"对应的就是"顺自然"。提出来一个更加不容易做到的事情，要做到顺自然真是不容易。

（三）"不执着，且随缘"

那么，第三个"不"呢？就讲"不执着"。这一点是从佛教的思想里面体会到的。但是一讲到不执着，我们现在的年轻人，乃至社会上大部分的人，都不太会认同，他们认为一定要有执着的精神才能够实现理想和目标，用执着的精神去做我们应该做的事情，把它做好。所以一讲到不执着，讲到佛教不执着，很多人都会认为，这也是一种消极的、无所作为的、不思进取的态度。其实这也是对执着这个概念的一种不了解，对于佛教为什么要人们不执着也不清楚，对于佛教中跟执着相对的一个积极进取的词汇，也不知道。

可以说，佛经里面时时处处都告诉我们，我们人类的一切烦恼痛苦的根源就在于太执着。所以我们要对执着做一个分析。什么叫执着？佛教里面讲的执着是什么含义？佛教里面讲的"执着"的含义是很清楚的，就是因为你有了分别之见，是用分别，甚至是用对立的思维方法去看问题。由于这样一种"分别"的认识问题的方法，把事物隔离起来、对立起来，然后又产生了你对这种东西和对那种东西的不同看法，有了不同要求和不同的希望。也就是说，由于看到现象的不同，产生了你心里面的对这些东西的不同看法、不同追求，于是就想得到这个不想得到那个。看见了一块石头，随手就扔掉了，找到了一块宝石就舍不得放下，这就有了分别心了。一有分别心，总希望得到自己喜欢的东西，得不到呢？痛苦、烦恼。

佛教认为这一切烦恼痛苦的根源都在于，我们看现象世界把它分别开来看，有高贵的、低贱的、美丽的、丑陋的……于是希望得到美丽的、高贵的，不希望得到丑陋的、低贱的，得到它就高兴，得不到它就痛苦。一天到晚让你跟那些丑陋的、低下的人在一起，你就痛苦；让你跟那些美丽的、高贵的人在一起你就快乐，喜怒哀乐都来了。佛教讲的执着，是从这样的意义上来讲的。你越去执着地追求这样一些分别的东西，你就越烦恼、越痛苦，所以佛教才让我们放下执着，放下才有可能自在。那么这是不是一种消极呢？不是。佛教是不是光是消极呢？更不是。佛教还要求我们，要把我们的现象世界看成平等的，我们的众生都是平等的，要用一样的心去对待众生，而且要为了众生来奉献自己，舍己利他，这是佛教的根本精神，特别是大乘佛法的根本精神，慈悲为怀、舍己利他，慈悲者"不为自身求安乐，但愿众生得离苦"。是这样一种大愿，才是慈悲大愿、慈悲心。既然是这样，它怎么可能是不要求我们人积极向上努力呢？不是。

有个名词叫作"精进"。在佛教里面是把"精进"跟"执着"对应起来讲的。我们要破除执着，但是我们要努力精进。因为执着是由我们的分别心造成的，它给我们带来无穷无尽的烦恼，所以我们要破除它；但是我们为了众生而奉献自己，这个要精进，不断地精进，我们才能够得到身心的解脱。

所以佛教讲了，不要执着，我觉得这个意义很深。尤其我们现代人，对执着有很大误解，以为执着似乎就等于佛教倡导的精进。其实不是。佛教的精进是无分别地奉献，无分别地为众生献出。执着呢？是那种分别以后产生的种种的烦恼和痛苦。那么，我们是不是为了奉献而像刚才提出的道家里面的那样刻意去做呢？那也不行。破除了执着后我们应该怎么样？应该要随缘了。所以我把"不执着"相对应的一句话就叫作"且随缘"。我们不要把救助他人的事也执着地去做，否则就有问题。因为那同样是一种分别之见，同样会给你带来痛苦和烦恼。

我举一个例子，这个现象现在在社会上相当地普遍、相当地严重，就是我们看到很多佛家信众，在一些法师、上人的倡导下大肆地放生，然后就觉得自己做了功德，自己保护了众生的生命了。这样对吗？不对。是不是应该这样去放生呢？现在放生的现象已经给我们带来了极大的问题。首先，我们破坏了生态平衡。把一大群东西放到一个地方去，举个例子，有的时候放生放什么？放蛇，抓来了很多蛇，然后将它们放在一个山沟里面，这个山沟谁还能进去呀！这是我听说的，在江西一个地方，真如寺，现在后山都很少有人去了。另外，我亲眼看到的，有一次我去昌平，办完事后我从山沟里面出来，对面开来了三辆大卡车，这三辆大卡车上面装的什么？全是松鼠，一个笼子里面两只松鼠，都要放到山沟里面去，这山沟还承受得了吗？这些松鼠还能存活吗？我们现在都知道，北京奥林匹克公园牛蛙声大作，最早我们听到了什么？原来刚建好的奥林匹克公园里养的是青蛙，现在青蛙声听不到了，听见的全是牛蛙的声音，为什么？我们很多放生的人，放了很多牛蛙进去，牛蛙就把青蛙都吃掉了。

后来我们又听说，中国人把鲤鱼放到了美国，美国的鲤鱼成灾了，而且因为环境变了，在我们这儿鲤鱼长得也就那么大一条，在美国它长得特别大。后来又听说，我们一群人放生放到欧洲去了，放什么？螃蟹，欧洲的螃蟹又成灾了，破坏了生态。那么这些放生的人，受到什么样的诱惑？放生越多，你的福报越大，然后他们就执着于自己的福报，拼命地去放生，比着放，你放多少，我比你放得更多。这个其实就是没有放下执着，放不下自己，还是把自己跟别人分开来，希望自己得到更多的福报。这种理念是跟佛教的根本理念完全背离的，因为佛教的理念就是要你放下对自我的执着，佛教是讲你要广种福田，为谁种福田？为众生种福田，不是为你自己种福田。

所以佛教是要你放下自己，不是让你执着自己。你跟众生对立起来了，你就会光想着自己的福田。其实你在广种福田时，让众生都能够得到福报，你自己也就得到福报了，你跟众生是一样的嘛。所以我老讲，放生在今天已经出现了那么大的问题、那么大的流弊了，而且可以说是背离了佛教的根本宗旨了，我们再不要去这样传播了，再不要去参与了，我们应当提倡佛教的更合乎事实的一种理念，就是护生。保护生命，这是佛教的理念，比放生的理念要有益得多。放生常常是我把它抓起来，再去放。护生呢？是什么需要我保护我就保护它。即使是护生，我们也不要专门去找那些要护生的，我们应当是随缘护生。今天走到这儿看到路边有小动物受伤了，那么我赶紧过去救护它，治疗好了，我再把它放到它应该生活的地方去。

佛教讲不要执着、一切都要随缘的这种思想，是对我们做人做事都很有意义的。这三个"不"，不苟为、不刻意、不执着，恰好又都对应中国传统文化中三个主体：儒、道、佛。那么它体现出来的精神呢？又都是一样的，都是要我们做人不能够为了自己的名声、利益等这样的东西，去做那些不该做的事情，那些不符合常情常理的事情，那些执着自我的事情。当我想到这些事情，我觉得这对于我们今天的自我修养来讲，还是很有启发意义的。所以我就把它提炼为"三不堂训"，提供给大家，来共同地勉励勉励，更多的是自警、警惕，时时要警惕，不要苟为；时时要勉励自己，要随缘；时刻希望自己要做到不刻意。这是我今天要讲的第一个问题"三不"。

二、"四留铭"里的安身立命之道

开头讲到，我今年得到一个拓片，拓的《留余匾》，一开头就引了《四留铭》里的话。刚才徐老师也介绍了，《四留铭》是南宋时期的留耕道人写的。《四留铭》的内容是什么呢？简单地说，就是告诉我们做人做事都要留点余地，不要做尽了，不要做绝了。这个话，我们今天的人不大能理解，做事为什么要留有余地？我做得最好，我做得最大，我做得最强，有什么不好？这是我们今天的人的一种理念，但是我们传统文化中恰恰有这样一些方面，让我们做什么事情，不要做尽了，不要做绝了，要留有一点余地。有没有意义呢？我觉得很有意义。

我先把"四留"给大家念一下，做一个简单的解释，然后我们再来看。王伯大被人家称呼为留耕道人，他写的《四留铭》里是这样讲的，他说"留有余"，留点余地吧，那么留下这些东西干什么呢？

第一，"留有余，不尽之巧以还造化"。我们人心灵手巧，可以做各种各样的东西，拿我们现代话来讲，我们的巧手可以想让自己怎么样就怎么样，想让河流从东往西流，从南往北流，我们也能做到，我们可以做到做尽，我们现在不是有南水北调吗？所以人是可以做到的，人是有这样的巧力的，但是在这儿，他说要留点余地。那么没有用尽的这些东西，这些"巧"还给谁？还给造化，还给天地，这是第一个留。

第二，"留有余，不尽之禄以还朝廷"。这是他那个时候的理念，朝廷就是国家，就是社会，我们不要把所有的位置都占满了，要留一点给国家，留一点给朝廷。

第三，"留有余，不尽之财以还百姓"。财富的财，以还百姓。还给老百姓，让大家都能够享受财富。

第四，"留有余，不尽之福以还子孙"。他让我们要把这些福留一点给后代，不要把它享尽了。

"不尽之巧以还造化，不尽之禄以还朝廷，不尽之财以还百姓，不尽之福以还子孙。"这四句话中，第一句跟第四句，对我们今天来讲，是最有针对性的。因为我们现在把人的巧用到了极致，让天地也无能为力，天地也无法还手。这就是我们所谓的征服自然、改造自然，征服改造得连天地都没法跟我们相对抗，一点余地都不留给它。这很不好。我们这样来对待天地造化，结果呢？反而是让我们自己失去了不断创新的能力，我们现在已经越来越被我们所创造的外物给管住了，这就是哲学上面常讲的"异化"，我们人类被异化了。我们对自然的征服，不是增加了我们的自信，反而让人类失去了自信。就像我前面讲的，我们现在身体有病，首先想到的是什么？首先想到的是我们发明的机器、仪器，给测量一下我血压多高了、血糖多高了，我们已经完全不相信自己的感觉了。然后一测出来，你的血糖不正常、你血压高了，赶紧吃降血糖药、降压药，赶紧打胰岛素，也不相信我自己的身体，不相信经过调理它可以自我调整，不相信了。

本来天地给我们的，可以造出更好的环境来，可是我们现在要想抢夺它，认为我们人造的比你天地给的还要好。典型的，我不知道大家有没有去过一些地方，现在很多地方有什么"印象西湖""印象"什么地方……我到这些地方去开会，有时候常常会招待我去看，"印象西湖"，还有什么"少林寺"……各种各样的"印象"，这些"印象"都是怎么来的？我不知道有多少人看过这些"印象"，就是声光化电，就是所谓的人工之巧嘛。人工之巧构建声光化电让你看了之后，觉得不得了，所以往往都是晚上才能欣赏"印象"什么的，它不让你见它的真面目，用虚幻的东西让你看得眼花缭乱。

所以，每次去看什么"印象"，我一定要求第二天白天带我去实际地走一走，我要看它的真面目，我不希望看这个声光化电，巧夺天工，哪有自然美景好，差得远着呢。所以我说人可以做，但是要留有余地，让自然发出它的光芒来。人其实是真要想明白了，你永远也别去跟大自然争胜，多留一些大自然的美景，让大家来欣赏欣赏。所以我非常欣赏我们古代留下来的一些诗歌，其中有两句我给大家念一念，哪两句呢？"青山不墨千秋画"。我们想想是不是？一座青山上面不是我们用笔画出来，"青山不墨"，墨就是画画的墨，青山不用墨，但是它呈现出来什么？"千秋画"。下一句叫作"绿水无弦万古琴"。我们弹琴，可是绿水哪有弦呢？没有弦，但是它是一把万古的琴，因为它老是那么流，留下来叮叮咚咚的美声，让我们来听。

我们人能跟它比吗？我们要移山填海的话，把这些自然景色全破坏了，那我们就看不到"千秋画"了，确确实实我现在看到很多山，破败得不得了，怎么破败？劈掉一半采石，看上去成了一幅破画，本来一幅很美的画，开山把整个山的一半给劈掉了，这儿劈一块，那儿劈一块。我有感于这两句诗，就补上了两句，来自我反省，我说："活色生香笔难到"，青山这幅画，它是活的，有生命的，有气味的，活色生香，一年四季在那儿变化着，春夏秋冬不同的景色，不同的花的香味。所以青山这幅画，是活色生香的画，我们手上那支笔是达不到的，所以说"活色生香笔难到"。绿水在那儿流淌，发出来的音乐声音，那是天籁，自然而然，所以我说这叫作"自成天籁"。"自成天籁"什么？"手何能"。你这个弹琴的手，有什么能力能够达到这样？达不到。这是对人的自我反省。我们要留一些巧，给造化。尤其在今天，很多环境问题，都是我们对大自然的不尊重，不给它留余地所造成的。所以我说这句话，对我们人类来讲，是很有启发意义的，我们要留一些余地给造化。

第四句，"不尽之福以还子孙"。这是中国人的一个根本性的观念，中国人认为生命的延续是靠一代一代相传的，所以我们每一代人都要为子孙后代深思熟虑、长虑顾后。我们要长虑顾后，一定要往后思考得久远一些。这也是《荀子》里面的一个重要思想。我们对森林的开发，一定要想到子孙后代，如果把它开发尽了，那子孙后代就没有了，就享不到这个福了。所以中国人做什么事情都要想到为子孙后代。

《周易》中讲，"积善之家必有余庆，积不善之家必有余殃"。我们做什么事情都必须为子孙后代着想。我们这一代人不能竭泽而渔，不能做让子孙后代无法继续生活下去的事情。想一想，我们现在的很多行为，是不是对子孙后代的生存造成了很大影响呢？给子孙后代留下了很多的要恢复起来都很难的一些难题，我们是自己享尽了福，我们给子孙后代留下了一些福吗？没有。所以我说，一头一尾这两个"留有余"——"不尽之巧以还造化""不尽之福以还子孙"，我们今天的人真是应该认真地思考，中间两个"留有余"——"不尽之禄以还朝廷，不尽之财以还百姓"，这个其实也是我们现在一个很大的问题，特别是第三条。

我们现在几乎都是在垄断垄断再垄断，不给百姓留点财，很多企业也努力地做大、做强，不留一点给中小企业，特别是小企业、个体户，给他们留一点财。这些都是我们做事情中需要思考的。

所谓的"不尽之禄以还朝廷"，也不是仅仅讲几个官位的问题，而是说让更多的人来参与社会的管理，其实也就是让更多的人能够自己来管理好自己。

我读了这个《四留铭》很有感触，它跟我们现代人的思维方式有很大不同。我们现代人的思维方式都是想做尽，可是它提出来要留点余地。不仅是南宋的这位留耕道人在《四留铭》里面这么提，后来其他很多学者、思想家，也都提出了我们做什么事情，都不要光为自己考虑，把这个理念扩大来讲，不要光为人类考虑，我们要为万物多考虑考虑。不要只为自己，留点余地让自然能够发挥自己的功能，来营造一个更好的生存环境。

如果我们能够扩展开来理解这个问题，那我觉得这个意义就非常之大。这个《四留铭》，我看了以后有一些感受，也想介绍给大家去读一读、看一看。《四留铭》大家上网一查就能查到，我就不介绍它的全文了，只把它的理念讲一讲，看看跟我们今天的理念不同在什么地方，这个不同对我们今天有什么意义，我们应该怎样从根本上去理解，不要执着于它表面的语言。我想这些对我们今天来讲，是很有启发的。

其实我们历史上的很多人物、很多思想家，他们提出的很多观念，都是历史经验的积累，它不是凭空而起的，也不是仅仅在那个时候才有意义的，它具有一个普遍的意义。所以我们今天只要不带成见地去看它，可以汲取到其中很多的精华，可以从古人的经验中去获得解决我们今天问题的思路。我们有句老话叫作"观今宜鉴古"——我们看今天的问题，最好是用古代的历史作为一面镜子来看一看，可能就会找到它的病源，然后找到解决这些社会病的方法理念。所以不断地去读诵我们传统的一些著作，对我们今天是会有很多启示的。

我今天就简单地讲到这儿，有错误的地方请大家批评指正。

附　答学生问（根植中国文化的养生之道）

学生问：楼老师您好，在我看来，您是现在中国唯一一位儒、释、道三家都很精通的大师，我很敬仰您。听说您高血压也很严重，但是从来不当回事……能否分享一下您的养生之道，大家都希望您能活到120岁。

要为感觉活着，不要为指标活着

首先第一点，不能说我是中国唯一一个，通儒、释、道的有很多，我只是其中之一，我懂一些佛教，对道家的了解也不是那么深。第二，你说我有高血压，是。如果我去做检查，经常是高压200，但是我已经20多年没做过正规的体检，我自己家里有血压计，别人送我的，但是我从来没用。那么怎么知道我血压有200呢？这是在很多特殊情况下，比如说我要出国，有时候有些国家要求必须做体检。有一次我要去澳大利亚，必须到指定的地方做体检，当然，这个体检不会像我们正规的体检那样全面地检查，它就是查主要的几项，其中血压是一项很重要的指标。一查我血压，200，他说太高了，你得休息一会儿，是不是紧张？于是，我和陪我一起去的一个学生，就坐那儿聊了一个小时的天，聊完了再去一量，180，他说这还可以。所以就通过了，我就去了澳大利亚了。

有一次也是要去哪儿，我现在已经忘了，是到我们校医院去查，也是学生陪我去查，一量也是200，校医说你血压那么高，你赶紧休息不能动，你躺在床上。我说那不行，因为中午去的，我说我下午还有课呢。他说你怎么不躺着还上课。我说那怎么办呢，正常的课。他说，那你上完课再来一趟，我重新检查。我下午就去上课了，上了两个小时的课，完了以后，再去查的时候，也是降到了180，也没事儿。所以我就不管它了。这是在20世纪90年代中期以后出现的两次。再之前90年代初，我去了一趟韩国，在韩国待了有半年多，后来回来有一次感觉有点不舒服，就去检查了，一检查血压高，那时候还不是200，是160，那就高了，于是就让我吃降压药，而且告诉我，不能停。我吃了不到三个月，我实在是没有那个恒心，不吃了。怎么样？没事儿，一点事儿都没有，后来到那两次检查出来200也没事儿。所以我坚信人要为感觉活着，不要为指标活着，不要心事重重，不要有负担，有了一个沉重的负担，说实在的，你也降不下去了，就算降下去以后，你随时随地还是提心吊胆。

最近我常常讲这个问题，我说现在电视上老在那儿宣传，"早发现早治疗，大家放心"，然后就怎么样去孝敬父母，给父母买个血压仪，买个血糖仪，让父母早早地预测到自己血压不正常了，然后赶紧去治疗，这就是一种孝顺了。我说这哪里是孝顺，这是害你的父母。他身边没有血压仪、没有血糖仪，他也不会早晚去测量，现在你给他买了，而且叮嘱他，早晚好好测量。好了，早晨一测量今天血压有点高，他这一天就难过了。提心吊胆的，心情就不好了。

养身必先养心

中国传统的理念认为，养身必先养心。最重要的是你的心态，我们常常也讲，累是累在心，不是累在身。其实身体再劳累，也没有你心累那么严重，所以养身必先养心。把心情先调理好了，这是最根本的。我刚才还讲了，我们传统的养生的理念就是，自己管好自己，这是非常重要的，你饮食不节，起居无常，又黑白颠倒，白天黑夜的颠倒，《黄帝内经》告诉我们的就是要注意这三条，平时嘛，食饮有节、起居有常、不妄作劳。休息和劳累要掌握好，过度的疲劳就有问题了，所以自己把这些管理好了，自己心态又好了，不为了名利去争、去斗，来了就来了，不来就不来，是不是？这是最重要的。

做什么事情，不要老是想着被动的、被迫的，那样心情不会愉快的。

即使做了也会觉得累得要死。换个角度去看，这就是我该做的，我这样做是大家的需要，只要众生欢喜，就是我的欢喜。如果是这样的态度去做事情，会感觉到累吗？不会的，因为他觉得这就是我应该做的，我这样做了，对大家都有好处，大家都高兴，那不就好了吗？所以很多问题，根本还是你心理上怎样去想的问题。

就拿我来说，到今天连着第五天来讲，我这五天都是整天地工作，整天地活动，上个星期五我就在清华给一个叫作河北班的讲了一天课，上午九点到十二点，下午两点到五点。星期六我在另一个地方，也是讲了一天课，星期天还是一天课。昨天上午也是有一个班请我去讲课，下午到中央电视台《文明之旅》栏目去做一个节目，从两点我去那儿，三点半开始正式录制，一直到八点，我回到家已经九点了，才吃了饭。今天上午我组织了我的一个博士生的论文答辩，下午给我在校的那些博士生漫谈，完了吃了一口晚饭，就赶到这儿来了，这就是我这五天的生活。

我不是在这儿自夸，如果你的心中没有负担，没有执着，那么再累也没有累到心，那就没有问题。你要觉得这些都是负担，是勉强地来讲、不愿意来讲，你的心首先就累了，心一累身体就累，所以养心是第一个。我自己就把握了这一点，既然这样的话，我晚上回家就休息休息，看看电视，是不是？就完了嘛，所以没有特殊的奥秘。

身体养生："拍拍打打、扭扭捏捏、蹲蹲起起、溜溜达达"

但是，人除了养心之外，生理机体也需要调整调整。最好的办法是什么？自己按摩按摩，自己活动活动，我们不一定要去健身房健身，也不需要去按摩室请别人来按摩，你自己按摩多好，自己按摩了你该按的地方，又活动了你自己的身体。所以我一直强调，所有的事情能够自己做的就自己做。现在我年纪大了，学生们都很关心我，要帮我背包，我说我自己能背，如果你不让我背，我会感觉到自己慢慢要作废了，没用了。即使是这样，我的很多学生，老是要抢着给我背。有的时候他们这种好意，你也不能够老是拒之千里，那也不近人情。但我内心想的是，老人他自己能干的，就让他干，这样他才会永远觉得自己还有用，否则的话，他一下子感觉到自己没用了，精神就垮了，身体还能好吗？

所以，刚才问我在养生方面有什么奥秘，就是八句话，我已经讲过很多次了，可能在座的很多人也都知道，我在身体方面就是"拍拍打打、扭扭捏捏、蹲蹲起起、溜溜达达"，就可以了。而这些也不一定要我们去定时定量地做所谓的锻炼，而是把它化到日常的生活中去，平时自己动动。有一天，有一个练功夫的人告诉我："先生，冬天了，你这样这样（一个扭腰的动作）。"我说，这不就是我说的扭扭捏捏嘛，扭扭捏捏不就是这样吗？蹲蹲起起，蹲下去，站起来，不要刻意地锻炼，你把你有一些要用的东西，放得低一点，放到地上，你不蹲下拿不着，你就蹲下去了，是吧？我家里烧水，沏茶喝的水，电磁炉就放在地上，我要去烧水就必须蹲下去，这就把锻炼化到日常生活中去了。生活不要太舒适了，你挂毛巾，远点，勾着去挂，不也是锻炼吗？抻抻筋。所以尽量把它弄到生活中去，把它变成生活中的一个动作，而不是我们专门去锻炼。我觉得到所谓的健身房去健身，说得难听点儿，都愚蠢。外面那么好的空气，你溜溜达达多好，你又不是去做运动员，你又不是去争第一名，你去健身房跑步干吗呀？你溜溜达达不就完了嘛。而且现在已经证明经常在健身房跑步机上跑的人，关节都可能会出问题。真的，这个不是我在这儿瞎说，很多调查都已经证明了。所以我们在身体方面，没事情就扭扭捏捏、拍拍打打、蹲蹲起起、溜溜达达。

精神养生："嘻嘻哈哈、大大咧咧、松松垮垮、从从容容"

那么在精神上面呢？也有四句话，刚才我不是说八句话吗？精神上面哪四句话呢？"嘻嘻哈哈、大大咧咧、松松垮垮、从从容容"这四句。放松，尽量把自己的精神放松，不就可以了吗？没有必要搞得那么紧张，一切随缘。来了也不一定要推掉，不来你也不要去强求，一切随缘，保持从容的心态，不要那么计较。所以我老讲，对于老年人来讲，耳聋、眼花、齿落，这是对老年人最好的保护，让你少听一点，别听得那么清楚，听那么清楚你就受不了了。眼睛也别看那么清楚，睁一只眼闭一只眼，看得模模糊糊其实更好，不要那么认真。牙齿都掉光了，我现在是"无齿之徒"，一颗牙都没有了。这是让我不要吃了，吃不了的东西就别吃了，一切顺其自然。我们是没有牙齿来到这个世界上的，回去也没有牙齿；我们是躺着来到这个世界上的，回去也得躺着回去，一切顺其自然。把它都看开了，就刚才讲的，明死生之分。人生总有那么一天，很多人纠结他从哪儿来，到哪儿去。我说你纠结这个干吗呀，这个问题就不应该问，你不知道从哪儿来，你也来了，你不知道到哪儿去，你还是得去。你问它干什么，是吧？

这是从理念上来讲，不要问，但实际上你说，一定要我回答你从哪儿来，从你娘肚子里来的。到哪儿去？到土地里面去，对不对？我说那个是低级的、庸俗的回答，高层的回答就是不用问、不能问，也不需要问，你问清楚你也来了，你再问清楚你也走了，问它干什么。珍惜当下的每时每刻，这才是最根本最重要的。一天到晚去思考我从哪儿来，我到哪儿去，忘掉了我们当下该做什么，你说，有什么用？没用。我们为什么要放弃这种问题呢？就是让我们珍惜当下。这个问题，把它提高了，是一个哲学家的问题；把它降低了，是一个门卫的问题，因为我们去学校门口，门卫就得问你，你是谁呀？你从哪儿来的，你到哪儿去？是不是？其实都没有太大意义。

回归中国文化

"治心以广大二字为药",心胸广大,这就治好你的心病了。治身病,治你身体上的病,"以不药二字为药",不要吃药。这个在我们今天的人看来都是奇谈怪论,但是这是我们古代一些对养生治病有深刻理解的人讲的话。因为在曾国藩之前,清代有位叫钱大昕的学者,他注释的《汉书·艺文志·方技略》里边有一句话,一句什么话呢?也是讲我们中医,他说"有病不治,常得中医"。刚才我讲的清代的这位学者钱大昕,他注释这句话的时候,引了当时民间的一句话,他说"时下,吴人尚曰,不服药为中医"(吴就是现在的江苏)。所以中医不是让你专门去服药的,中医是不治有病的,你不治有病,你就是真正的中医。这是我们中国真实意义上中医的概念,不是我们现在讲的跟西方医学相对的这个中医概念,它揭示了我们中国医学的根本理念,就是有病不治。《黄帝内经》里面讲的"圣人不治已病,治未病",不治已病治未病,就是不让你发展成病,这才是圣人,才是上医。可以说,我们现在很多概念都完全改变了,要恢复起来,让我们认同这个,实际上都已经很困难了。

曾国藩这么给他儿子讲"治身以不药二字为药",告诉他,是药三分毒,药可以治好你,也可以让你的病更加严重。药可以治你这点,也可能危害了那一点,所以能够相信自己,能够调整自己的饮食、起居、劳作的话,你可以自我修复,可以自己痊愈,就是这个道理。这个就是中国医学的理念、中国养生的理念,我们要把最根本的立足点放在自己身上,而不是把它寄托在外在的力量上,如医生啊、药物啊、仪器啊。

有一天我参加一个叫"中医影响世界"的论坛,那次论坛想讨论一下医患的矛盾问题、医生怎么样加强自我德行的修养等医德的问题,我在那儿就讲:现在医德的问题确实是跟医生的品德有关系。那么,医生的品德究竟体现在哪些地方呢？主要的就是医生把怎么样来救人的道理说清楚。医者仁心也，医者仁术也，你这个爱人们的心怎么样用，爱人的方法怎么样用？"医者仁心"，应当鼓励患者的自信心，告诉他你的病要好，我只能起一个辅助作用，药也只能起一个辅助作用，能不能好的根本是你自己，要给他这个信念，要给他这个教导，不能说你这个病我能治好，你吃这个药一定能好。于是他一吃药没有好，他就怪这个药，你给他一治没有治好，他就怪你这个医生。

我们让他养成依赖外力、不依靠自力的心理，这是最大的问题。所以我就跟他们说，佛教里面讲，"佛者，大医王"，佛是大医王，佛治什么病？他治心病，就解救你精神上的问题，他是来治这个的，他不是用药来治你的病，是解开你的心结来治你的病。这个心结怎么解呢？要求每个人自我觉悟，自我超越。所以佛讲，不是我救你们，是你们自己救自己。中国的禅宗六祖慧能，大家可以去看他的《坛经》，里边讲得很清楚，不是慧能度你们，是你们自性自度。佛这个大医王，不是说我包办，你这个病包在我身上，一定给你看好。如果是这样的医生，你治不好，患者批评你、怀疑你、对抗你，那完全正常，医患关系永远解决不了；你真诚地关心他，告诉他，你要配合，而且你为主，不是我为主，你为主不是药为主，你为主不是仪器为主，这样的话，他就会明白，他就会真正地觉得你是在帮助他，就是这样。可是我们现在灌输的理念就是药能够解决你的问题，机器、仪器能够解决你的问题，手术能解决你的问题。好了，解决不好，他不怪你怪谁？他不会怪自己的，绝对不会怪自己的，他不会反思自己的。所以你要告诉他，你是疾病痊愈的最根本的原因，让他自己去反省。倒不是去"忽悠"他，而是告诉他一个实实在在的事情，因为没有你自己来认识、来保护自己的话，那你这个病就好不了，何况我们希望你自己平时多注意一点，不要发了病以后再来找我，这样就好了。这也是中国文化的一个特点，什么事情都要反躬自问、反求诸己，不要老是去怪这个怪那个，去靠这个靠那个。

我要跟大家讲，我们学佛学菩萨，不是求佛求菩萨，而是做佛做菩萨。同样地，我们学圣贤也不是求圣贤，而是希望自己也能够成为一个圣贤，我们拜神仙也不是希望神仙来救自己，而是让自己成为一个神仙。中国的文化都是如此。

（本文根据楼宇烈先生 2016 年 11 月 29 日在清华大学六教的讲座整理而成，标题为编者所加。）

中国文化的根本精神

各位老师，各位同学，各位朋友：

大家晚上好！刚才主持人已经讲到了，中国文化的根本精神就是以人为本的人文精神。他也念了"人文"这个词最早在中国典籍里面呈现的情况，它是跟"天文"相对的。"刚柔交错，天文也；文明以止，人文也。观乎天文以察时变，观乎人文以化成天下。"所以人文精神体现在什么地方呢？就以人文来化成天下，我们也常常讲，中国文化就是以人文来化成的天下。在这里，我想先就几个概念做一个简单的解释，一个是文化，一个是文明，一个是人文。"人文"这个词究竟是什么含义？简单地讲就是人的文。刚才讲了"刚柔交错，天文也"，天的文是什么？也就是刚柔阴阳、风雨雷电这样一些变化。所以看了天的变化，我们就可以知道现在是春天了，现在是夏天了，现在秋天了，现在冬天了，一年四季，以察时变，我们现在已经立冬了，就是冬天来临，这变化我们一看就知道。

"观乎人文以化成天下"，那人文究竟是什么？文明以止，这就涉及"文明"这个词，什么叫文？"文"这个字，其实我们现在已经不是在它的本义上来用的。"文明"的"文"字，它的本义是纹饰的"纹"，绞丝旁加一个"文"字，纹路、纹饰，是装饰的意思。所以简单讲，文明这个词，就是用纹来装饰，使得我们呈现一种状态，一种什么状态呢？。与"纹"相对的就是"野蛮"，野蛮是没有装饰的。比如说，我们穿着衣服出来，大家就知道这是人，不是野兽。我们住在房子里面，这是人，因为野兽不住在房子里面，它们住在山洞里面。所以衣服也好，房子也好，都是人类的一种纹饰，一种装饰，使自己能够跟动物区别开来的一个标志。人要以这种方式来"明"，来显示自己是人，所以他需要一个纹饰。文明的意思就是脱离了野蛮。衣服、房屋等这些外在的东西让我们能够分辨每个人的不同身份，并根据自己不同的身份去尽自己的责任、义务。我们说长幼有序、父子有亲，这样一些东西才能够让我们知道我们是人，不是野兽，因为野兽没有这些身份秩序的分配，没有这些东西来装饰，所以就是我们前面讲的"文明以止，人文也"。人的文就是通过文明来让我们懂得我们应该止于一个什么地方，文明以止，所以的"以"，停止的"止"，就是你应该止于何处。文明让我们每个人都懂得我们应该止于何处。《大学》里面讲过了，《诗经》里面有一句话："缗蛮黄鸟，止于丘隅。"你是小鸟飞啊飞，飞到最后就停在了丘隅，一个小土丘的角上。借用孔子的话来讲，你看一只小鸟都知道自己应该停在什么地方，难道作为一个人就不知道自己应该"止"在什么地方吗？那也就是每个人都要认识自己，你应该停在什么地方，你现在是什么身份，你的职责是什么，你应该根据你的身份去定位、定职责，这才是人，这就是文明。所以我们的人文教化、人文化成，就是以这样一种方式来让我们每个人都能够明白自己的身份，去尽自己的身份的职责。这样，这个社会也可以说有序了、和谐了，这就叫作化成。化导成功了，教化成功了，这个社会就有序和谐了，这就是人文化成，人文精神。所以这就落实到"文化"这个概念了，这个概念跟现在我们的理解是不一样的。我们古代的文化，跟武化相对，武是带有强制性的，文不是，我们刚才讲通过文饰的办法，通过礼乐的教育让你明白这个道理，来变化自己的心性，所以文化是以文化人也，通过教化让大家明白做人的道理。我想我们明白了这三个概念：文化、文明、人文。这个文是人之文，人怎么样来装饰自己的？人怎么样使自己从野蛮、脱离野蛮进入文明的？这就是人文的根本含义。我们明白了这个道理，也就可以看到中国文化的根本特点了。中国文化着重点是人，怎么样做一个人？怎么样才是一个人？着重点在这个地方。为什么在中国文化中会以人为本，我们要强调人自己来装饰自己，自己来提升自己？这又牵扯了一个宇宙观的问题。宇宙观这个词是地地道道的中国语言。宇宙这个概念指什么？拿我们现在自然科学的概念来讲就指时空，宇是空间，宙是时间，上下四方为宇，古往今来为宙，这是中国人对宇宙概念的定义。所以宇宙就是时空。我们现在还有一个概念叫世界，世界是我们从佛教的语言里借用过来的。佛教用世来表示时间先后，三世：前世、今世、后世。用界来表示空间，十界，十方世界，其实宇宙、世界、时空是同一个内涵的东西，它们只不过是运用于不同文化中的概念。中国人为什么会形成以人为本的人文精神，这跟中国的宇宙观是息息相关的，那也就是中国人怎么来看待这个世界的形成，天地万物是从哪里来的这么一个问题。如果跟西方的文化对比一下，西方在历史上占主流的文化都认为：我们所生存的现实世界中的万物，包括人在内，都不是我们这个世界本身产生的，而是由在我们这个世界之外、之上的，一个神的世界来创造的。所以在他们的观念中就有了一个造物主，在我们这个现实世界之上、之外，是他创造了我们这个现实的世界，来管理这个现实世界，来协调这个现实世界。所以人类一定要绝对听从这个造物主，如果我们违背了他，他就要让我们的世界变得无序、出现问题。西方的宗教信仰因此产生，他们信仰一个造物主。但是这个宗教信仰里也有很多不同的类型，有的就信仰一个唯一的至高无上的神，基督教、伊斯兰教都是这种一神的信仰。也有多神信仰的，如印度的印度教，包括印度教之前的印度的本土宗教，它们也信仰我们这个世界万物包括人在内都是神创造的，但是他们认为神是多元的，不是单一的，所以他们是一个多神的信仰，多位造物主共同来创造我们人类生活的世界，甚至还认为，这里边有几个最主要的神，一个神是来创造世界的，一个神是来维持世界的，还有一个神是专门来破坏世界的。其实这个设想也很有道理，不然的话这个世界就永远太平无事，它也不可能长期持续下去。所以有变动，有生、有死，有创造、有破坏、有维持，让它们相互配合才能使这个世界和谐。

在中国文化中，不是这么认识世界万物的，特别是到了西周以后，我们的古人非常明确地认为我们生活的世界就是唯一的世界。它是自生自灭的，可以说它是自然形成的，也是自我圆满的。在我们这个天地之间有一股气，这股气是构成万物的本原，气的聚散变化形成了万物，有了人类。所以在道家的《庄子》这本书里面，就明确地讲，通天下一气耳，整个天下就是一股气，天地合气，万物自生，万物都是天地合气的产物。气的根本就在于它的合，天下之行莫大于合，为什么叫作合？合就是阴阳调、日夜分而生物。有了阴阳消长，有了昼夜运转，就产生了万物。这就是中国人的宇宙观，万物都是天地所生的，而且都是自然而然生存的。东汉有位哲学家叫王充，他总结了这些观念，他讲："天地合气，万物自生"，自然而然的万物就出来了，就像夫妇男女阴阳雌雄结合，他的后代就出来了，是自然的，不是任何一股力量在有意地创造，这是中国人对于万物、宇宙的根本观念。所以每个事物都是自我圆满的、相互关联的，整个天地是关联在一起的，是一个整体，这个整体中的任何物体都是相互关联的，可以说是你中有我我中有你的，你离不开我我离不开你的，我可以变成你你也可以变成我的，它是一个自我圆满的过程，它是自己在运行变化，而又跟其他东西相互配合，形成了天地万物的生命消长等等，所以没有造物主。

西晋有位著名的哲学家郭象，他没有专门的著作，就留下了一本《庄子注》。他在《庄子注》里非常明确地告诉我们："造物者无主。"没有造物主。因为《庄子》里面讲，天就是个大熔炉，所以中国人叫天地为大冶，气在这里面滚动，滚到一定的时候达到和的状态了，就自然而然地产生了物。万物怎么来的？怎么生存？怎么变化？有个概念叫作独化，独自变化，在一个我们看不见、摸不着的环境里面变化。他有一个重要的命题叫作"万物独化于玄冥之境"，万物都是独化于玄冥之境，所以万物都是自生自长自灭的，自我变化的。从生到死，从幼儿到青少年到壮年到老年到最后死亡，万物都是如此，人也是如此。其实中国人的生死观是非常开明的、开通的，不会忧愁，因为懂得了这样的道理：万物都是有生就有死，人当然也是如此。人一天到晚贪生怕死，那最可怕。既然要坦然面对生死，我们就要关注当下的这一生，珍惜我们活着的每一个时刻，因为时间过去了就没了。像我今年84岁了我还能回到年轻时代吗？不可能了。当然，我主要是从肉体上来讲，心态还是可以年轻化的，但是从规律来讲那是不可逆转的，这样才有生生死死，才有万物的繁衍、延续。正因为这样，所以我觉得中国人的生命观是全世界的生命观中最值得我们关注的。

西方是一种什么生命观？就是肉体是要死的，但是灵魂不死，而且还期盼着灵魂能够到彼岸去，上天堂，它是追求灵魂解脱的一种生命观。西方人追求彼岸世界，他们可以忍受现实世界的种种痛苦，以求得彼岸世界的那种灵魂得救的快乐和幸福。印度是一种什么样的生命观呢？轮回的生命观。当神创造了一个个体、生命体出来以后，这个生命体就会世世代代地传下去，个体可以转世，这一世肉体生命结束了，只有灵魂了（拿西方的话来讲叫灵魂，拿印度的话来讲叫补特伽罗或者阿特曼，相当于灵魂），它可以到一个新的肉体里面去，打个比方，一个鸟笼子里面住着一只鸟，时间长了这个鸟笼子坏了，那么就给鸟换一个鸟笼子。所以这是一种轮回的生命观。人们就期待着我下一辈子如何。我这一辈子这样的命运，我下一辈子是怎么样的命运？他们非常关注下一辈子的命运。当然，这个命运其实又都由神来决定，神根据你这一辈子的言行举止来决定你下一辈子的命运如何。现在大家都有个误会，认为佛教也是这样，佛教讲的就是轮回嘛，其实轮回的生命观不是佛教的，佛教的兴起恰恰是要破除这种轮回的生命观，因为佛教首先否定世界是神创造的，世界的各种事物是因缘聚合在一起才生存的。所以佛教的世界观是一种缘起的世界观，缘起生万物，这些事物凑在一起就有了另一些事物，这些事物如果消失了，另一些事物也就没有了。佛教认为整个世界是相互关联的，没有一个造物主，万物都是这样自然而然形成的，同时它也反对神来决定我们的命运，命运都是由你自己造成的，你种下什么样的因，种下什么样的业，就会受什么样的报，所以佛教讲因果报应、因果业报。佛教关于人的命运的根本理念概括起来就是四个字：自作自受。因为佛教是不追求来生的，这一点可能大家都不太清楚。人死了就完了，佛教追求的根本目标是怎样能够了脱生死、超越轮回。印度文化的轮回生命观对佛教也有相当的影响，特别是在传播过程中借助这个来让大家明白这些道理，然后它才能够去超脱生死、超越轮回。你连轮回的道理都不明白，你不知道轮回不是神创造的，是由你自己造成的，你怎么去超越？你不可能超越。于是这就让人们认为佛教是讲轮回的生命观，这是不对的。但我们也不一定要去否定这样一种传播的方法，因为这种传播是一种善巧方便的法门，只是从根本上来讲，它不是佛教的根本的生命观，而是印度文化的生命观。上面我讲了这两种生命观，西方的灵魂解脱的生命观，印度的个体生命的、再生的生命观。

中国是一种什么生命观？中国的生命观认为万物是自然生存的，有生就一定有死，生死很正常，但生命是会延续的。怎么延续啊？是在你的子女身上延续，并不是我的生命再来，而是我的子女延续了我的生命。我们的《孝经》就认为，我们的身体是父母之遗体。这个遗体不是我们现在讲的尸首、尸体，而是父母遗留下来的我这个身体，所以说"身体发肤，受之父母，岂敢毁伤"。我们不能随随便便地伤害自己的身体，因为这是我们父母身体的延续，所以它不是自我个体的延续，而是一代一代的相续。中国人拿火尽薪传来比喻，一个燃烧着的木材就是一个生命体活着的时候，但是这个木材总有一天会烧完，另外的木材接着烧，生命的火种是在延续的，但是个体已经变了，不是这个木头了，是一个新的木头了，这是中国的生命观。我觉得这种生命观非常有意义，我说它是一个大生命观，它不只注重个体生命，更注重整体生命，更注重整个人类的生命延续，人的生命延续并不是一个个体生命的延续，而是整个人类的生命延续，所以中国人做什么事情都要为子孙后代考虑，不做断子绝孙的事。是不是？他并不是为自己来生谋福利，而是为我们的子孙后代，为我们整个人类考虑。如果说我们整个人类要延续下去，我们今天做什么事情都要对整个人类今后的生命来负责任，你说这个意义多大！我们现在受到很多的教育都是个体生命的教育，都让我们注重自己个体生命，不要为别人考虑，更不要为子孙后代考虑，我这一代过完了就完了，这就不是中国人的生命观了。所以我们搞清楚中国人的生命观，就知道我们的人文精神究竟体现在什么地方，它体现在我们对整个宇宙的认识，整个人的生命的认识，我们的人文精神建立在以人为本的这样的理念下。

　　我们把人作为宇宙的根本，才会有我们这种人文的精神。以人为本，就要对人有一个自我的认识，所以我们要发扬我们的人文精神。人文精神就是人的自我纹饰、自我装饰，把我装饰得更像一个人，不要把我还原到野兽去。人文就是人的自我装饰、自我修养的不断提升，让自己成为一个真正懂得做人道理的人。这里面首先对人有个认识，人和万物都是天地合气而生的东西，所以中国人又绝对不把人凌驾于万物之上，相反，我们更要尊重万物。因为你跟动物没有什么差异，都是天地所生。《庄子》里面讲到大冶，气在里面运转，有一天啪的一下生出一个人，这个人一看，我跟周边的所有东西都不一样，外面的那些东西，有的根本没眼睛、鼻子、耳朵、嘴巴，没有面孔，也没有胳膊，有的四条腿都趴在地上，你看我可以站起来，就高兴地喊："我是人！我是人！"觉得自己太特殊了，太不一样了。那么《庄子》这本书里面下了一个什么结论？大冶必为不祥之物！当那个不祥的东西出来后，他自高自大，觉得自己跟万物都不一样，又那么了不起。所以中国文化又强调，虽然以人为本，但人跟天地万物是一体的。不仅在道家的《庄子》这本书里面反复强调人与天地一体，在儒家的很多经典里也反复强调，人与天地万物是一体的，包括宋明的理学家都是讲人跟天地万物是一体的，所以在中国就没有发生像西方那样的事情。西方自启蒙运动以后，人从神的脚下站起来了，人的理性得到了充分肯定，不像过去那样要匍匐在神的脚下听从神的意志，这时人就觉得自己不得了了，过去是上帝主宰一切，那现在我从上帝脚下站起来了，我独立了，我要去主宰一切了，结果西方出现了一个非常严重的问题：人类中心主义，科技万能。因为人无所不能，没有做不到的事情，是不是这样呢？从一个角度来讲可以这么说，我们有一句话：没有做不到的，只有想不到的。是啊，人是有这个能力，但是这也只不过是想象而已，还有很多的事情我们是做不了主的，所以人既是伟大的又是渺小的，这一点在老子的书里面早就告诉我们了。我们还是要向天地来学习的，这是中国文化中非常突出的一个特点，尊重自然、顺应自然。

我们做人做事的所有道理是从哪儿提炼出来的？都是从天地万物中间提炼出来的。我们所有的德行，都是从天地万物中间学来的。我们说做人要心胸宽广、无私，是从哪儿学来的？就是从天地日月中间学来的。天覆地载，万物在天地之中郁郁葱葱地生长，天地从来没有占为己有的思想，生而不有、长而不宰，天地从来没有偏私，不会说我喜欢你我就覆盖你承载你，不喜欢你我就不覆盖你不承载你。所以天地是心胸最宽广的，所谓"天无私覆，地无私载，日月无私照"。所以人的心胸的宽广无私就是从天地日月中间学的。人要向天地万物学习的东西太多了，我们说人要有诚信，与朋友交要有信，诚信是人最根本的德行，做事做人都要诚信。诚信是从哪儿学来的？也是从天地中间学来的，四书的《中庸》里面讲："诚者，天之道也；思诚者，人之道也。"诚就是天道，按照诚这样去做就是人道，人道也是向天道学习的，所以我们常常讲天人合一，在哪儿合？在德行上合。古代很多人也讲天人合一，实际上是天人合德。我们为什么天天讲"诚"啊？我们看到了吗？天的运行的规则嘛。《周易》的观卦里面讲，"观天之神道，而四时不忒"。我们去观察天运行的状态，它怎么运行呢？四时不忒，忒就是有差错，不忒就是没有差错，也就是天运行的规则是一年四季没有差错，春天过了是夏天，夏天过了是秋天，秋天过了是冬天，春生夏长秋收冬藏，所以这个天之神道，这里面的"神"就是变化的意思。天的变化的法则就是这样，一年四季没有差错，于是人就要向他学习，圣人以神道设教，圣人就是按照天的这种变化之道来教化民众的。"圣人以神道设教，而天下服矣"，大家就信服了，所以做人要诚，也是从天那里学来的。

人的很多品德又是从哪里学来的？从水里面学来的，所以叫作"上善若水"。最好的品德、最高的品德就像水一样。水总是往下流，非常谦逊，不去争，总是普润万物而不求回报。水滋润了万物生长，它要求万物来回报它吗？没有。水是最柔弱的，但是它能够战胜最坚强的，水滴石穿哪。为什么它能够做到水滴石穿呢？它的坚忍不拔的精神，它的专心一致的精神，只有专心一致、坚忍不拔，永远对着这一点点点滴滴，最终把石头滴穿，这也是水的品格。我们人就要学水的这些品格，"上善若水"是老子讲的，很多别的记载里面讲，孔子遇水必观，看到流水的地方一定要看一看，水很澄清的话可以照亮一切，照明一切，像镜子一样，甚至比镜子还清楚，水浑了什么也看不清。所以人心要像水那样明净才能够看清一切。人不断地在向万物学习，哪怕一根小草。大家都会念一首诗："离离原上草，一岁一枯荣。野火烧不尽，春风吹又生。"你看这小草坚强的精神，受点挫折算什么，我们还要不断地精进努力。人的所有的品德可以说都是从万物中学来的，这也是中国文化非常重要的一个特点。《论语》里面有一句话："仁者乐山，智者乐水。"山是非常稳定的，你要拥有仁义的品德，就要像山一样稳固；智慧就像水那样流动，也是从水的特点看来。有一副对联"未出土时便有节，及凌云处尚虚心"，描述的是什么？竹子。可是这句话绝对不是让我们光从竹子去看竹子，它还有更深层的意义。你还在埋没的情况下，也要像竹子一样保持气节，做人要有气节，不能够为了自己求名求利就连基本的道德气节都不讲了，你看竹子就是这样。及凌云处，要够到云彩了，长得那么高的竹子中间还是空的，及凌云处尚虚心。所以我们做人出头了，哪怕你是万人之上一人之下，你也得谦虚谨慎，这就是中国人看问题、看外物的思考方式，不是就物论物，而是从人的角度提炼出做人的种种道理，这也是一种人文的思考方式。

今天我们讲"君子"这个主题，《论语》里面就一句话，君子是不怨天尤人的，如果我们一天到晚怨天尤人就不是君子了。《孟子》里面也讲，不能怨天尤人。后来荀子也讲，人不能怨天尤人，怨人者穷，怨天者无志。没出息的人才怨天尤人，有出息的人就反求诸己。所以我们中国文化中的人文精神落脚在什么地方？就落脚在人的自我认识和人类的自我认识上。也只有对人类自我认识清楚了（人类在整个宇宙中，在万物中是一个什么身份，处于什么地位，个体在整个社会中间处于一个什么位置，是一个什么身份），我们才能够规范自己的言行举止。所以我说中国的文化是一种由自觉到自律的文化，不是靠他觉和他律。西方的文化是比较典型的他觉他律的文化，他们是用上帝来管理人心，用法律来管理人心。我不是说他觉他律不好、自觉自律好，或者说自觉自律不行，必须他觉他律。这两种文化不同的特征、不同的精神，从道理上来讲都是一致的，怕就怕我们没有自觉、没有自律，没有他觉、没有他律，他觉他律可以自成体系，自觉自律也可以是一种体系的，不自觉又没有他律就麻烦了，所以我常常讲我们学习也要明白文化的整个体系的问题，在中国文化中，人的自我认识是非常重要的。

人要认识到自己跟万物，跟其他生命究竟有什么差别，这是非常重要的。我们常常听到一句话叫"人为万物之灵"。这句话出自一部很古老的典籍《尚书》，《尚书》里面有一篇叫作《泰誓》，讲道："惟天地，万物之父母；惟人，万物之灵。"所以说，人为万物之灵这一观念，中国古代就已经把它提炼出来了。人为万物之灵，你跟万物都是天地所生、是平等的，但是你又是一个比较特殊的生命，你是万物之灵的生命，自己必须认识到这一点。那么这个"灵"具体体现在什么地方？先秦思想家荀子的著作里面，把人要自我认识的东西分析得非常透彻。他认为人跟万物最大的差别在于人是有义的，也正因为人是有义的，所以人是最为天下贵，人是天下万物中间最重要的。天地之间的万物可以分成四大类，第一类是水火，就一口气而已，没有生命迹象，所以说水火有气而无生；第二类是草木，草木不仅是一口气，它有生命，草木春天生长秋天死亡，但是它没有情感活动，没有知觉活动，所以草木是有生而无知；第三类就是禽兽，禽兽是有生也有知，但它没有义；人类是第四类生命，只有人是有气、有生、有知又有义，故最为天下贵。人跟所有万物的区别落到一个字上，就是"义"。义是什么意思？我们历史上种种的解释集中到一点，就是"义者宜也"，宜，就是合适、适当、恰如其分。人懂得怎么样做才是对的，怎么样做是不对的，怎么样做才是合适的，怎么样做是不合适的，什么是应该做的，什么是不应该做的，什么是着急先做的，什么是次要的可以慢点做的。所以这个"宜"归纳起来讲，它的根本特征就是一种分辨能力。人跟万物的根本差别，就是人是有分辨能力的，懂得什么对、什么错，什么该做、什么不该做，什么是着急的，什么是可以缓一缓的，什么是要先做的，什么可以后做，灵也就灵在这个地方，所以灵跟义、灵跟贵，其实都是这个意思。

这又涉及荀子讲到的人的第二个特点：能群。人是一个能够组织在一起的物种，我们别看牛马也是一群一群的，但这些不能够称为真正的群，因为它是无组织的。人的根本特点就是"能群"，就是因为它是一个有组织的群。人因为有这样的群，所以才有最大的力量，可以去支配牛马。荀子又讲：人力不若牛，力气没有牛大；走不若马，跑步没有马跑得快；然牛马为用，牛马让你去用，驾驭它。为什么？因为人能群，牛马不能群，人是能够组织起来的一个群体，不是散漫的、无组织的群体。所以这个

"群"实际上就是说人是一种社会性的群体。当年严复翻译很多西方的著作，翻译到社会学概论的时候，他就用了群这个概念。他把社会学翻译成群学，所以群学又是社会学。荀子接着又讲，人为什么能群呢？因为能够明分，人都能够明白自己的身份，所以他又提出一个概念，就是"明分使群"，只有这个社会的每一个成员都能够明白自己的身份，那么群体的力量才能发挥出来。它又跟人的根本特性的"义"结合在一起来讲。《周易》里面讲，物以类聚，人以群分。这在群里面，当我们每个人都有自己的一个身份，每个人都能够遵循自己的身份去尽自己的职责，那么这个群的力量就大了，就一致了，就能够战胜一切，战胜万物。

除了有义、能群，荀子讲的人的第三个特性，就是能参，人还会参与到天地万物的变化之中去。人跟其他万物的不同在于，天地万物都是随着自然的变化而变化，但人可以去干预天地万物的变化，所以荀子认为人跟天地可以并列了。他明确地讲"天有其时，地有其材，人有其治"，把人跟天地连在一起，这也是万物中间人最特殊。人有治的能力，去参与天地的变化，管理天地的变化，天有其时生万物，春生夏长秋收冬藏；地有其材养万物，地产生各种各样的物品来养育万物；人有其治，去管理万物。所以人必须看到自身跟其他万物不同的这一点，人是可以参与到天地万物的变化之中去的，人的这个地位就非常重要。我常常问大家，你的一言一行由什么在支配呢？你说：我的大脑，我大脑这么一想我就这么去做。中国古人讲什么？讲心。我的心支配着我去这样做去那样说。于是我们就要认识到人在天地之间处于一个什么位置。在个体身上，心支配了我们的言行举止。《礼记·礼运》篇中提到了一个非常重要的观念，"人者天地之心也"，我们人是天地的心，人的一举一动是不是会影响天地？我们在讲国学的时候会提到，北宋有位思想家叫张载，有"横渠四句"，"横渠四句"

第一句叫"为天地立心"，我们人就是在为天地立心，人的一言一行、一举一动都会影响天地万物的变化。如果我们要天地万物朝正方向变化，给我们人类带来利，那么我们就要立个正心。如果我们邪气一起，天地就乱套了，万物就乱套了，就对我们人类有害了。这是人的自我认识，这是人在天地万物中间的位置。

父母子女之间，就有不同的身份，而且这种自然关系不能颠倒，你不能说让父母成为子女，子女成为父母。当然了，就每个个体来讲身份是会变化的，结婚之前，我完全是个子女，我上有父母；可当我成家了，我也有了子女，那我就是上有老下有小；在父母面前我是子女的身份，在子女面前我就是父母的身份。这是仅仅从自然关系来讲。为什么中国人特别强调孝道，因为孝道是这个自然关系中最根本的一个问题，每个人都有父母，每个人将来也会成为父母，所以你对你父母的孝其实也意味着将来子女对你的孝。那么孝究竟是一种什么样的德行，什么样的情感提炼出来的？魏晋时期有一位非常年轻的哲学家叫王弼，他23岁就过世了，但他的作品比如说今天我们要研究《周易》、研究《老子》，都是避不开的。他注了《老子》，注了《周易》，当然后来还注了《论语》，但注《论语》的东西已经散佚了，只留下了片段，但是注《周易》和《老子》的还是全部保留下来了，我们今天研究《老子》也好，研究《周易》也好，是绕不过的一个注释本，必须读他的。就这么一位年轻的哲学家，他对孝下的一个定义，保留在《论语》注里面留下来的片段里，他说"自然亲爱为孝"，认为孝完全是建立在人与人之间的自然关系之上的一种德行的要求，自然亲爱为孝，中国人讲了，连动物都知道自然亲爱，你做人难道连这个最起码的自然关系的亲爱都做不到？所以没有孝就麻烦了，人是自觉地来行孝道，动物是条件反射的行为。所以我常常讲，我说我们古代就用这些例子来教育孩子让孩子们懂得要学习，学习什么？学习乌鸦反哺、羔羊跪乳，你看连乌鸦都知道自己小的时候是老乌鸦喂它长大的，现在老乌鸦飞不动了我得去找食物来喂老乌鸦，就叫反哺，连乌鸦都懂得这个道理，我们作为一个人难道不应当懂得这个道理吗？乌鸦是条件反射似的那样传的，我们呢？我们作为人有理性，就应该分清楚，就应该懂自觉地创造、自觉地遵守、自觉地践行这个孝道。羔羊跪乳，一个小羔羊喝它母亲奶的时候要跪在那里喝，尊重、尊敬，有礼貌，我们人也要学，这个学不是模仿的意思，是让我们提升到自觉的高度来认识这个道理，去践行它。所以人的自我认识，就是认识到自己的身份，每个人都能够认识到自己的身份，并去做自己身份应该做的事情，去尽自己的身份应该尽的职责，那这个社会才会有序、和谐，所以我们中国的文化反复强调人要自我认识。

以上是荀子讲到的人的几个特点：一个是有义，一个是能群、明分，一个是能参。我们每天的行动举止都在参与天地万物的生成变化，我们现在大肆浪费、破坏自然资源，这种浪费性的消费是我们的观念形成的，所以说我们的心在指挥我们去浪费性地消费那些资源，怎么会不引起天气的变化？在社会中与人交往也是如此，很多人总是不反省自己，老是怨天尤人，遇到问题就认为都是别人的问题，最没有志向的人才是这样的，有志向的人都会反省自己。我们的传统的礼仪里面为什么那么注重射礼？其实就是要我们从中学习到一种反躬自问的精神，射礼里面反复讲你要射中这个靶子必须身子站得正，身子站不正就射不中这个箭靶子，你要身正你必须心正，心正才能身正，身正才能射中这个目标。可是万一我没射中，我们应该怎么样来对待？不是去埋怨这个靶子放的位置不对，而是必须反躬自问，反求诸己：我当时是不是开小差了，心里在想别的事情走神了？我以后要怎么样纠正？别看这么一个简单的礼，它里面包含了非常深刻的道理，有文化在里面，能让你懂得做人的道理。

前面我讲的荀子对人的这些特点的概括，很多人都能够认同。荀子其实还讲到人的一个根本特点，但这个第四点争论就大了。荀子讲性恶，"人之性恶，其善者伪也"。我们现在这个"伪"是按照虚伪来看的，其实古代这个伪字，是跟自然相对的，从字形来看，是人字旁加一个为，它是人为的伪，不是自然的，所以荀子提出来"人之性恶，其善者伪也"，又告诉我们人本性中有恶，问题是现在大家都能够向上做好人做好事，那是人为的结果，那就是教化的结果，就是人文化成的结果。他讲得很清楚，但是就这一点引起了历史上很多争论，甚至于后来，宋明以后，荀子在历史上的地位被严重贬低了。

其实关于人性是善是恶这个问题争论是一直不断的，我们常说孟子讲性善，荀子讲性恶，其实当时也有很多人讲性无善恶，跟孟子同时期、跟孟子争论的告子就是主张性无善恶的，告子认为性就像一股流水一样决之东则往东流，决之西则往西流，所以他主张性无善恶。也有主张性是善恶混的人，性里面有善的一面也有恶的一面，所以有人性善，有人性恶，人性无善恶，人性有善有恶，善恶混，还有性三品。人性有三品，这个上等的人是性善的，下等的人是性恶的，中间是既可以善也可以恶的，性三品。应该说，这些说法都有它的一定道理，只不过是人们从不同的角度去看这个问题，都是说得通的。我们如果细究起来还可以发现，孟子也没有讲人生来就是善的，人只不过是有可以为善的"四端"：恻隐之心仁之端，羞恶之心义之端，辞让之心礼之端，是非之心智之端。它只是一个开始，有这个可能性，往这方面引导，它就会形成仁义礼智这样的根本的德行。荀子讲性恶也没说什么生来就是恶的，而是说人生来都有各种各样的欲望，这是正常的。"人生而有欲，欲而不得，则不能无求"，有欲望我要去得到它，那么要到处去追求，求而不得则争，东西就这么一点，你想得到，我也想得到，就争嘛，那么一争就乱了，所以他从这个意义上来讲，人性中这样一种东西如果发挥出来的话就会变成争斗，就会造成社会的混乱，所以从这个意义上来讲也不能说没有道理。人本来就有很多天生的一些东西，比如说饿了要吃，哪个人不是这样？你说这个人道德高尚饿了也不吃，有可能吗？不可能的。"饥而欲饱，寒而欲暖，劳而欲休"，饿了要吃，冷了要穿，累了要休息，是人的天性，人还会趋利避害，那边山都塌下来了、山崩了、石头往下滚，我还拼命往那边去凑？不可能的。趋利而避害，这都是天生的，动物都是这样，更不要说人了。但这些东西如果过分发展，就会出现问题，就会产生争斗，就会造成混乱，这就是所谓的恶，所以要通过人为的学去教育、教化、变化它，要化性去伪，这是一个新的重要命题。去计较和纠缠人性本来是恶还是善，这个没有太大意义，要看它的目的，为什么这样来讲，这个讲法是不是符合事实，符合事实我们怎么来改变这样的事实，不让它造成社会的混乱。

通过教育、通过法治等都可以解决这个问题，荀子提倡教育是第一的，《荀子》这本书第一篇就叫《劝学》。孟子讲人皆可以为尧舜，荀子讲涂之人可以为禹，路上的人都可以成为大禹，只要他接受教育，接受正确的教育，他就可以成圣人。在这一方面，孟子跟荀子两个人观点是完全一样的，只不过他们的着眼点，一个是恢复人心中的善性，一个是改变人性中的恶性，他们同样都非常重视教育在改变人性上的作用。后来宋明理学就要拼命地否定荀子的说法、赞扬孟子的说法，可是他们也解决不了这个矛盾，所以他们又把人性分成了道心、人心，把人的本性又分成天理之性、性理之性和气质之性。宋明理学反复强调变化气质，其实不就是改变你那种受到后天影响形成的各种各样的坏习气吗？人如果不接受教育是不可能自动向善的，人必须认识到自己这样一点。荀子很充分地讲了人的特色、人的特点，跟万物不同的特点，人是有义的，人是能群的、明分的，人是能参的。但是人性里面又有很多会妨碍这个社会和谐的东西，会发生人与人之间争斗的东西，所以我们要把它改变掉，要通过教育、通过化性把它去掉。

我想中国的文化就是通过这样一个对人的自我认识，对个体的认识，对整体的人类的认识，让我们人懂得怎么来制约自己，不要为了满足个人欲望去损害整个社会的利益，不要为了满足人类的欲望去破坏整个天地万物的和谐。中国文化的人文精神就体现在人类的自觉自律，不需要用很多法规去限制人，而是人类自觉地认识到作为一个人就不应该这么做、不应该那么做，人的自我认识、自我约束就是中国人文精神的核心。就这一点来讲，我觉得在今天尤其有它的意义。因为我们人类现在已经管不住自己了，为了满足自己的创造欲、满足自己的成就感，什么事情都想做，什么事情都敢做，结果破坏了整个生态环境，破坏了整个社会的和谐气氛，相互争斗、你追我赶、你争我夺、不安本分、相互攀比。最近电视里面播的一部美国电影，讲人类已经可以控制整个地球的天气变化，你要想它晴天就晴天、你要想它雨天就雨天，已经完全可以控制了。其实人类还有很多做不到的事情，你哪能真的完全控制这个宇宙，想让它怎么样就怎么样，这是不可能的事情。人们应该认识到自己在这个宇宙中既伟大又渺小，人类不是完全被动的，它有很多的主动性、很多的能动性，而这种主动性、能动性应该怎么来发挥？我们人要活得有尊严就要保持人的主体性、独立性，不要让自己所创造的东西把人的尊严和人的主体性、独立性给消除掉了。

现在我们人还有多少自主性呢？我们可以认真地想一想，我们人现在已经被自己创造的东西给控制住了，还有多少人相信自己活得愉快轻松，还有多少人能凭感觉活着？大概没有了。现在人们要的是科学的生活，身体是不是健康要靠机器来检查，血压多少了？血糖多少了？完全不管人自己的感觉如何。自己身体感觉舒服不就好吗？心情愉悦不就好吗？我为什么要让那些仪器给我测出来的标准弄得一天都不高兴呢？我们人还有多少的自主性、自由性？我们越来越被我们人类自己创造的那些外在的物质性的东西给束缚住了，变得没有主体性、没有独立性。所以我说人要保持人类的尊严、自主、独立，就必须控制我们的主动性和能动性的发挥，如果无限制、无约束地发展我们人类的主动性和能动性，那么总有一天会把我们人的主体性、独立性给彻底毁灭掉。我觉得在这一点上面，中国文化在今天是特别有意义的。希望我们全世界的人都能够认识到这一点，不要继续无节制地发挥人的主动性的东西，到了连吃饭都由机器人来喂你的时候，你还有什么生活的乐趣？没有了。

所以，中国文化的根本精神就是一种人文精神。人文精神的核心、根本，就是人对自我的认识，而这个只有在中国文化这样一个整体环境之中，对于整个宇宙的认识、生命的认识之中才能够产生这样一种文化，既注重人的主体性、独立性，又非常尊重整个自然。我们以自然为我们的榜样，一切都要顺从自然、顺应自然，不能够违背自然。不要以为这光是道家的思想，儒家也是如此，《论语》里面有一句话："大哉，尧之为君也！巍巍乎，唯天为大，唯尧则之。"赞赏尧，尧这个君主真伟大，为什么？天是最大的了，可是尧能够去效法天则。所以整个中国文化不管是道还是儒，两家都是非常尊重天地万物的。我们现在要尊重自然，让我们的生活一切都符合自然，才是最健康的。不要以为我们人征服了一切，冬天可以吃夏天的东西，在中国可以吃澳大利亚的东西，不要以为这就是人类的进步，这恰恰是人类在毁灭自己。一方水土养一方人，一方水土养一方物，我们现在许多问题、许多疾病，就来源于反季节的、反地域的食品的互相的交流，不顺应自然。我觉得中国文化的这些精神，都是值得我们很好地去思考的。

　　因为时间关系，不能再展开了，我就讲到这里，谢谢大家！

　　（本文是楼宇烈先生2017年11月11日晚在清华大学主楼后厅的讲座实录。）

顺自然，致中和

——从《道德经》谈起

今天要我讲的题目是"顺自然，致中和——从《道德经》谈起"。我现在年纪比较大，说话的声音不太洪亮了。请大家原谅。

这个题目源自我与徐林旗老师的一次聊天。聊天中，我讲到一个现在很热门的养生的问题。我说我曾经拟过一副对联，上联是：师天地，心广大；下联是：顺自然，致中和。

这副对联是怎么来的呢？现在大家热衷讨论养生，总是考虑怎么样来吃，多吃点营养品，多做点调理。而我认为，养生最关键的是个心态问题，同时要注意适应外在的大环境。

上联"师天地，心广大"，是受到了曾国藩的启示。

曾国藩的儿子身体不太好，他在写给儿子的信中说，治心病以广大二字为药。你别去吃什么药，你要以"广大"二字作为治疗你心病的良药。心胸广大，是很重要的，这其实也是中国人很重要的德行修养。

做人，特别是做君子，一定要心胸广大。心胸广大，把什么事情看开了，放下了，可以解除很多毛病。包括我们所说的生理上的毛病，根源都在于我们的心胸狭窄，斤斤计较。天地的心胸是最广大的，天地是无私的，"天无私覆，地无私载"，天地对万物都平等看待，不会专门去爱这个东西，不爱那个东西。

人的心胸，除了要像天地那么广大，还要像天地那样生而不有，长而不宰。生而不有，不是一天到晚都说，你是我生的，你是我养的，你应该如何如何。没有这些想法的话，人的身体一定会很健康，所以我们要向天地学习，学习它广大的胸怀。

再说下联"顺自然，致中和"。在中国文化的概念里，中和是最根本的，也是万物生长和成就的一个根本。儒家经典《中庸》里有一句话，"致中和，天地位焉，万物育焉"，万物的生长都是因为达到了中和的状态，中是天下之大本也，和是天下之达道也。

达到中和，才有万物的生成。大自然就是最能保持中和状态的一个典范，我们应该向大自然学习。大自然的变化最终不离"中和"二字。它在变化的过程中，会出现很多差异，很多不均衡，但是通过它的运行，通过它的变化，会自然而然地达到最终的"中"与"和"的状态，也就是一种非常自然的平衡状态。这个概念也是道家一个非常重要的理念。我们谈论这个问题必须跟道家的思想结合起来。

我好像连续四年在这儿讲了君子问题，佛家的、儒家的都讲过，道家讲得比较少。这次我就围绕《道德经》来讲一讲。

道家的思想在中国文化中是一个非常重要的内容。

中国传统文化的主体，有三个组成部分，也就是我们常讲的儒、佛、道三家。其中儒、道两家是中国本土的产物，佛教是外来的，但是今天我们所讲的中国佛教，却不能把它看作一种外来文化，它早已成为中国本土文化的有机组成部分。佛教在中国文化深厚的土壤中，发生了极大的变化，而且跟中国本土的儒、道两家的思想紧密地结合在一起了。

刚才我讲到儒、佛、道三家，也只是一个相对的区分。其实，中国文化有一个多元包容的文化传统，各家都是相互渗透、相互包容、相互学习的。在中国的儒家文化里面，已经包含了很多道家和佛家的东西，同样地，道家文化里面也有很多儒家文化的元素。比如，天下之道，中庸而已。这个我们比较熟悉，是儒家的思想，因为孔子盛赞中庸，说"中庸之为德也，其至矣乎"，中庸这种品德是最高的。但一位道家的学者也讲，天下之道，中庸而已，接着又讲，中庸之道，顺其自然而已。这就把道家的文化和儒家的文化完全结合起来了。所以，无论是道家的思想，还是儒家的思想，其实都已经相互沟通了。在中国文化里面，"中"字跟"和"字具有根本性的意义。一切东西都在于保持一个平衡，把握一个度。中，就是把握度的问题，过犹不及，要适度，做什么事情都要适度，做适度了，这个事情才能够做成。就像我刚才讲的大自然，它再千变万化，最后都要达到一个和的状态、适度的状态，如此才能够生成万物。

关于道家，是可以专门讲一下的，道家思想的一些特质对中国文化的影响是非常深远的。

鲁迅先生当年讲过一句话：中国文化的根基在于道家。他说这句话的时候，其实并不是从肯定的角度讲的，而是从否定的角度来判断的，因为他认为道家思想中有很多糟粕。最典型的糟粕是什么呢？就是他塑造的阿Q。阿Q就体现了中国文化中的核心部分——道家的一种精神。阿Q精神是一种什么精神呢？就是来个自我的解脱。你骂我，你支配我，我一个自我解脱，你是我孙子，就完了。给人一种缺乏反抗精神的感觉。缺乏反抗精神，在鲁迅看来，是中国文化的一个劣根性。

无论如何，道家文化确确实实对中国文化的方方面面都有深刻的影响，所以现在又有很多人提倡道家是中国文化的根基。当然，这是从肯定的角度来讲的，完全颠覆了过去否定的角度。之所以对道家思想的评价很负面，这跟道家的经典有很大关系。

　　《道德经》是道家的根本经典，唐代的时候，我们刚才提到的儒、佛、道三家已经开始相互交叉，相互吸收，在整个社会中形成了一个不可分割的局面。为此，唐玄宗，也就是我们俗称的唐明皇，选了三本书，亲自做了注解，要全国人民去读。

　　他选了哪三本书呢？第一本是《孝经》，大家一听就知道这是儒家的。儒家提倡孝道，以孝治天下，从两汉到两晋，都是以孝治天下的，那时候皇帝去世后，谥号里面都带个"孝"字，比如汉武帝被称为孝武帝，东汉的光武帝被称为孝光武帝。以儒家为核心、为主体的文化意识，《孝经》里面体现得最充分。

　　第二本是《道德经》。相传是老子写的，当然老子究竟是哪一个，历史上是有争议的，但是《道德经》作为道家的一部代表性的经典著作，是没有问题的。

　　第三本书是什么呢？《金刚经》，这是佛教的根本经典。《金刚经》集中地讲了佛教的世界观——世界是怎么来的？佛教是否定神造世界的，不相信神造世界，那么世界是怎么形成的？是缘起。缘起，也就是各种因缘聚会，才产生世界万物。所以世界是个整体，有了这些因缘，就有了万物的产生。这些因缘如果消散了，万物也就无法存在了。《金刚经》集中阐发了佛教缘起的思想。

　　由此，我们大概可以想到，从唐玄宗那时候开始，中国的文化就以这三个思想体系为核心。而且还产生了这样一种说法：以儒治世，用儒家的思想来治理这个社会；以道治身，用道家的思想来调养我们的身体；以佛治心，用佛教思想来陶冶我们的心性，这三者相互配合来影响人。

　　讲到《道德经》，首先要说一下《道德经》的作者。其实，西汉司马迁在写《史记》的时候就有疑问：《道德经》究竟是谁写的？他提出了三个人物，一个是我们现在经常讲的，《道德经》的作者老子。老子姓李名耳，也叫老聃。第二个可能是我们现在讲的《二十四孝》里一个叫老莱子的人。相传，老莱子一把年纪了，可为了让父母高兴欢喜，自己穿上戏装来表演，逗父母开心。第三个作者，可能是周代的一个史官。司马迁认为李耳的可能性最大。我们现在基本上认可第一种说法，后面两种说法不怎么提。这是作者的问题。

另外，《道德经》这部著作，到今天为止，也没有一个被大家所公认的版本。它的版本有很多，有的差别大一点，有的差别很小，但是没有一个像《论语》《孟子》这样公认的版本。所以，《道德经》究竟以哪个本子、哪种流传的文字为主，有很多不同的说法，而且由于在长久的流传过程中，又有很多错字、衍字，有很多不同的标点、不同的理解，所以讲《道德经》是很难的。用现在的学术要求来讲，不好读。说实在的，《道德经》里的很多文字我也读不懂，我大概只能读懂它四分之一的文字，另外的四分之三我读不懂。这个并不丢脸。

我举个例子，当年我也是好奇，就问冯友兰先生："冯先生，这个《庄子》怎么那么难读，你能不能教教我怎么读？"他说："不行，不行，《庄子》我也就能读懂三分之一。"我觉得，我们应该实事求是，读懂了就读懂了，没有读懂就没有读懂。读不懂也没关系，文字上读不懂，不见得它的思想你就理解不了，这是两回事。能读懂多少就读懂多少，读懂了还得要去做，按照它的那个说法去做。我们现在受到所谓的科学的影响，总是要去构建一个完整的体系，但实际上构建出来的是你自己的体系，不一定是它原来的体系。现在的《道德经》有81章，其实在古代也有不同的分法，也不一定是81章。近代学者魏源写了一本《老子本义》，也没有分成81

章。对于分章都有这么多不同的认识，所以要讲出一部完整的《道德经》，确实是很难的。

实际上，由于时代的隔阂，特别是社会生活的变化，古代传下来的很多东西，我们能够读懂的其实是很有限的。这种困扰，唐代的很多学者，在他们的书里也讲过，周代的《礼记》里面的很多说法，他们也读不懂。读不懂，没关系，我们只要能够掌握它的精神，就可以。

我们现在说，《道德经》是我们的文化的一个根基，不管是从否定的角度讲，还是从肯定的角度说，我们都要承认它确确实实涉及了很多方面。现在有很多人还在争论，说你是儒家，我是道家，儒家的贬斥道家，道家的贬斥儒家，我觉得都是没有意义的。它们都是传中国传统文化的根，我们应当秉持这样一种思想去看待我们的传统文化。

对传统的东西应该怎样来继承？战国末年的荀子提出过一个原则："择其善者而明用之。"择其善者，就是选择好的，明用之，就是发扬光大。

但是，所谓"择其善者"，这里面有一个很大的问题：你怎么知道它好，怎么知道它不好？我们现在口头上也经常讲，传统文化里面有糟粕、有精华，善者当然应该是精华，不应该是糟粕，但什么是精华，很难判定。所以，要择善，首先要善择，善于去选择。没有这样的眼光，怎么择善呢？

择了善以后还要明用之，要把它发挥出来，实现出来，这要求我们要能够善用，不光择善，还要善于去运用它。一个好的东西到了一个能工巧匠那里，可以变得更好。如果到了一个拙劣的匠人那里，就可能被糟蹋了。所以，精华、糟粕是相对的，这要看你善不善于去运用它，发挥它。我觉得荀子这个原则是很好的，我们对待传统文化就应该这样。

择善，首先要善择，要有善择这样一种智慧，而且还要善用。不善用，最好的东西也会被糟蹋。而善用呢，糟粕，也可以让它转化为精华。就是我们常说的化腐朽为神奇。很多时候，是我们自己没用好，不能去怪老祖宗没有给我们留下好东西。

我们老祖宗确实留下了很多好东西，现在最大的问题是，我们不善于发现，不善于去应用。王阳明说："抛却自家无尽藏，沿门持钵效贫儿。"我最近也经常发感慨，我们很多学佛的人，到处去求怎么样学好佛。他们光向外求，不往自己心里面求。实际上，觉悟之心就在你自己身上。你怀揣珍宝，却沿街乞讨。我们现在确实有这个情况。

中国的传统文化，我们如果能够认真去了解一下、去研究一下，可以说是满地珍宝，但是由于我们丢失了文化的自信，就满街去乞讨，这是很可悲的事情！而且，我们找到了好东西要去用，尤其是用它来解决问题，不能把它作为一个义理、理论的问题去作空泛的探讨，我们要到实际生活中去用它解决问题。

这里我想给大家介绍苏东坡的一句话，有人问应该怎么读佛经，苏东坡说读佛经应当是"遗文以得义"：我们要把文字抛到一边，去领悟它的意义。遗文得义，不是在文字上做功夫，而是要通过文字去把握它根本的精神、根本的意义在什么地方。但这句话还不够，苏东坡又说了一句"忘义以了心"。"忘义"，让我们把义也忘掉。遗文已经很好了，遗文能够把佛经的意义概括、提升出来，可是刚刚得义怎么又要忘义呢？

"忘义以了心"，就是解决现实的问题。这一点非常重要，涉及中国文化怎样传承的问题。《道德经》也是如此。现在关于《道德经》的争论非常多，我从网上得知，最近发现了新的《老子》的版本，有人提出要构建一个新的《老子》的体系。

我觉得，《老子》，也就是《道德经》这部书，流传到今天这么长时间了，有各种不同的版本、传记和解释，很正常。但对今天而言，最重要的是把这部典籍中根本的思想或者说精华的思想，提炼出来，光提炼出来还不行，还要去践行。

《道德经》开头第一句是"道可道，非常道"。这句话怎么理解？自古以来，人们的解释多得不得了，我个人的理解是，道不是停留在嘴上，嘴上说的道，就不是一个平常的道，就不是一个永恒的道，光在嘴上说这个道、那个道，其实它就不是一个"常道"。这个"常"有两个意思：一个是恒常、永恒的，一个是庸常、平常的。

当然，"永恒的道"这个意思可能更多一些。我们现在能够见到最古老的《老子》版本——马王堆帛书里面，常道的"常"都写作"恒"，永恒的"恒"，就是长远的意思。所以这个道是什么道呢？道是不可说的，才叫一种永恒的道。在我们日常生活中的方方面面、时时刻刻都能感受到，又离不开的，这才是道。

我们一般人觉得，只有说的清清楚楚的，能够说得明明白白的，才是道理，我们才能够认同。说都说不清楚的道，大家能认同吗？这个就是需要我们了解的中国文化的一个根本特点。那些看得见、摸得着，说得清、道得明的东西，只是一个层次。更重要的是要我们去体会那些看不见、摸不着，说不清、道不明，而又有切身感受的东西。

就像过去我们经常讲的，百姓日用而不知，这才是真正的道。讲得清楚、搞得明白的东西，是我们现在讲的学理上的道。我们一天到晚搞学问的人，就要去追求这个。对于普通老百姓来讲，你讲不清、讲不明没有关系，我真的感受到了，才是最真实的。百姓日用而不知，这才是真正的道，对不对？甚至可以说，根本不需要去知道它，能感受到就可以了。这一点，实际上跟我们现在很多理念是背离的。

我们现在的理念是一定要说得清、道得明，要有系统，有条理，有体系。其实在中国文化中，包括我们日常生活中，我们做人应该遵守些什么东西，一定要说清楚吗？不需要。我作为父母就应该这么来对待子女，作为子女就应该这么来对待父母，这不是讲道理的问题，而是我们生活中能不能够体会到的问题。这个道理是不能违背的，违背了这个道理就不是父母，违背了这个道理就不是子女。我觉得这些道理是不用讲的，做子女就应该这样去做，做父母就应该这样去做，这是我们日常生活中切身的体会。

中国文化中的道，含义是非常宽泛的，各家各派都讲道。儒家也讲道，"朝闻道，夕死可矣"。道家也讲道，《老子》一开篇就讲了，后面还讲了"道生万物"。所以，儒有儒道，佛有佛道，道有道道，含义非常宽泛。

但是就第一句话的理解，现在就有很多不同的说法。因为很多的研究首先要把"道"来个定位，道是一个什么样的东西？先给它定位。过去最典型的就有两种定位。一种认为，道是物质性的，是气，或者是其他什么什么，所以《道德经》就是唯物主义了。还有一种认为，道是一种精神，就像黑格尔的绝对精神，就像柏拉图的理念，所以它是唯心主义者。

这样一定位以后呢，这个理解上面，对于《道德经》就产生了很多问题，给道要定位，然后把《道德经》里讲的"有""无"都进行定位。《道德经》里面讲的有、无的问题其实有两种：一种就是具体的有或者没有，有形或者无形，是一个实际存在的东西和一个不存在的东西，比如说《道德经》里有一段说，"三十辐共一毂，当其无，有车之用"，讲的是车轮子。

还有个例子讲："埏埴以为器，当其无，有器之用。"我们用泥土做一个杯子，中间总要有空出来的地方，才能用它盛水。如果中间是实心的泥团，它还有用吗？没有用的。这个有和无，是实实在在的有和无，可是在更大程度上，它是对道的一种形容，那么道是什么？它是无形的、无相的、无声的，没有任何欲望的，它不是实体性的东西。可是我们很多对《道德经》的研究都要把"无"独立出来，甚至把"无"放在"有"之前，造成《道德经》的研究有很多复杂的问题，不太容易讲清楚。

其实道德这个概念，是先秦道家所强调的概念。我们现在把道德跟仁义已经混为一体了。我们讲道德就是讲仁义，仁义就是讲道德。其实在先秦文化中，道德是道家倡导的一种观念，即一切要顺应自然，一切要尊重自然，而仁义是儒家强调的观念，人应当接受教育，用仁义来修饰自己，要做一个懂得仁义的人，而不是一切都顺其自然的动物。所以在先秦的文化中，仁义和道德是两个完全不同的概念。但是到魏晋以后，仁义、道德就变成了相同的概念，讲道德就要讲仁义，讲仁义的就是有道德的，这是通过魏晋的玄学把两者统一起来的。道的最初含义，后来大家也都认识到了这一点，万物都是从道中来的，并不是某个造物主的创造。万物都是自然而然地从道中走出来的，所以道是在万物之中的，不是在万物之外、万物之上的。

道的最初含义就是路，道路的路，我们现在有这个概念。这也就是对道的定义。道者，路也，是万物所共有的，万物都是从这个地方出来的。德呢，就是我们现在讲的德性，德性也就是事物的本性。事物从这个道里面都得到了秉性，就叫作德。所以德者，得也。

从哪里知道？从道理上知道，万物各具一理，万物各自具有的特性，就叫德。道、德这两个字，最初主要指自然而然的状态，自然而然地生成了万物，它们都有自己的一种本性，就叫道德。仁义呢，是对一个人的要求，你既然是人，你就脱离了野蛮，你就变成一个文明的生命，那就应该遵守人类所应当具有的那些德行，不能再完全任其自然了，要有自我的约束、自我的认识，所以用仁义来要求人们。《论语》里有一句话，"克己复礼为仁"，管住自己的各种言行举止，让我们的言行举止符合礼的要求，这就是仁。仁是自己要求自己，自己管理自己，自己提升自己的一种人为的规范。因此，仁义跟一切任其自然的道德是两个不同的概念。

那么作为人呢，这两个方面都需要。既要让每个人的个性、本性得到最充分的发展和发挥，同时又必须遵守社会对于每个人的共同的要求，所以道德离不开仁义，仁义也离不开道德。这也可以说是人类社会一个永恒的共同命题。作为一个人，当然希望自己的个性能够最充分、自由地发挥，而作为社会的一分子，你必须遵守这个社会对你的要求，不能随便乱来，必须遵守规矩。孔子讲，他到了七十岁能做到随心所欲了，但是随心所欲还是要不逾矩的，"从心所欲不逾矩"，或者可以再夸大一点，纵心所欲不逾矩。道德和仁义这两个概念本来是不矛盾的，但是在先秦时期，确实是产生过矛盾，倡导道德的像老庄，跟倡导仁义的儒家，确确实实发生过冲突，强调仁义的就不允许大家随便放肆，倡导道德的就觉得仁义是对人的一种束缚。

《庄子》也是道家一部重要的代表作品，它里面讲过一个故事，说"牛马四足，是谓天"，牛和马有四条腿，想往哪儿跑就往哪儿跑，想怎么跑就怎么跑，这是它们的本性。而"落马首，穿牛鼻，是谓人"，用马络套住马头，用牛鼻绾穿过牛鼻，这是人为的东西，是束缚。《庄子》的观点是，反对用人为的东西去束缚牛马的天性，"无以人灭天"，不要用人为的东西束缚天性。所以，在《庄子》里面，道家的思想放纵了，这是很明显的。但现实社会又必须有规矩，牛马不能乱跑，我让你往东跑，你不能往西跑。所以到了魏晋时期，一批哲学家开始思考如何把人天性的发挥跟社会群体对于人的规范性要求结合起来，就是以人的天性为基础，来发挥人为的这种道德要求的需要。他们努力从自然的角度，从人的天性的角度，去诠释人为的品德的要求，认为二者是完全相吻合的。

比如，对于"孝"这个概念，我们都认为这是一种道德要求，不是出于人的本性。魏晋的时候有人觉得，孝就是出于人的本性。当时有个非常著名的哲学家叫王弼，他给"孝"下了一个定义："自然亲爱为孝。"孝并不是外加的、强制的，是人类的自然亲爱这种情感的体现。父母和子女之间的关系，是最亲密的，是自然亲爱。同理，兄弟的关系、长幼的关系"悌"，也是一种自然的关系。这样一来就把尊重人的天性和遵守社会的共同规矩给结合起来了。

其实这个问题到今天仍然存在，很多人不愿意受拘束，不愿意遵守集体的秩序，自己想怎么样就怎么样，可以吗？这在人类社会中是不被允许的。否则，人类跟动物还有什么差别呢？人类跟动物之间的差别就在于，人类能够自律。自律，是人类社会，也是文明的根本象征。文明就体现在人类不断地自觉和自律，与动物差别越来越大，这才是关键。所以，文明是做人的一种自觉和自律，绝对不是我们人类控制自然资源，去如何控制它，运用它。

我们现在对文明的定义，都是用生产方式，生产方式是什么？生产方式是人类对物质世界进行控制的一个标志，但它不是文明的根本标志，文明的根本标志应当是人的自觉和自律。现在我们对文明的认识是存在很大问题的。

道家任自然，不光是讲个人本性的问题，这里面还包含了更深层的含义——人类对天地万物的尊重。在中国文化中，人是天地万物中的一个主体，人虽然没有去生成万物，但是人参与了万物的变化，参与了万物的管理。天有其时生万物，地有其材养万物，人有其治理万物，所以天、地、人三个字是并列的。人有管理万物的能力，并不代表人可以主宰万物，可以随心所欲。人必须尊重万物自然发展的规律。所以在中国文化中，尊重自然，顺应自然，是一个非常重要的思想。人要明确，人只是天地变化过程中的一个参与者。

就这一点而言，我觉得对于今天的人类特别重要。因为西方进入近代社会以后，产生了人的力量无穷大、人可以像上帝一样去主宰万物的想法。尤其是启蒙运动以后，人的理性得到了最充分的发展，随着科技水平的提高，人们认为人类已经从上帝的脚下站起来了，应该代替上帝。原来上帝主宰世界上的一切，天地之间的万物都是由上帝来生成，来主宰。那么现在人已经从上帝的脚下站起来，人当然也可以像上帝一样去主宰万物，再加上人的理性，确确实实发挥出了巨大的力量，控制和改变了很多自然现象。人类非常狂妄地讲，我们要征服自然，改造自然，人定胜天，这个天就是自然，也包括每个事物的本来状态。我们可以改变每个事物的本来状态，原来水永远是由上往下流，我们现在可以让水由下往上流，海水倒流都可以，确实是狂妄到了极点。

我经常讲，我十分相信这样一句话，人类社会只有想不到的，没有做不到的。但问题是，作为人，碰到了这样的事情，我想到了，我是不是一定要去做到呢？当我们人类有了发明的欲望，通过努力，我们达到了目的，我们有满足感，这都是值得欢喜的事情。但是为了满足这种创造欲和成就感，我们人类就可以不顾一切吗？这个是很大的问题，我想不应该。人类可以想到就做到，但是我们还要自律，想到了，但我们不去做到它，为什么？它给人类的发展会带来更严重的问题。因此，我觉得需要在科技领域提倡伦理问题。

我们现在经常会讲到生态伦理，我们要跟其他的物种共生共存，要挽救那些濒临灭绝的物种等等，达到一个生态的平衡，所以要讲究生态文明。

其实要解决生态伦理的问题，首先要解决科技伦理的问题：我们的科技是不是应该随心所欲地发展？当我们想到了这个问题，有没有再去深入思考一下，如果实现了，会给我们的未来带来什么问题？如果是带来严重的问题，不利于人类的生存，那我们还要不要去做？我们是否应该放弃这样一些想法，这样一种创造欲？这就是科技伦理的问题。

所以生态文明要达到目的，必须有科技伦理才行。对此，我想我们中国道家强调的尊重自然的思想，就很有价值了。我们过去常常把道家的自然无为看成一种很消极的思想，认为它会让人无所事事，认为它会阻碍人类创造力的发展。其实并不是这样。汉代的《淮南子》里面就明确地告诉我们，"无为者，非不为也"，无为，并不是什么都不做。无为实际是告诉我们，不能以人的意志去干预自然界自身的规律。"私志不得入公道"，私志，就是你个人的想法。你个人的想法不能去干预天地万物共同遵循的规律。"嗜欲不得枉正术"，嗜好是你个人的，你爱吃甜的，我爱吃酸的，他爱吃辣的，个人的嗜好不得枉正术，不能去改变一个正确的方法、正确的道路。

所以，无为的原则是让我们遵循事物的规律去推动它，去发展它，就像历史上有名的大禹治水，这是最典型的一个自然无为的例证。当年舜的时代，天下洪水泛滥，舜就命大禹的父亲鲧去治水。鲧一看，水灾那么严重，到处泛滥，用什么办法呢？堵，堵住它，不让它往四面泛滥，结果呢，洪水泛滥不仅没有治住，反而更加严重了。于是，舜就换了鲧的儿子大禹去治水。大禹治水，他首先掌握了水是由上往下流这种性质，这是不变的，所以水在某处流不过去，它就一定要往四面泛滥。最根本的问题是让水能够顺畅地往下流，所以疏导是最重要的。把下游给疏通了，水自然而然地往下流，就不会泛滥了，治水自然也就成功了。

　　而且在这个过程中，人的意志、人的想法也是可以实现的。中国的地势总体来讲是西北高东南低，水总是从西北往东南流，在疏通的过程中，你希望水往南边多流一点，就在南边多挖深一点，你希望它往北边多流一点，那就在北边多挖深一点。水往下走了，又实现了人们的想法和愿望，这就叫作因势利导。自然无为，是因势利导，不是什么都不做。长期以来，我们把自然无为看作非常消极的思想，其实道家有很积极的思想，你要治理自然万物，就要根据万物的本性去治理它，必须因势利导，推自然之势，这样才能成功。

　　要做到这一点也是很难的，首先要在把握万物本性的基础之上，有所作为，这绝对不是消极的，而是一种积极的思想。这样的思想运用到管理上，比如国家的管理、某个单位的管理，也是非常有效的。不要搞得太烦琐，要自然而然，要简单一点。汉代初年曾经推行过以道家思想为主体的管理社会的方法，就是我们经常讲的黄老之学。黄老之学提倡无为而治，并不是什么都放任不管，而是把烦琐的变成简单的，以更合乎时代发展的现实。所以，汉朝推行精兵简政，这个方法让社会很快就恢复起来了，到汉武帝的时候就成了一个强国，可以说是当时世界上最强盛的国家。

　　而无为而治呢，这个思想在社会管理中也起了很大的作用。道家提倡君道无为，臣道有为，要求我们的管理者分成不同的层次，你掌握全面的，就不要过问具体的细节了，掌握全面就是掌握政策、掌握方向、掌握用人，这叫作君道无为。臣道有为是什么？你负责部门的工作，那就实实在在、踏踏实实地把部门的工作做好。一个领导人不要什么事情都过问，事必躬亲，事事要请示、要汇报，那底下人的积极性、能动性怎样才能得到发挥呢？不可能得到发挥。所以，从管理上讲，也就是充分地相信每一级的人员都有他创造发展的空间。

我经常讲，道家的管理思想是最高级的管理思想，它充分调动每一个人的主动性、能动性、积极性，而不是去扼杀它。道家的思想，从观察万物的变化中看到了万物运动、变化的规律。《道德经》中，最核心的一句话是什么？"反者道之动，弱者道之用。"可以说，这句话把《道德经》最根本的精神——整个世界、整个宇宙变化发展的道理点破了。"反者道之动"包括一些什么内容呢？一个是相反相成，它告诉我们，任何事物都是相反相成的，没有单一的，这是最根本的。这是"反者道之动"的一个意义。

第二个是物极必反。事物过了头一定会走向反面，所以祸福是相依的。"福兮，祸之所伏"，在享福的同时，祸患也正潜伏着。"祸兮，福之所倚"，遭遇了祸患，通过奋发图强，也能够转化成福。所以事物都是相反相成，都是物极必反的，会不断转化。再一个，反者道之动，要复归于婴儿，保持最纯真的、最天真的状态，这时候的生命力才是最强的。"反者道之动"这句话里面包含了一些做事、做人的道理。

"弱者道之用"，在今天来看也是很不符合时代精神的。我们现在都要强，做企业要做强，做人要做强人，但《道德经》告诉我们，只有弱才有最强大的力量。水是最弱的吧，但水具有的品德，使它变得最坚强。水往低处流，很谦卑，总是只有付出，没有回报，水利万物不求回报，等等。正是因为水的这样一种品德，让水具有了强大的力量，甚至可以说是最强大的力量，水滴石穿，最柔弱的水能够把最坚硬的石头穿透，靠什么？靠坚持专一。所以《道德经》里面就讲，上善若水，最好的善就要像水一样，付出不求回报，永远是谦卑的，永远是坚持和专一的。这样一些品德，就让弱者成了一股最强大的力量。所以柔弱胜刚强。

可有多少人能够懂得和体会这句话呢？很不容易。即使他懂得了这句话，他也很难做到。特别是在今天，很多人认为，你不强你就要被人打败，就要受人欺负。这实在是人类社会的一种悲哀。弱肉强食，适者生存，是动物世界的法则。人类社会不应该是这样的，人类的文明也不应该是这样的，人类的文明应该是强者帮助弱者，相互帮助，这才是应有的原则。

可是我们现在应用了丛林的法则，所以《道德经》里的许多原则，包括治国的原则，对我们今天的社会还有很多的意义。开头讲的治病的原则，是有各种各样的辩证思考的，更是中国古代科学的很多思想的源头。道家思想在中国文化中确实有很大的影响，但是我们不要一天到晚去比较，道家是中国文化的根基，还是儒家是中国文化的根基？在中国，这两家早就合为一体了，你中有我，我中有你。

这也是中国文化中一个根本的理念。我们的世界是一个自圆自满的世界，它不是靠外力来创造它，也不是靠外力来调整它，它自己通过自我的调整来达到循环往复，自圆自满。我们要达到自我圆满，就必须顺其自然，通过自我的调节才能达到中和的状态，才能够让万物生生不息，也就是养育。我觉得这些原则对今天还是有很多的启示，我常讲，中国文化其实充满了智慧，到处都是智慧的宝库。我们不要学贫儿怀揣宝玉，沿街乞讨。我相信如果我们能够把握《道德经》的一个根本的精神，并且把这些精神运用到我们的生活实践中去，就可以了。

对于《道德经》，不要一天到晚在文字上做功夫，哪怕看懂了里边的一句话，我觉得就是很大的收获。《道德经》告诉我们，做人要知足，知足者常乐，不知足者常贫，不知足，人永远不满足，永远觉得自己贫穷。知足了就永远觉得富有，那就会活得非常幸福。所以做人要知足，要知止，也不能从消极方面去想，这才是真正获得人生快乐的一个根本理念。适情知足，才能够得到逍遥自在，这也是道家告诉我们的一个重要的养生法则。

道家还是以养生为主，我就讲一讲养生的问题。魏晋的时候有一位名士叫嵇康，他的观念我觉得主要是道家的，嵇康谈他的养生，主要是清心寡欲。他说养生有五个难点，这五个难点不解决，养不了生的。哪五难呢？名利不灭，一难也。名利思想没有消除掉。喜怒不除，二难也，一会儿喜一会儿怒。声色不去，三难也，不能去掉它。滋味不绝，四难也。碰到好吃的就拼命吃。最后，神虑消散，五难也。精神状态，一天到晚乱七八糟的。所以道家告诉我们要清心寡欲，其实也是对我们生命的一个保护，生命的保护是养生的一个根本原则。否则的话，想要长生是不可能的。

这也就是说，人的需求原本很简单，吃饱穿暖就行了。但是现在很多问题造成我们人类欲望无限地膨胀，并且我们还鼓励这种欲望的膨胀。后天就是"双11"购物节。我们看到现在所有的媒体都在拼命地鼓吹，大家赶紧去抢，赶紧去买，都是在鼓励大家的欲望，让大家膨胀，而这种膨胀的结果是对所有资源的无限的浪费。我们是以浪费为消费，借着消费的口号去制造浪费。这在古代人，包括道家看来是不得了的，暴殄天物是要遭天谴的！

现在鼓励人们欲望的无限发展，跟道家的清心寡欲是完全背离的。我们的社会，我们这个地球要长久维持，人类必须自我克制，必须清心寡欲。这不仅是维持自然资源的问题，也是保持我们身心健康的关键。现在的种种疾病，其实都源于欲望的过度发展。道家思想的核心，认为自然就是这么简单，万物相互的生存就是那么简单，作为人来讲其实也很简单，我们不需要吃很多东西，也不一定要吃饱，若要身体好，常带三分饥和寒。

最近有个消息说，少吃长寿，常常保持饿的状态会长寿。新闻报道说一个美国的科学家做了个实验，他养了200只猴子，把它们分成两组，每组100只，其中一组想吃就吃，另外一组限制它们吃，不让它们吃饱，专门让它们饿一点。结果几年以后，那100只放开吃的猴子死了50只，剩下的 50 只，不是这儿有毛病就是那儿有毛病。被限制进食的那一组猴子，仅死了 12 只，剩下的猴子身体还很好，于是大家才相信，原来吃少了可以长寿，吃多了反而不好。

从猴子身上做出来的实验，我们信得不得了，因为有数据嘛！可是像我刚才念的中国传统的民间谚语，已经早就告诉我们了："若要身体好，常带三分饥和寒。"而且嵇康在他写的文章里面也讲过："灾年多长寿，丰年多夭折。"这都是从人身上总结出来的经验教训，可惜我们都忘掉了。现在的人们只信实验，却不珍视我们的传统经验，这种思维方式需要加以改变。

我们的传统文化中有许许多多宝贝值得后人挖掘，《道德经》就是中华文化的一个宝贝。在欧洲，特别是德国，《道德经》的普及，比在中国要好得多。我碰到一位德国的专家，他来参加我们的世界道教论坛，他跟我讲，我们很多中国的学者、留学生到德国去以后，被问到读过《道德经》没有，说是没有。有的人甚至连《道德经》是什么都不知道，那位德国专家觉得非常惊讶。其实，我们读《道德经》，读不懂没有关系，只要读到一两句对你有启发的话，你照着做就可以了。不要把它看作玄之又玄。玄之又玄才是众妙之门。读不懂，没关系，只要你内心有对它的一种感悟，就可以了。

行了，时间大概是过了，我就讲到这儿了。

（本文是楼宇烈先生 2018 年 11 月 9 日在清华大学建筑馆报告厅的讲座实录。）

非物质文化遗产保护与文化传承

各位朋友：

　　大家下午好。非常高兴来参加这样的活动。刚刚徐老师讲了，"君子的节日"系列活动已经办了六年之久。君子人格的培养对于今天我们传承传统文化，有很重要的意义。其实在我们的最高理想中，君子可以作为一个实实在在的人。如果再往上追求的话，应该是成为贤人、成为圣人。在《荀子·哀公》里面有一篇，孔子回答"人有五仪"，人有五种形态。孔子曰："人有五仪：有庸人，有士，有君子，有贤人，有大圣。""士"指读书人，懂得最基本的做人的道理，也是我们社会风气的领导者、表率。那么再进一步就是君子，第四个是贤人，第五个是圣人。普通人的最高境界就是君子。在 100 多年前，梁启超先生呼吁我们每个人都要有君子之风，有君子之德，很有意义。

　　今天我们讲遗产保护的问题，因为现在遗产保护的问题很重要，也很迫切。我们面临着很现实的问题，我看这个题目当中讲的"非遗"，指的是非物质文化遗产，我们的文化遗产的影响有世界级的、国家级的、地方性的。我们比较关心的是世界级的影响，这样的影响是怎样产生的、怎样发起的？

上世纪 70 年代初，很多国家的有识之士纷纷意识到，我们人类的遗产正在遭到破坏，有人为的破坏，有自然而然的变异。其实，世间万物都会变异，人也有生老病死，这是一个自然规律。但是如果能够对那些遗产加以保护，就能使它们延续得更长久。他们呼吁全世界一起来面对这个问题。联合国教科文组织听取了他们的意见，就确定了要进行世界遗产保护工作，号召有能力的国家来参加这项工作，来保护我们人类的遗产。其中有"二老"，一个是"老天爷"留给我们的，叫作自然遗产，另一个是"老祖宗"留给我们的文化遗产。当然，有些地方是合在一起的，既是自然遗产也是文化遗产，叫作自然文化双重遗产。大家注意到我们国家有多少项世界遗产吗？今年（2019 年）又有最新的遗产列入名录——浙江的良渚文化遗址。截至目前，我们国家列入世界遗产名录的有 55 项，居世界第一。我们应当为此感到自豪，怎么个自豪法？一会儿我要讲一下。

到了 80 年代，随着全球化进程的发展，世界慢慢变成了一个地球村，发达国家的文化影响力越来越大，大得冲击了很多贫穷落后地区的文化，强势文化对弱势文化造成了很多威胁。我们的文化很多是靠口传心授，所以我们要从事"人类口头和非物质遗产保护工作"，号召人们加入这项工作，共同保护。当今经济的发展导致了文化的趋同，而文化应该保持它的多元化。文化既是民族的，又具有世界意义。我们之前认为世界性、现代化就要抛弃自己的传统，要迎合时代。现在来看，应当是越具有民族特色的文化，越具有世界性。之前有一个口号很好，"现代化不等于西方化"，就是要保持我们自己的文化特色。当年定下《保护非物质文化遗产公约》就是要号召人们共同保护"人类非物质文化遗产"。中国第一批被认证为"人类口头和非物质遗产代表作"的是"昆曲"。

刚才提到，我们国家列入世界遗产名录的有 55 项，居世界第一。我们应该如何看待这件事呢？这是我们的荣耀，也是我们的重大责任，是我们应当对人类担负的责任。这个名录是由世界各国自愿申报，并不是别人给你的。我们申报，是希望通过这种方式能够更加自觉、更加努力地去保护它们，这是一个非常严肃的责任问题。并不是简单地讨了这样的名头以后来展示自己，更不能通过这种方式去做广告。要认识到这是我们为世界作出的贡献，那些遗产正面临着危机，应该去更好地保护，要有担当。世界上还有一些国家申请了，联合国也批准了，但他们没有很好地担当，就要受到大家的谴责。

你没有能力来保护，为什么要申请？你没有努力去做保护工作，为什么要申请？你申请进入这个名录，就说明你要担负这个责任，你有这个义务去把它保护好。所以对于物质文化遗产也好，非物质文化遗产也好，首先是保护的问题，其次才是传承和发扬的问题。

传承和发扬这个问题就很多了，我们传承什么？我们怎样来认识这些遗产问题？关于物质文化遗产，今天我们就不讲了，今天主要讲一讲非物质文化遗产，比如非物质文化遗产保护中存在的很多认识上的问题，就拿我们第一项列入世界非物质文化遗产名录的昆曲来说，我们究竟要保护它什么？我们怎么样来保护？我们如何去传承和发扬？

从昆曲这个项目来讲，并不是2001年它被联合国教科文组织列入"人类口头和非物质遗产代表作"名单之后，我们才开始意识到要支持这个项目。我们是要通过项目的申请，来促使国人重视昆曲文化，重视非物质文化遗产的保护。我给大家简要讲一下昆曲保护的历史。20世纪初，就有人看到了昆曲这个非物质文化遗产在衰落，提出要去保护它，要让更多的人去关注它、关心它。当时有一批人，包括一些昆曲爱好者、一些企业家组织起来出资建立了一个很有名的昆剧传习所。这个传习所培养了一批昆曲艺术传承人，应该说功劳很大，成绩也很大。这些前辈对昆曲的掌握非常全面，但是等他们能够出来展示的时候，正好赶上抗战时期，因此无法去实践昆剧传习所最初的设想，最后分散到各个不同的地方去了，没有完全发挥出昆剧传习所希望达到的作用，这是第一次。

第二次是上世纪50年代，我们都比较熟悉。1956年，浙江的昆剧排演以后，得到了毛主席、周总理等中央领导的肯定。当时流传这样一句话：一出戏救活了一个剧种。其实，昆曲在那个时候已经衰落了，当时是把苏州当地的剧种和昆曲合在一起演的。在得到中央的肯定以后，大家又掀起一个保护和复兴昆曲的高潮，上海、杭州、南京、苏州、北京等地陆续成立了六七个昆剧团。与此同时，也出现了一批业余的昆曲爱好者、表演者，像俞平伯先生就成立了北京昆曲研习社；上海、南京也成立了当地的昆曲研习社，这可以说是第二次。

当时，上海戏剧学院，江苏戏曲学院，都开设了昆曲班，培养了一大批人才（现在也是七八十岁了），但是这批人又赶上了时代问题——"文化大革命"，批判才子佳人、帝王将相。所以这批人也没有得到很充分的发展。这是我们文化遗产保护的一个经验教训。

在80年代末，苏州大学还专门设立了昆曲专业，培养了一批专门学习、研究昆曲的大学生。

拥有历史经验，昆曲又是中国戏曲中具有代表性的剧种，所以我们才会申请列入联合国教科文组织"人类口头和非物质遗产代表作"名单。这对我们而言是一个很大的责任。有了这个头衔以后，我们的责任加重了，而不是借这个头衔去随意发挥。从我个人讲，根据历史情况来看，昆曲到今天，它只可能是小众的文化、小众的艺术，甚至可以称为博物馆里的艺术。我说这句话，是希望能够原汁原味地去保护它。昆曲是有鼎盛时期的，曾经是全民性的，从明末到一直到清朝乾隆年间，到处都在唱昆曲。当时流行一句话："家家收拾起，户户不提防。""收拾起"和"不提防"是当时流行的昆曲中的唱词。这个时期过了以后，昆曲开始衰落，变成了文人墨客聚会时唱的曲调，成为平时调节生活的一种艺术，已经到了需要被保护的地步。为什么要保护？因为昆曲是中国戏曲艺术典型的代表，是戏剧表演形式中典型的、成熟的代表。其他所有地方戏种，包括京剧在内，它的基础理论、表现方式，都是从昆曲里来的。上世纪30年代，梅兰芳到美国、欧洲表演，是非常正式的，人们把他与当地的戏剧名家相提并论。他开创的"梅派"戏剧表演艺术，与俄国斯坦尼斯拉夫斯基创立的演剧体系、德国布莱希特的演出流派并称"世界戏剧三大表演体系"。

　　昆曲有自己的特色，集诗、歌、赋于一体，与古希腊的悲剧不一样，与印度的歌舞也不一样，只有中国的戏剧是一体的，在表演形式上是"唱念做打"，是一种虚拟的表演。像今天这个舞台就很适合昆曲的演出。今天讲究建大型的舞台，需要很多实体的布景。有实体的布景会让很多表演的发挥受到限制，我们应该看到中国戏剧强调虚拟的意义，这样可以充分发挥演员的表演才能，充分调动观众的想象力。但是，在20世纪，中国已经有了这样的苗头，真实的东西会上台，这样就不是戏曲了，违背了中国传统的观念。我们看中国戏曲的发展历程，不是讲故事，更重视的是它所体现的精神。不一定要讲完整的故事，一个场景、一段故事，就可以表达出做人做事的道理，要有这个自信。这也是中国戏剧发展的变化过程。我们今天有没有意识到，为什么当时昆曲被列入遗产名录后，我们就提出如何来保护中国传统戏剧的特色？造成这样的变化有时代的原因，也有昆曲本身的原因。只注重小众，更要好好地保护起来，变成博物馆的艺术，绝不能让假昆曲进去，要保护好真正的昆曲。昆曲不是大众的文化，连演三晚，效果并不是很好。本来是在比较小的舞台演出，现在放在大了好几倍的舞台上，本来的动作是很慢的，现在的演员不得不在舞台上跑步。昆曲的根本在于唱腔，是一种雅致的艺术，讲究"唱念做打"。跟昆曲同时进入名单的还有日本的能剧，我记得80年代去日本的时候看到他们不是在努力推动能剧的普及化、大众化，而是认认真真地表演，专门培养能剧的继承者。每一个周末，星期六或是星期天，必然会有一个能剧的活动，让老百姓有保护遗产的理念。

自然文化遗产公布以后，在我们国家，这些地点变成了旅游胜地，不仅没有保护好，还给破坏了。现在我们提倡"绿水青山就是金山银山"，这个很好，就应该保护，这是老天爷留给我们的遗产。尽量不让"青山"变成"秃山"，不能大家都去旅游了，就变成了垃圾场。自然文化遗产不应该只为了满足现实的利益，而应该被好好保护起来，不能够去迎合现实，有些东西是不能动的，这需要认认真真思考：如何提高大家的保护观念，应该从哪些方面保护？保护遗产动机要纯，这是我们对于人类的责任，不仅仅是发展的机遇。这是一个根本的问题。

现在由于我们的动机不够纯，我们不满足于世界文化遗产名录，我们还设了中国非物质文化遗产、地方非物质文化遗产，有上千上万种，拿出来炫耀，这是在增加人们的保护意识吗？这其实是在增长人们的欲望。所以，我们首先要重视传统文化。既然昆曲是一种小众文化，我们认认真真地保护和传承就好。就像唐诗和宋词，我们回不到唐诗的年代，也回不到宋词的年代，但我们知道唐诗的面貌是什么，宋词的面貌是什么，元曲的面貌是什么，而不是随着时代的发展而去改动。我们曾经为全世界文明作出贡献的东西，我们现在有责任去保护它们，不应该是合适的我们就要，不合适的我们就不要。我们的书法也存在保护的问题。书法是什么？我们应该怎样来认识书法的概念呢？我们保护的是什么？现在绝大部分人的认识中，书法是一种艺术，线条的艺术。但是如果把书法只定位为艺术的话，其实是不够的。书法最根本的含义是什么？从现在来讲，书法是一种时髦的艺术，人人想当书法家，赚大钱，一个字就能卖十几万元，这是书法根本的意义吗？"书"是什么？"书同文"，当时秦始皇"书同文，车同轨，统一度量衡"。"书"就是字，当时六国的文字不一样，"书同文"就是把字怎么书写规定好。"六艺"中礼、乐、射、御、书、数中有"书"，"六艺"是六种教育的方法。"书"的根本含义就是字，中国古代有六种造字方法。首先是象形，是最基本的；然后是指事，这两个是最基础的造字法。还有会意和形声是构字法。这还不够用，还有转注和假借，这是用字法。"六书"就是象形、指事、会意、形声、转注和假借，形成了一套完整的汉字体系。中国的古文字，我们叫汉字，到汉代文字相对简便和定型，之前的甲骨文、金文、大篆，类型多样，到了秦始皇"书同文"后，李斯把这些文字统一，变成了小篆。篆书现在还在用，用在碑刻的碑文上。到汉代，把篆书这样曲里拐弯的形态变成平直，形成隶书。到了唐代，变成了简便又规律的楷书。我们现在在国外看到"唐人街"，就跟唐代文化兴盛关系密切。

我们的文化非常丰富，这也是我们可以延续至今的重要原因。如果没有这些构造，没有前人的努力，把我们的文学体系整理得那么完备，有诗词歌赋等等，那中国人的文字也是坚持不下来的。如果没有找到造字、构字、用字的方法，多麻烦呀。需要用"符号"把语言表达出来，就是拼音。从古至今，文字有两大变化，一个是形式的变化，一个是音的变化。在西方，中世纪的人慢慢就看不懂古希腊、古罗马人的文字了，还需要重新翻译。而中国文字的延续就完全避免了这个问题，不同时代、不同地域写出来的字是一样的，语音通过嘴巴和耳朵来传递，文字是通过手来传递，不仅仅是音和义的问题，还有形，文字是形、音、义三者的统一体，不像语言只有音和义。文字和语言是分不开的，但是文字不仅仅是通过语言传递，还有形，比如说"爱"中有心，意思是爱是有心的，无心不是爱。古文字的意义不仅是表音，最重要的是表意，如果只把它看作表音的工具那就本末倒置了。文字拥有更丰富、更深刻的意义。书法就是书写的法度，写字的方法，确实有实用价值和艺术价值，但最重要的是表达我们的思想，这是根本功能，要延续下来；艺术是附带的。现代的书法，如果把它只看作艺术，写得再规范也不是书法。书法如果沦落到这样的地步，那就不是书法了。有的人学了几十年楷书，但写的仍不是书法，他不知道重要的是表达思想。你说书法是线条的艺术，那你就去搞线条的艺术，不要搞书法。书法的保护，一定要保护它的规范性——写字的规范，要把它作为一个思想文化交流的载体。书法在全世界是独一无二的，它是中国人写字的规矩。

民国时，有人甚至提出"汉字不灭，中国必亡"。我们对汉字的保护和传承还很不够，现在绝大部分人仍然把汉字和文字看成语言的表音工具。中国人开创的语言和汉字这两套承载文字的工具是很了不起的。不只用耳朵，还用眼睛和手去记录文字，这对于人类是很了不起的贡献，我们有责任去保护好它。我们设计中文输入法的时候，一定要设计一个手写输入法，不要只用拼音。所以，怎样保护书法？不能只关注其艺术性，我们要明确保护的是什么。汉字不仅不能丢失，还要去保卫汉字。不能胡写，要应用到日常生活中去。我们吃的是中国饭，写的是中国字。遗产的保护很重要，说起来容易，做起来很不容易。从2014年开始，我尽量把正面的东西、重要的东西、最需要的东西传播开来，让大家认识到保护文化遗产的重要性。就像昆曲，我认为不是要让它变得大众化，昆曲是博物馆的艺术。这遭到很多人的批判，认为昆曲成为世界非物质文化遗产，就是应该普及化。我想不是的，让大家都知道中国传统戏剧的理论和表现方式就可以了。喜欢它，可以聚在一起唱唱曲儿，不只是唱，还有演。保护工作就是让资料流传下去就好，唱念做打，唱是最重要的，所以我们总说"听戏"而不是"看戏"。中国音乐是唱念的艺术，古代教育中八音要教，乐器要教。我们古代用的是三分损益法，不是十二平均律。十二平均律，是标准音，明代朱载堉发现了十二平均律，但是我们一直没有采用。我们用三分损益法，因此我们的乐器都带有一些不准确，笛子上有平均孔，六个孔是控制音高的，距离一样，所以又叫平均孔。我们现在要定调C调、D调，孔与孔之间的距离不一样，用这样的标准来表达，那每个音都是实实在在的，用不准的方式来表达，很多音是虚带过，这与我们欣赏的感觉完全不同。十二平均律完全防止了不准的发音，在这个问题上，可以以古琴为例做一下解释。古琴是怎样弹的？用什么指导我们弹呢？那就是减字谱。那是我们原来的谱子，现在都用五线谱。减字谱是公元前5世纪出现的，五线谱是公元14世纪才出现的。当然，我们不讲时代的先后，但是其中包含的内容有很大不同。五线谱主要是表达音的高低和长短，而减字谱表现的是用哪只手、哪个手指，弹哪根弦，怎么个弹法，从哪儿到哪儿。五线谱只能表达音准，这有什么用呢？五线谱把虚的变成实的，我们的古琴谱可以在不同的琴家手中得以发挥。

　　中国的文化是"虚"的，在继承时要把握正确的方向。现在有很多人弹古琴，但弹的是古琴的味道吗？有很多人唱曲，但唱的是昆曲的味道吗？中国的艺术是把表演性、虚拟性融合成真实的感觉。我曾经看到有人唱戏哭死在台上，边唱边哭，也可能是让他想起了自己的家人、友人等等。总之，我们的表演是表演，但是有很深的情感，不是虚拟的。

　　我们要真正地敬重、保护好我们的传统遗产，无论是自然遗产、文化遗产、非物质文化遗产，这是"二老"（老天爷、老祖宗）给我们留下的，我们要珍惜，我们有责任去保护，不能申报上了，就去炫耀，而是要真的当成我们的责任和义务。我们有这样的责任和义务去保护文化遗产，贡献给全世界！

　　（本文是楼宇烈先生 2019 年 11 月 23 日在新清华学堂八三实验剧场的讲座实录。）

君子修养之"四不可"

尊敬的胡校长，尊敬的唐秘书长，尊敬的各位在座的朋友：

非常感恩大家来听我的这个演讲。我没什么准备，也没有稿子，我今年虚岁八十七了，记忆力也不好，很多东西也记不住，有些话一想说就忘了，所以我在这儿想到哪儿就讲到哪儿。

最近我看到古人的一个说法，具体在哪里看到的现在记不起来了，但我觉得和今天的主题很有关系，也很有启发——一个没有礼仪和君子的国家能算是中国吗？一个生活在没有礼仪和君子的国家里面的人能算中国人吗？可见礼仪和君子对于我们国家的重要性，可见君子在我们文化中的重要意义。君子是我们中国人在生活中最现实、最实际的人品，甚至可以说是人人向往并且能够做到的人品。他不像圣贤有的时候还高不可攀。当然，圣贤也不是绝对做不到。能做到圣贤，特别是圣的是极少数，做到贤的也是极少数，而君子是人人都可以做到的。为什么这样说呢？大家可以看我们古典文献里记载的一个故事：鲁哀公问孔子人有几种状态，孔子回答说人有五种状态。这个故事在我们三部非常重要的典籍里都有记载，分别是《荀子·哀公》《大戴礼记》《孔子家语》。五种状态中，君子是处于最中间的第三位，君子上面是贤人，再上面是圣人，君子下面是士，再下面是庸人，庸人就是普通人，普通人身上不免带有庸俗的东西。孔子讲到君子的时候，说君子有三个特点：第一个是"言忠信而心不德"。说君子是很讲诚信的，说到做到，但君子不认为自己的道德有多么了不得。第二个是"仁义在身而色不伐"。君子做的事都是仁义的，他的行为都合乎仁义的要求。什么叫"色不伐"？色指的是脸面、外表，外表不是高傲自大的，这是第二个特点。第三个是"思虑明通而辞不争"。君子想问题都想得很清楚，也考虑得很周到，但从来不与他人争论。这三个特点可以用一个成语来概括，那就是谦谦君子。作为一个君子，他是非常谦恭、非常谦虚、非常谦下的。因为这样一些特点，孔子最后加上这样一句话："故犹然如将可及者，君子也。"这样的君子，人人可以学习，人人可以做到。但真正做到谦卑、谦虚也并不容易。

今天围绕这一点我讲一下"四不可训"，四个方面不可以这样做。哪四个不可呢？第一个是"傲不可长"；第二个是"欲不可纵"；第三个是"志不可满"；第四个是"乐不可极"。这四个方面最为重要，我们要从这四个方面下手来修炼自己。

中国的文化是非常讲究修身的文化。我们读《大学》，里面有"三纲领八条目"，"三纲领"我们都知道是明明德、新民、止于至善；"八条目"也清楚，是格物、致知、诚意、正心、修身、齐家、治国、平天下。这是《大学》对我们提出的要求。朱熹在《大学章句》的序里面讲，大学和小学不一样。小学是学一些礼仪规范和基本的道理，掌握洒扫应对进退之节，学习礼、乐、射、御、书、数；大学学什么呢？学的是诚意正心、修己治人这些做人的根本道理。小学是基础教育，从八岁到十五岁，从天子到普通人，人人都要学的；大学是少数人学，不是基本的普及教育。《大学》三纲八目之后总结说："自天子以至于庶人，壹是皆以修身为本。"从天子到普通老百姓，都要把修身当作根本。本立而道生。所以，有人说中国文化是一种修身的文化，我觉得也没错，中国文化中一个核心就是修身。修身不单单是身体的问题，更重要的是内心的问题。怎样来修身？两个方面，一个是正心，一个是化性。如果不能正心化性，那修身就没有达到它的目的。通过正心化性，成为谦谦君子，这个榜样是大家能够学习，能够做到的，并不是高不可攀的。

今天讲到的"四不可"就是用来正心化性的。这"四不可"是从哪里来的呢？《礼记》的第一篇《曲礼》。《曲礼》又分上下，"四不可"就是《礼记·曲礼上》的第二句话："傲不可长，欲不可纵，志不可满，乐不可极。"这四句话过去大家注意得不够，但是在生活实践中人人都可以体会到这四方面的重要性，这四句话就是对自我的一个约束。

第一，"傲不可长"，就是我们做人不能骄傲得要命。恃才傲物，觉得自己有本事，看不起别人，看不起别的事物，他能和大家打成一片吗？恃才傲物是很可怕的，总觉得自己了不起，甚至要和天地争个高低。我们常常讲一个成语"巧夺天工"，形容我们人类很了不起，的确，有些天工可以超越，但绝大多数是超越不了的，而且是永远超越不了的。有一副对联不知大家听过没有，"青山不墨千秋画，绿水无弦万古琴"，青山不是用墨画出来的，但它是一幅千秋的画；流水叮叮咚咚的却没有弦，但它在永恒地流淌。这副对联启发我们，要尊重大自然，自然的巧工是不可能把它夺过来的。我在这副对联后面又加了两句，"活色生香笔难到"，自然界的活色生香不能完全画出来，这就是大自然的伟大。对应后一句是"自成天籁手何能"，流水的天籁之声，琴也不能完全表现，你的手能做到吗？不可能。恃才傲物要不得。我们平时口头常常讲一句话，"天妒英才"，说老天爷不公平。这句话对不对呢？有一定的道理，因为我们现实生活中有很多年轻人英年早逝，让人感到惋惜。但另一方面呢，有的人太恃才傲物了，天不嫉妒人也嫉妒。做君子，一定要保持谦虚，要做到"言忠信而心不德、仁义在身而色不伐、思虑明通而辞不争"。

我想扯开去讲一件事情，在座有很多女同志，请你们听了这句话不要不高兴。我们常常讲一句话，叫"女子无才便是德"，有看不起妇女的意思。其实这句话前面还有一句，"男子有德方有才"，德在前面，德与才是不能分开的，有了德，才是真正的才，没有德的才，就是恃才傲物。恃才傲物就是缺少德行，觉得自己了不得。"女子无才便是德"不是对妇女才能的否定，历史上我们对有才能的女性是非常尊敬的。但是如果恃才傲物，那么人们就看不起你了，我们可以从不要恃才傲物这个角度来理解。南宋有个学者写了首《四留铭》，提醒我们做人做事都要留些余地，不要太满，这跟刚才讲的"乐不可极"也有关系。在《四留铭》中，第一条是做人要"留有余，不尽之巧以还造化"。造化就是天地，天有天职，天有天工，人有人职，人有人工，不能互相替代，所以提倡我们要尊重自然，顺应自然。最典型的例子就是大禹治水。大禹的父亲鲧治理水灾的时候，他看哪儿溢出来了就把哪里堵住，水总是从高处往低处流的，你再怎么堵它也得往下流。堵上之后流不过去怎么办呢？它更加肆意地往各个方向流，反而造成了更大的灾害。后来鲧的儿子大禹来治水，大禹看到水的天性是往下流，他就知道不能堵而是要疏通，而在疏通的过程中恰恰能实现人们的一种愿望。中国地势西北高东南低，水总是从西北往东南流，在流的过程中哪里受到阻碍，哪里就会造成灾害。人也不是完全无所作为，我们希望水往南多流一点就往南挖一点，希望往北多流一点就往北多挖一点。这样人的目的也达到了，又顺了水性嘛。所以事情的成功，只有顺应自然才是真正的成功，并不是违背自然才能成功。

　　我们每个人都不要恃才傲物，不要以为自己有学问了，有能力了，觉得了不得了就看不起别人，你看不起别人，别人也看不起你。这是一定的，因为社会是相互的。人最重要的就是要懂得感恩，感恩不是说别人为你服务了你感恩别人，你为别人服务了也要感恩别人给你这个服务的机会。这是深层次的感恩，因为你们给了我这个机会，就像我们今天一开场，我就要感恩大家，为什么？因为大家来听我的"胡说八道"，让我有一个机会为大家去"胡说八道"，所以我得感恩大家。

　　还有一种情况比骄傲自满更可怕，也是一个成语——居功自傲。为什么更可怕？因为他成功了嘛。恃才傲物不一定是做成了什么事情，而居功自傲是做成了事情之后的情绪，这是更严重的傲气。任何事业的成功绝对不是个人力量所能达到的，一定是天时、地利、人和，各个方面的条件相互配合才能成功。没有别人的配合辅助，没有各种各样的环境条件是不可能做成的，绝对不能居功自傲，否则最后一定会被别人唾弃。因此，要把自己修炼成谦谦君子，首先就要去掉傲气，成就越大越要谦虚谨慎，要感恩大家，顺着自然来做，能不能成功还要看条件的配合，有条件才能成功，没条件就不能成功。《淮南子》中说"循理而举事，因资而立功"，我们做事要遵循事情的规律来做、要因势利导，能不能成功，要看各方面的配合，绝对不能居功自傲。

　　第二，"欲不可纵"，这一点更重要。人人都有欲望，这不是问题。我们现在很多人觉得中国传统文化是在抑制人的欲望，这是误解。传统文化并不否认人的欲望，荀子在讲到礼乐文化形成的原因时就说，"人生而有欲，欲而不得，则不能无求"，欲求是正常的，传统文化并没有否认它们。有人可能会问宋明理学讲的"灭人欲"，这其实是对宋明理学的一个误解。这句话最早也并不是宋明理学家提出来的，《礼记·乐记》中就有。宋明理学家讲这句话是有前提的，他们讲的是人的私欲，而大家的共同需求不是私欲，是天理。《礼记·乐记》里讲到的人欲，是指人过度的欲望。追求个人的私欲是非常可怕的，"求而无度量分界，则不能不争"。我们如果去追求私欲而没有一个限度，无限地去争夺，大家都想达到自己的私欲，这就是争斗。一争斗就乱了，不光社会乱了，和天地万物的关系也乱了；"乱则穷"，乱了就没有出路了。所以礼乐的出现是为了养人之欲，给人之求。但是这个欲望和需求是有限度的。如果一切的资源都是为了满足人的欲望，那么资源就被耗尽了。因此，荀子提出要管好欲望，要有分寸，"使欲必不穷乎物，物必不屈于欲"。什么意思呢？让你的欲望不至于穷尽万物，反过来，使万物也不屈服于你的欲望。如果人的欲望把万物都穷尽了，这世界还能运转下去吗？万物都用来满足人的欲望，万物就没有意义了。其实每个生命都有各自的意义，我们不能要求每个生命都来满足人的生命欲望。而只能适当合理地满足人的欲求，同时又不让人和万物的关系出现问题。

我们中国文化从来没有禁欲主义。养欲、节欲，不是禁欲。就像身体一样，过分地放纵会损害健康，正确的做法是"食饮有节，起居有常，不妄作劳"，任何过度的欲望都是对身体的损害。明朝有个著名的学者朱载堉，他是皇室成员，也是非常伟大的学者。他最早计算出音乐里的十二平均律，比西方的平均律早了一百多年。朱载堉写了个小曲叫《十不足》，讲的就是这个意思。他说，人一开始只要填饱肚子就可以了，可肚子填饱之后就又想吃好的，之后又想穿暖衣服，后来也不满足暖还要穿好的。吃好穿好之后，又想住好房子，要大点的房子。有了好的房子，出门觉得还需要配辆好车。有了车子，还要有随从、跟班，显得气派啊。这些都有了，又觉得身份不够，就又去求个小官，后来小官也不行就得求大官。结果，求着求着就到宰相，一人之下万人之上了，可还不满足，想着最好能到君主之位才好呢。当你再去追逐，阎王爷就去追你了，让你去报到了。

人的欲望有满足的时候吗？没有。所以，欲壑难填是最可怕的。欲望又是人生来就有的，《礼记·礼运》讲大同世界小康社会大家很熟悉，除此之外，还有很多精彩的叙述，其中就说到人的七情六欲："喜、怒、哀、惧、爱、恶、欲七者弗学而能。"中医讲七情有喜、怒、忧、思、悲、恐、惊。欲望不加管制，一发不可收拾，再满足它都没有底线。展开讲，男女饮食，是大家喜欢的、追求的，死亡贫困，是大家讨厌的。没有节制就要出问题。

我们要通过教育管理人情。中国人把教育看作国家最重要的任务，《礼记》讲"建国君民，教学为先"。建一个国家管理人，要把教学放在第一位。教育的根本目的有两个，对个人而言，是懂得做人的道理，教育不光是知识的传授。最近我看到网上有一句话很流行，"知识就是力量"，这其实不是中国人的观点，这话是培根讲的。我年轻时就把这句话作为奋斗目标，几十年后才体会到，这句话有时候是害人的。我觉得中国人强调的不是知识，而是智慧，是做人的智慧，中国文化强调要调整好关系，调整好人与人之间的关系，调整好与大自然的关系、与天地万物的关系，这才是智慧。智慧是发现知识、掌握知识、运用知识的能力，特别是运用知识的能力，你掌握一大堆知识不能运用，这些知识毫无用处。所以知识不是力量，智慧才是力量。《淮南子》说："遍知万物而不知人道，不可谓智；遍爱群生而不爱人类，不可谓仁。"可惜的是，今天我们却陷入了"遍知万物而不知人道，遍爱群生而不爱人类"的境地：现在我们人类你争我夺，对动物却要保护保护再保护，我们对宠物比对子女的爱还要深刻。其实，我们的先人两千年前早就搞明白了，可随着人们欲望的膨胀而忘得一干二净。为了达到自己的欲望，可以不惜任何手段，根本不懂得做人最根本的底线。古人崇尚安贫乐道，知足常乐。欲望绝对不能放纵，要勤奋地去耕种它，让自己的欲望保持在一定的限度之内。适度的欲望是需要的，不吃饭不行，但吃得太饱是万病的根源，脾胃一衰，和气不起。元代名医罗天益的《卫生宝鉴》里面有一句话："如能节满意之食，省爽口之味，常不至于饱甚者，即顿顿必无伤，物物皆为益。"饱甚就是过饱。没有必要吃得多么讲究、多么好，只要能"节满意之食，省爽口之味，常不至于饱甚"，吃什么东西都可以滋养身体。中国文化强调把握一个度，欲望过分膨胀以后，生活就变得不愉快、不健康了。说实在的，我们每天能够吃饱穿暖就行了，钱一多就发愁，怎么花呀？传给谁呀？问题都来了。今天很多贪官都不明白这个道理，把很多钱都堆在仓库里，有什么用啊？废纸一堆。而且还担惊受怕，怕别人来算计、来抢你，有完没完？一旦明白欲不能放纵，就会自我管理，不单单是饮食方面，钱、财、名、利等其他方面都一样。魏晋南北朝的嵇康提出一个口号："越名教而任自然。"他还有另一篇文章《答难养生论》，里面提到养生有五难："名利不灭，此一难也；喜怒不除，此二难也；声色不去，此三难也；滋味不绝，此四难也；神虑消散，此五难也。"名利不灭养生难；喜忧不除，一会儿高兴一会儿哀伤，心情不能平静，做不到得之不喜失之不悲；声色不去，想要好看的、好吃的；一天到晚胡思乱想。这些都是养生的障碍。

　　可是，如果完全"越名教而任自然"，盲目追求个性，那么个人价值怎样才能实现？只有为他人服务、为社会服务，才能得到他人的认同，这才能真正体现出自我存在的价值。把自己关在屋子里面，觉得自己不得了，我这也行那也行，可你没给他人、给社会带来价值，人家根本都不认同你，你有价值吗？没有。中国文化告诉我们，我们实现个人价值的最好途径就是为社会服务、为他人服务，这才真正能够体现自己存在的价值。可我们常常把这看作消灭个人价值，我对此感到很奇怪，为什么这种实现个人价值的途径反而受到了唾弃和责问？有关起门来自己做自己，永远不和别人做事的人吗？有也可以，没有也可以，但是当我们真正为别人、为社会服务的时候，人家会认为你这种人不可少，千万不要把这件事情搞错了。

人能够知足常乐的话，我们很多疾病是不会得的。《黄帝内经》讲："尽终其天年，度百岁乃去。"拿健康来讲，道理都一样，欲望必须加以控制，不能无限膨胀、无限追求，让别人来限制，不如自己来限制。中国文化一直是强调自觉和自律的文化，让自己的生命更有意义。我觉得欲不可纵是人的修养中最难的，比傲不可长还要难。

第三，"志不可满"。我们常说踌躇满志，得意扬扬，志向永远没有尽头。当然，还要看我们志于什么，志于道，那可以没有止境。《荀子》开篇就说："君子曰：学不可以已。"活到老，学到老。同时，还要知止。我们要知道止在什么地方，不止在什么地方。追求学习、追求人生自我的圆满，没有止境，但我们怎样落实这个学是有止境的。《荀子》讲知止有两种：第一个是"学止于行"，不能光学，还要去做，要知行合一。第二个是"学止于礼"。礼就是做人的道理，做人的规矩。就像刚才讲的，学了再多的东西，但不懂人道是不行的。今天大家听了我讲"学不可以已"，就什么都要学，这不行，不能今天听人这么讲就这样做，明天听人那样讲就那样做，要全面地思考。这是中国文化的思维方式的问题，不能片面，不能绝对，对待问题要看你站在什么位置来讲，从哪个方面来讲，从这个方面讲你要"不可以已"，从那个方面你要懂"知止"，也就是要把握好尺度。志于道没问题，志于物就不行。志于道没有止境，要领悟根本的精神，《论语》里面讲"朝闻道，夕死可矣"。我们有一个成语叫从善如流，庸人是从物如流不知所归，被物欲牵着鼻子走，心就不正了，常常落入物欲这个陷阱出不来。

君子要从善如流。人的心术要正，不能歪。稷下学派《管子》讲到心术——我这儿讲中国的传统观点，你要从西方的观点理解也没关系——心是君，管五官。器官要受到心的统治管理。心是君位，五官是臣位。而五官——眼、耳、口、鼻、舌是要和外界接触的，因此五官管外物。如果你的心能管得住五官，五官能管得住外物，你的心术就正。反过来心被五官管住，五官被外物管住，心就不正，就歪了。作为一个读书人（士、君子），就得管好自己。为什么要穷理正心，就是要确保你的心不受外物的引诱，不玩物丧志。《论语》讲"志于道，据于德，依于仁，游于艺"，志向就是要志于道，这是最根本的，也是教育第一位的目的。

教育还有更大的目标，那就是化民成俗。通过教化改变人身上不良的东西，形成良好的社会习俗。做人不懂人道、社会习俗败坏，这是我们教育的失败，可以明确地讲，教育没有起到教育应有的作用。我们学习西方的法治对不对？对，是该学，但是我们不能只学它的表面，要学它的全面。西方的法治讲的是人为法，但其基础是自然法和习惯法，自然法和习惯法用中国话来说就是社会习俗，是世风。社会习俗不好，世风不好，再强大的法制也很难管理好这个社会。西方法学理论的奠基者孟德斯鸠的《论法的精神》中讲：一个有良好习俗的社会，它的法律是简单的。所以，一个国家的法律越烦琐，它的社会习俗就是越败坏的。什么都要通过法律来解决，就像我们现在一样，连家庭的纠纷矛盾都要拿到电视上去公开解决，多丢人哪，我们可是礼仪之邦啊！君子要撑起礼仪之邦的称号，要做出榜样。

教育可以分为家庭教育、学校教育、社会教育，尤其要注重社会教育。现在各种信息太发达了，社会教育的影响力远远超过其他教育。学校教育得再好，一旦进了社会这个大染缸，学到的东西马上就会被冲走。今天看到一个提案，有人建议禁止学生带智能手机进学校。但是手机上的东西，在学校不看，在家里看不看，能禁止住吗？现在发达的科技迫使我们人类重新思考。

中国文化是突出人文精神的文化。你看乌鸦反哺，小乌鸦还不能飞的时候，老乌鸦找东西来喂它，老乌鸦老了飞不动了，小乌鸦找东西来喂它。在生物界我们好像说不出什么道理来，但是从人的角度看，这就是尊重老人，把乌鸦自然的行为变成人的自觉行为。羔羊跪乳，小羊要跪在地上喝母羊的奶，这也是自然现象，但是我们从人文的角度去思考，就是羔羊懂礼貌，我们做人更应该如此。这就是所谓的人文思考，这就是志于道，是我们应该追求的。作为人，必须有一个对自我的认识，对自我有约束。我讲中国文化是自觉和自律的文化，自觉人们还可以理解，如果失去了自律就不是人了。追求这样一个道理是永远没有止境的，要用一生去追求，一生去完美做人。太虚大师说："仰止唯佛陀，完成在人格。人成即佛成，是名真现实。"中国文化不是说让你去盲从什么，是要重视榜样的力量，重身教，在家里父母做出榜样，在学校老师做出榜样，在社会上名人做出榜样。我们不能把读书看成第一位，身教比读书重要得多。读书什么时候开始都不晚，从这个意义上讲，志是不可满的，也不需要从小立志，小时候多玩玩，小孩子调皮一点也没关系。但他一旦有了志向，我们就要鼓励他，要给他创造条件。家庭、学校、社会都会对一个人的志向发展创造条件，都会牵引着他向志向走。

第四，"乐不可极"。高兴快乐不要穷尽，不要达到极点。物极必反，乐极生悲。"乐而不淫，哀而不伤"，不淫就是不过分，不伤害自己的身体，把自己调节到中道。我们生活中都会有方方面面乐与不乐的事情，因此中国文化要求我们要学会举一反三，"举一隅不以三隅反，则不复也"。教你一个道理，你要应用到多个方面去。要留有余地，《四留铭》说："留有余，不尽之巧以还造化；留有余，不尽之禄以还朝廷；留有余，不尽之财以还百姓；留有余，不尽之福以还子孙。"什么事情都不要做绝了、做极了，物极必反。所谓祸福无门，福享尽了就会成为祸，对于祸，我们能够承受、能够思考、时时警惕自己，就会转化成福气。不要因为自己遭了祸就一蹶不振，也不要因为自己享福就放肆自己。这就是极的概念，老子讲"反者道之动"也是这个意思。

"傲不可长，欲不可纵，志不可满，乐不可极"，这是君子修养的四个重要方面，也是君子的四个特征，能够做到这四点就是一个谦谦君子。这四点人人都能仿效，人人都可以去做，这不是高不可攀的目标。

我们的学校要以培养君子为重要目标，让他们成为社会的引路人，百年大学更要有所担当，清华大学举办《君子》讲座有七年了，七是一个节点。中国的数字很有趣，七是阳数，八是阴数。中医里男子要讲八，女子讲七，很有意思。一也是，四也是，"四不可"，"子绝四"，五也是，五行，八是八卦。大家可以做做数字游戏，统计统计，人生干吗那么枯燥啊。十全十美，世界上没有十全十美，九到头了，十是空位，是循环的，中国文化是始终不分、连在一起的，周行不殆。

对不起，今天话多了，记性又不大好，讲得不好、不对之处请大家多包涵，感恩大家。

（本文是楼宇烈先生 2020 年 11 月 14 日下午在新清华学堂八三实验剧场的讲座实录。）

格致与科学

各位老师，各位同学：

　　大家好！刚才徐林旗老师介绍了这个题目的缘起。今年春天参加清华大学国学院成立的纪念大会上，我讲了我个人的感想和希望。近百年来，有个问题一直困惑着我们中国人，因为西方文化强势涌来，用一种西方的思维方式和标准来看问题，最后（导致我们）什么都没有了。近百年来讨论的问题，集中围绕这几个问题展开：中国有没有哲学？中国有没有宗教？中国有没有艺术？特别是，中国有没有科学？结论是，这四个方面都没有，中国没有哲学，也没有宗教，没有艺术，更没有科学。

　　中国没有科学，这个理念可以说已经深入人心了。当然，如果从现代科学的角度来讲，这样说也没错。但是科学不光包括现代科学，它也有自己的传统，有内部的差异，有各个地区和时代的不同。我们最近这几年大力提倡国学，但是在大家的脑子里，国学只是文、史、哲，最多还有政、经、法；但其实，国学远不止于此，它的范围很广，还包括数、理、化、生。所以我希望，清华的国学院是不是多推动一下这方面的研究，来弘扬一下、传播一下。其实自然科学方面的国学也有很多人研究，特别是近年来。我们在座的不一定知道，在中华炎黄文化研究会下面有一个自然国学研究会，这个研究会组织过多次自然国学主题的讨论，而且也出了一些会议的论文集，我也参加过，来介绍和弘扬中国传统文化中的"科学"。

"科学"这个概念，是我们近代借用过来的——科学也好，哲学也好，宗教也好，都是沿用了日本对西方名词的翻译方法。我们传统文化在16世纪跟西方文化的接触，可以说是一个和平交流的时期。西方16世纪有一个宗教运动，出现了一批新教信徒，传统的天主教派在欧洲地区失去了一些领地，一大批传教士来到中国，同时他们也把西方的很多学问——从宗教到哲学，到科学，到艺术——带了过来，跟我们进行和平交流；同时，也把中国的很多东西、中国的传统文化传播到了西方，对西方的影响也很大。比如，启蒙运动最主要的人物都非常崇敬中国的文化，中国文化对他们开展启蒙运动起了很大的推动作用。基于这样一个背景，16世纪我们接触到了西方关于宗教、哲学、科学的文化。

接触到西方科学文化的时候，先要进行翻译——就像当时接触到西方的哲学。有人把哲学这个概念音译成"菲洛索菲亚"（philosophy），从意译就是"爱智学"——当时的科学，有一些人把它称为"格物学"。中国历史上就有格物的学问，格物致知。格物就是去考察、去接触，去研究客观世界和主观世界。在中国，"格物"的概念比较宽泛，所以西方一些科学的观念传过来以后，就被称作"格物学"。后来又翻译成了"格致"，所以今天我们讲座的标题用"格致"。"格致"是中国的"四书"之一《大学》里面的概念，"格物致知"，简称为"格致"。我小的时候生活在上海，那边有一个中学就叫"格致中学"，非常有名。"格致"的概念就代表了当时的科学，在新文化运动的时候被叫作"赛先生"（Science）。后来一批留日的学者把日本翻译Science的名词"科学"带了回来，中国也接受了。除了科学，宗教、哲学等都是日本翻译西方文化的名词概念，我们借用过来，变成了中国人的概念。当然了，格物也好，格致也好，它的范围比西方现在讲的科学的概念要广泛得多。

　　刚才提到了，用西方文化的标准来衡量什么叫哲学，什么叫宗教，什么叫科学，什么叫艺术，那中国确实没有完全像西方近代以来的这种分科学问所对应的固定的对象化的学问。科学最初的概念就是用来讲分科的学问，分科的学问有固定的对象。但中国传统文化中没有分得那么细，它是整体的，你中有我，我中有你。哲学里面有宗教、有科学、有艺术，宗教里面有哲学、有科学、有艺术，艺术里面有哲学、有科学、有宗教，科学里面也有宗教、艺术和哲学。很多科学家讲过，科学的发明、科学的思考有很多跟艺术类似，也就是需要灵感，科学的发明很多来自灵感，甚至跟艺术是相通的。很多人讲近代中国落后的最根本原因是文化的问题，认为中国文化是一种非常保守的、守旧的，没有创造性、没有创新性的文化，特别是没有"科学"概念，从而导致人们对中国文化丧失自信。那么，是不是这样呢？并非如此。

　　西方的很多科学家、很多学者对中国文化，特别是对中国传统文化中包含的所谓科学文化内容是非常关注的，最著名的就是英国学者李约瑟，他专门写过《中国科学技术史》，他写的这本书非常重要。我不知道大家注意到没有，上个月在中央电视台科教频道播放了一个纪录片，就是讲述李约瑟与中国古代科学技术史，里面讲述了李约瑟研究中国科技史的起因，以及他来中国考察和研究的经过，最后成立了一个专门的研究所，来编辑和整理中国古代科技史。在编写这套书的过程中，李约瑟提出了一个问题，即现在我们都知道的"李约瑟问题"，但因为人的理解不同，说法也就不一样。有人说，李约瑟认为中国只有技术没有科学，这种说法流传得比较广。其实李约瑟的问题也不完全是这个问题，他是说，中国古代有那么伟大的技术，近代的科学为什么不是从中国开始发展的？他提出的问题是这个，他并不是说中国没有科学，他说现在西方流行科学，既然中国古代有那么丰富的技术创造，为什么近代科学的变革没有从中国开始，反而是从西方开始的？这是他的一个疑问。提出这样一个疑问，在我看来，恰恰证明李约瑟是非常推崇、非常尊敬中国传统文化中的技术成就的。如果有兴趣的话，我们可以去看一看这个纪录片，一共6集。他在中国的考察、跟中国学者的交流，特别是跟竺可桢的交流，很感动人。当时在抗战时期，竺可桢是浙江大学校长，浙江大学搬到了四川一个非常偏僻的地方，他们当时在一个庙里交流。他们的交流也感动了竺可桢，竺可桢后来让浙江大学图书馆整理图书时，如果发现有两本相同的书，就寄一本给李约瑟，所以李约瑟研究所里有非常丰富的中国典籍，他很认真地研究。李约瑟最钦佩的，是中国古代创新的智慧、创造的思维。他的《中国科学技术史》是赞扬中国古代科技所体现出的创新和创造的智慧，于是才会提出这样一个问题。这个问题其实是非常复杂的，不是一两句话可以说清楚的，它不完全是文化传统的缘故。因为中国人强调的是，科技的应用是要造福人类的，这是最根本的；而从近代的西方科学的发展中我们可以看到，它不单纯是造福人类，更多的是竞争，去征服别人，去震慑别人，去掠夺别人。所以从根本目标来讲就不一样，如果单纯从文化传统这点来回答，确实很难讲得通。李约瑟的这部书里记载了很多中国传统文化中的成就，从这方面来讲，确实也如此，不管是在地下文物的发掘中，还是在传统的典籍中，关于人类历史上的科技成就，记载最多、最详细的就是在中国，通过我们的文物考古，通过我们的传统经典，就可以看到，丰富得很。

　　我们传统对图书的分类，以《四库全书》为代表就是"经史子集"，乍一看里面没有科学的位置。而其实，"经史子集"这四部里面，包含了大量中国古代科技成果的记载。就拿"史"来讲，正史是二十四史，从《史记》开始，从传说一直到当时的现实社会，记载了很多科学家的成果和成就。而从《汉书》开始，里面有明确的《天文志》《地理志》《律历志》《食货志》等等，如果把这些梳理出来，那么正史的二十四史里面就有非常详尽、非常丰富的中国古代科技发展历史、数理化的发展历史，就会明白，李约瑟为什么那么惊叹于中国古人的智慧。

　　我今天在这里主要不是来讲中国的古代科技如何如何，去夸耀比西方还怎样怎样，而是想借此邀请大家一起看一看近代以来中国人对自己的历史文化的信心问题。我们现在认为古代人是非常保守的，是因循守旧的，包括提到君子就认为是个道德名词，认为君子是道德模范的代表。其实是理解窄化了，君子的学问并不是那么简单的，君子首先是一个儒者，首先是一个"士"，也就是读过书的人，中国的读书人不是光讲一些道德教条的东西。君子之学有什么特点？非常广泛，最典型的就是"四书"的《中庸》里讲到的，君子的学问有三个方面的特点。第一，"君子尊德性而道问学"。你看，一方面要"尊德性"，还要"道问学"。学问学问，要学要问哪！很广泛的，不光讲尊德性，君子不是单纯的道德楷模，他同样是一个具有各方面学问的人。我特别强调"学问"或者说"问学"这个概念，不是去讲"知识"，因为知识是死的，而学问是活的。"学问"这个词怎么来的？"博学之，审问之。"它需要两个条件，一个是博学，一个是审问。什么叫审问？就是追问清楚。法院里面审案，一定要审问清楚，所以光博学不行，还要去思考、追问，这是"审问之"。

　　怎么求学？我讲一讲求学这个概念。现在讲孩子"上学"了，过去讲"求学"。"求学"和"上学"有什么不同？大家不一定思考过这个问题。差别在于，求学，是主动地去求。这里面有个故事，蔡元培当北京大学校长的时候，邀请当时非常著名的国学大师马一浮先生来北大授课，马一浮住在杭州，用八个字的电文拒绝了蔡元培的邀请，说："古闻来学，未闻往教。"中国传统文化中，只听说你来跟我求学，没有说我主动去给你讲。这个传统出自《礼记·曲礼》："礼闻来学，不闻往教。"主动去求，不是我去灌输给你，所以中国传统的教育，强调启发式。什么叫启发？启发式教育的来源，是《论语》里的一句话："不愤不启，不悱不发。"什么叫"愤"？心中积了很多东西，必须搞清楚，这些问题弄得人饭也吃不下，觉也睡不着，必须去求解，必须搞清楚，一个求知者到了这种地步我才启发他，没有主动要求我是不会给他讲的。中国的传统教育精神，是崇尚主动求学的，而不是去灌输的，不是去灌输知识，而是提倡每个人都能够有一种主动的"求学"的精神，带着问题去学，带着头脑去学，带着诚意去学，不是我灌输给你、你记住这个东西就行了。

我们知道有个成语叫"举一反三"，什么叫"举一反三"？其实也出自《论语》。孔子对他的学生，是"举一隅不以三隅反，则不复也"。一隅就是一个角，我给你讲了这个角（现场用手指着方桌的一个角），你不能触类旁通另外三个角，我就不再教你了。你光死记有什么用？听到这个角是这样的，不能领悟到另外三个角跟它是一样的，我就不再重复了，不再跟你讲了，你必须能够举一反三，我才会继续教你，这就叫启发式教育，强调学习的主动性。中国的教育传统非常注重这一点。

我也非常赞赏传统观念中的"教学"这个概念，"教学"是双向的，而不是单向的"教育"。教育是我对你进行教育，而教学是相互的，是"教学相长"的。《礼记·学记》一开始讲到，我们建立一个国家，最重要的任务是教学，"建国君民，教学为先"，不是简单地讲教育，而是教学。教学是什么概念？教学是师生共同学习，教是老师的责任，学是学生的责任，教学相长必须是双方进行交流，这一点在中国的传统书院教育里体现得最充分。书院教育最重要的精神，是师生共同学习经典，然后共同讨论、互相促进。事实也是如此，教师只有在教的过程中，从学生那里得到反馈，才能推动自己进一步学习。所以，教师和学生应该是一个相互促进的关系，教学相长。像这样一些中国传统的优质教育模式，我们今天传承得如何？这个模式促进人们、启发人们开动脑筋作创造性、创新性的思考和实践。刚才讲了君子之学的第一个特点："尊德性而道问学"，现在讲第二个。

第二个特点也是《中庸》里面讲的，君子要"尊德性而道问学"，后面一句话是"致广大而尽精微"，一方面要有很大的气魄，另一方面要精细，不是说光讲大道理，还要认真地研究细致的方方面面。人的认识都是有局限的，荀子曾经写过一篇文章叫《解蔽》，开头第一句话就讲："凡人之患，蔽于一曲，而闇于大理。"人在认知上容易片面，只知道一个方面，而大的道理、整个的全面不了解。作为君子之学，既要致广大，又要尽精微。所以也是两方面，不是光讲大道理，要研究很多细的问题，也不是只研究细的问题，而不能把握整体的理。中国历史上的儒生，既讲道德、礼教，同时也研究各种各样的学问。清代的阮元写过一本《畴人传》，里面罗列了中国历代的科学家，有好几百人。这些科学家在我们传统来讲都可以称为"儒生"，读书人嘛。这是君子之学的第二个特点。

第三个特点是什么？"极高明而道中庸。"一方面达到最高屋建瓴的高明，另一方面又要做最合适的事情，恰到好处地做。君子之学有三句话，君子要做到"尊德性而道问学""致广大而尽精微""极高明而道中庸"。所以做一个君子，是广泛而全面的，不光是一个道德模范。

接下来还有一句话更重要了，中国文化的特点，也是君子做的一个事情，叫作"温故而知新"。大家马上就可以查，《中庸》里面的这三句话底下就是"温故而知新"。"温故而知新"是中国文化一个非常重要的特征，也就是我们的发展、我们的创新是在传统的基础上进行的。刚刚讲了，书院学习的特点就是师生共同来读经、共同来讨论经典，是在温故的过程中来创新。所以中国文化中的很多东西，是在传承的基础上发展，把传统的东西跟现代接轨；我们不断地研究传统文化，但又不断地有创新。中国文化是不断创新的文化，而且这些创新是有根据的创新，不是没根据的。不是像我们近百年这样的理解，把传统彻底否定了，重新建立起一套西学的体系，这样我们就很难创新了，只能跟在别人屁股后面，没有主体性，最终只能失魂落魄。所以我经常强调文化主体意识的问题，我们必须有一个文化主体意识。而我们的文化主体意识里面，跟现在的科学有没有关系呢？有很大的关系，我们也可以探索在自己的传统基础上发展出新的科学成就。

中国的文化中有很多特点，其中最主要的是两大特点，一个是整体观，天地万物是一个整体，这个整体里面包括了万物之间的相互关联，你离不开我，我离不开你，看问题都是从整体来看的。整体包括相反。我们的阴阳观就是相反相成的观念，对立的东西是同时出现、相互依赖的，有了阴才会有阳，有了阳才会有阴，没有东西可以只有一面而没有另一面，任何一个东西有前面就一定有后面，有上面就一定有下面，有左面就一定有右面。它一定是对立的，相反相成，有了这一面才有那一面。不仅如此，这个整体观里，不仅有这面还有那面，能够相互依赖、相互包容，我中有你，你中有我。我们的太极图最能呈现这一点，一边是黑的，一边是白的，黑的里面有一个白点，白的里面有一个黑点，相互包含。整个圆圈相反的部分构成一个整体，而且整体里面各个部分都是相互包含的，不光相互包含，进一步还会相互转化：阳会转化成阴，阴会转化成阳，黑会转化成白，白会转化成黑，这就是物极必反。这是阴阳相生的观念。

还有一个重要的是五行生克的观念，五行的相生相克也是一个整体。在一个整体的环境中，一定有相互帮衬的，也有相互拆台的，不可能只有拆台没有帮衬，也不可能只有帮衬没有拆台，相互克制、相互生发，这是事物存在延续的根本法则。整体观里包括了阴阳相反相成、物极必反、五行生克的道理。阴阳的相反相成、相辅相成，跟五行的相生相克，可以说道尽了整个宇宙的法则，这难道不是科学吗？所以近代美国的物理学家卡普拉，在《物理学之道》里就讲到这个问题，他说，中国的这些观念最简单、最普遍又最深刻地揭示了宇宙的总体规律。他又讲到，西方科学、近代科学经过了一百年的爬山，可是爬到山顶一看，中国这些古人早就坐在山顶等他们了。现代西方科学最注重的就是整体思想，整体思想对现代西方科学有极大的影响，包括量子力学在内，都有整体关联的思想在起作用。

中国文化中还有一个重要思想对西方现代科学有非常深刻的影响，就是恒动性：事物都是不断地在变化，没有静止的时候，开始就是终结，终结也就是开始，一直在变化，而这种变化又是动态的平衡，达到一个中和的状态。这个理念、这个思路对现代科学也有着非常大的意义，所以现在西方科学家特别重视这两条：一个是整体观念，一个是动态平衡观念。我们想一想是不是这样？如果能够坚持中国传统文化中的这种理念，沿着这样的理念发展，我想今天我们很多地方可能会超过西方，这也是我经常讲的。很多人看不起中医，认为中医是玄学，没有实证的证据。其实阴阳五行就是中医理论的核心。一个生命要健康成长，必须保证它动态的平衡，必须看到它的整体，不能把它分成一个一个零碎的器件。现在西方医学非常重视自然医学和整体医学，大家都在反思这个问题。过去西方医学把人体的各个器官都看成独立的，把人看得像一部机器——零件的组装。但人体可不是简单的零件组装，它是一个有机的整体啊，五脏六腑是息息相关的。比如说我现在讲话多了就痰多，有痰湿在里面，这可能跟我的肺有关系，同时可能跟我的胃有关系，也可能跟我的肾有关系，不是简单地只跟某一个器官发生关系，它跟很多器官有错综复杂的关系。所以中国人有很多很好的理念或者说道理，我们不知道，就粗暴地给否定了。但是西方人按照这些一做实验，实验结果一公布，大家就相信了。

我常常举一个最明显的例子，中国古话讲："若要身体安，三分饥和寒。"吃饭不能吃得过饱，七分饱就行了，这样能维持生命的健康和长寿。可是有人会追问，你有什么根据呀？好，西方人就搞了一个实验，养了200 只猴子，100 只猴子想怎么吃就怎么吃，让它们吃撑了为止，另外100 只猴子限制它们吃，只能吃七分饱，多少年以后发现，总是吃饱的猴子死了一半以上，还有一半有这病有那病，而只吃七分饱的那组都很健康。大家相信了：你看，有实验数据作为标准！就相信实验室出来的标准，而不相信我们从人类生活实践中总结出来的经验教训。这就是认为近代中国没有科学思想、没有创造性所带来的问题。中国很多的东西，是从生活实践中总结出来的，不是简单的实验室的数据。我这么讲，并不是排斥实验室的数据，我也很赞成。如果我们做了刚才讲的实验，能够让人生起信心，也很好。但是我们还得注意，那些实验是在猴子身上做的，或者是在老鼠身上做的，而不是在人身上做的，我们还得注意这个问题，还是不一样的。而中国是踏踏实实从人生的经验中去总结，从生活的经验中去总结，所以并不是没有标准、没有数据，只是这些数据不像实验那么有据可查。它可能需要通过几辈人、几代人才能总结出来，不是实验室里面几年就可以做出来的。我讲这些，并不是否定实验，我们做一些这样的实验也很好，可以让我们加强对事物的认识，但是也不要轻易地否定传统文化所注重的在现实生活中总结出来的经验教训。

所以我觉得我们近代以来对中国有没有科学这样一些问题的讨论，并不在于我们去拼命争我们有多少科学发明、多少科技成果，我们怎么样超过西方——不是这样，而是要看到近代以来对我们思维方法造成的一种损害，我们对文化自信心的丢失，没有正确认识我们自己文化的一些特征、特点，它是怎么来总结经验、造福人生的。中国早就提出来，要"仰观天文，俯察地理"，"近取诸身，远取诸物"，要全面考察、全面了解，再应用到方方面面去。

我还要强调一下，中国的文字最能体现这一点了。我们从中国的文字中可以看到很多"仰观天文，俯察地理"，"近取诸身，远取诸物"的创造。中国造字有六种方法，也就是"六书"：象形、指事，这是基础的造字法。象形就是画一个图像，太阳就画一个圆圈、点一个点，就是我们的"日"字，月、水、山都是图形。象形后是指事，比如"上""下"。这是最基本的汉字形成的特征。这还不够，我们还进一步发明了构字法，通过会意、形声来构字，特别是形声，一边是形，一边是声，这种构字法太丰富了。就像一个人的身体部位，几乎每一部分在汉字里都可以看到，有身字旁、目字旁、耳字旁、足字旁、手字旁的字，从上到下、从头到尾都有，我们一看就知道这个是拿手弄的、用脚踢的、用眼睛看的、用耳朵听的，非常形象和直观。这还不够，我们还有更多，还有用字法，就有了假借、转注，把意义扩大。所以我们的六书造字法很生动地体现了"仰观天文，俯察地理"和"近取诸身，远取诸物"。

刚才讲了人身上的，我们还有大量从动物身上、草木上取的偏旁和部首，我们一看就知道这个跟草有关系，这个跟花儿有关系，这个跟树有关系，这个跟牛有关系，这个跟马有关系，这个跟羊有关系。中国创造的文字，是世界上独一无二的，有那么丰富的想象力。可是自从西方所谓的"为艺术而艺术"的思想传进来以后就麻烦了，本来我们的文字是表象、表意的，通过形象表意，现在变成了艺术品，为艺术而艺术了。所以为什么现在"乱书"到处都是，连字都不如，怎么能叫书法呢？"书"这个字是什么意思呢？秦始皇"书同文"是什么意思？"书"就是字，"文"就是纹路，这个字要有相同的纹路，大家一看就知道了，可以进行交流了。"书"是字，"文"是字的纹路、笔画描述，现在连一个字都不是，就说是书法作品，还说这是艺术创造、是个性的发展，太可笑了。对于这样一些怪现象，我们应该反思，我们是不是对自己的传统文化太过陌生了？近百年来，认为中国这个也没有、那个也没有，让我们对自己的文化从根本上丧失了信心，处处以西方为标准，最后把中国文化的特性彻底丢掉了。

艺术是干什么的？艺术是陶冶性情的，不是为了艺术而艺术。艺术陶冶性情是社会责任，不能想怎么搞就怎样搞。但是过去拿个帽子一扣：为政治服务、为统治者服务，艺术就没有独立性、没有纯粹性了，所以为了弘扬艺术的独立性，想怎么样就怎么样，完全抛开艺术的社会责任。中国传统中的艺术，最根本的就是要陶冶人的性情，因为艺术是深入人心的，最容易感化人心的，潜移默化的力量是最大的。所以艺术家怎么能没有社会责任感呢？怎么能想怎么样就怎么样呢？胡作非为，这是对自我精神提升有益吗？是对社会负责吗？艺术完全背离了中国的文化传统，让人心伤。我现在跑题了，我今天想借这个话题来说一下，中国传统文化中的一些最根本的精神我们不能丢。我们在实验室做实验，重视数据是有意义的，也是需要的，但我们也不能因此而否定通过生命实践所总结出来的经验教训。

现代西方科学非常强调两点，一个是科学理论，认为理论一定要符合事实，这是科学的最根本的精神，叫科学要符合事实，这是从理论上来讲。中国难道没有吗？我们讲的很多道理都是科学道理。还拿刚才的例子来讲，比如说我们吃饭，吃东西不要吃得太饱了，这对健康有利。元代有一个大医生叫罗天益，他写了一本书叫《卫生宝鉴》。里面有一句话："如能节满意之食，省爽口之味，常不至于饱甚者，即顿顿必无伤，物物皆为益。"大家看这句话科学不科学？我觉得比现在讲的营养——这个成分、那个成分——要科学得多。因为营养成分如果没有针对性地乱吃胡吃，反而会有害健康。但是我们有人去讲这个话吗？

最近我还跟我的学生讲一个概念——"卫生"。我不知道在座的知不知道"卫生"的概念是从哪儿来的，讲的是什么方面的内容？"卫生"这个概念出自《庄子·庚桑楚》，里面记载了一件事。有一个人问老子，怎么样才能够保住生命。老子就跟他讲了一番话，最后归结为"卫生之经"。"卫生之经"就是卫生的要点、卫生的根本，"卫生"这个词是从这儿来的。所以到现在为止我们还叫卫生部，卫生是一个很好的概念。但是现在卫生这个概念沦落成清洁卫生，打扫清洁叫卫生，太可惜了。

老子讲的"卫生之经"，我把它归纳成了四个内容：第一个内容是讲要想保卫住生命，"能抱一乎？能勿失乎？"人要想身体健康，不能把"一"丢掉。"一"是什么？"一"是根本。刚才我听大家朗诵《君子》，里面也引用了道家《老子》的话："道生一，一生二，二生三，三生万物"，"一"是万物的根本。不仅如此，《老子》还讲"天得一以清，地得一以宁，神得一以灵，谷得一以盈，万物得一以生，侯王得一以为天下正"。所以"一"是最根本的，养生、卫生最重要的是守住根本，不能丢掉。

第二条更重要了，"能无卜筮而知吉凶乎？"中国传统文化中有算卦、算命的内容，其实在中国传统文化中卜筮是一个辅助手段，是一个参考，并不是一个决定性的东西。老子在"卫生之经"中明确提出"能无卜筮而知吉凶乎",不去预测,而懂得怎样生活才是健康、怎么就不健康。我们想想,我们现在到处预测,过度的所谓"科学的"预测,预测了以后我们担惊受怕,终日不得安宁,也不知道怎样从根本上来确保吉而规避凶的道理。

第三条,"能舍诸人而求诸己乎?"能够不依靠别人而求自己。这是中国医学里最重要的一条,也不仅是医学,其实在做人等各方面都是这样,反求诸己,"能舍诸人而求诸己乎",保住生命健康也要依靠自己、相信自己。

第四条,"能儿子乎?"能不能回到像儿子的状态,婴儿嘛,老子《道德经》里讲,能复归婴儿乎?婴儿是最纯朴的,少了很多胡思乱想,饿了就吃,困了就睡,保住精神非常安宁的状态。"卫生之经"里面就提出了这四条,我们现在有一条按照这个做吗?我们的卫生变成了打扫清洁,而不是保卫生命。

我还跟我的学生讲一个概念,叫"遗体"。什么叫"遗体"?现在我们叫尸体,现在讲遗体就是死人的身体,死人不就是遗体吗?但是在中国传统文化中,恰恰每一个活着的人都是一个遗体。为什么这样讲?《礼记·祭义》里面明确告诉我们:"身也者,父母之遗体也。"所以为什么在《孝经》里面会提出"身体发肤,受之父母,不敢毁伤"这样的说法,因为我们是我们父母的遗体。接着还有一句话更重要:"行父母之遗体,敢不敬乎?"我们在用父母送给我们的躯体的时候要有敬畏心,所以对国家要忠,对百姓要善待,对朋友要讲信用,这样"遗体"这个概念才有它的意义,要不然就是自己,自己有什么意义?我们忽视了传统文化中很多非常优秀的东西。

我今天不是来讲我们的科技有多少成就,而是来跟大家一起反思,完全否定我们的科学，造成我们丧失了文化自信，我们中国文化中的特色我们不能不知道，这些才是最根本的。我们必须看到中国传统文化的这些特色，中国文化才是最具有创造力、最具有创新性的一种文化，时时刻刻在不断地创新，温故而知新嘛。荀子也告诉我们对传统的东西要"循其旧法，择其善者而明用之"，我们要延续它，挑选里面好的东西来发扬光大。我们的先辈一直是这么告诉我们的，对我们自己的传统文化要好好继承、好好传承。我们去吸收西方的现代文化，可以，也需要，但是我们不能丢掉传统，更不能去贬低传统、轻视传统。如果我们能够有一批人沿着传统文化的思路，把握住我们文化的特点，用整体的、动态的观念去看待一切事物，我想我们可能会开发出更加灿烂的科技文化。

我经常讲，如果我们中医能够认识到这一点，沿着中医的道路，吸收西医的优点、长处，我们就可以创造出世界一流的医学思想。但是现在很多人抛弃了传统的理念，认为阴阳五行都是玄学，阴阳五行是考察整个天地万物以后得出的结论，这是在我们生活实践中得出的经验教训，事物总有相辅相成的，事物总有相生相克的。我希望研究传统文化的也好，研究现代科学的也好，研究现代文化的也好，都能够不忘记我们的主体，我们要做中国人，我们要会说中国话、写中国字、吃中国饭，这样才行，这样我们才能做一个中国人。

我们虽然长着一副中国人的样子，但是只会使用外国的一套语言和标准，是不是很可惜呢？现在我们的语言很乱，我们的文字也很乱，我们的文字里面夹杂了很多——你也搞不清楚是外语的字头，还是拼音的字头。明明简称"央视"就很好，非得叫 CCTV，第一个"C"是中国 China，第二个"C"是中心 Central，"TV"是电视台 Television。非得这样叫干什么？北京电视台 BTV，觉得 BTV 还不够，现在变成了 BRTV，加了"广播"，北京广播电视台，加了很多这样的语言符号在里面。其实拼音的问题也很复杂，有一个广告叫 CHT，字母 CHT，一点"啪"的一下洒了很多糖粒，哦，原来是"彩虹糖"。另外一个人马上讲"超荒唐"，"超荒唐"的拼音不也是这样嘛，一个是"彩虹糖"，一个是"超荒唐"，而且你也搞不清楚，"CHT"是三个字母，还是"CH"合起来是一个声母，"T"是一个单独的字，这也搞不清楚，但是现在这种很时髦。文字嘛，我刚才讲了，连字都不是，我们还怎么称之为书法呢？我们的语言文字都需要得到很好的尊重。最近我发现有一点变化了，看到发了一些通知说：我们的路标、商店名字不能光用英文名字，应该有汉字。这样很好，就应该有汉字。最近也看到中央电视台新闻频道开始出现了中央广播电视总台、中央电视台，不只是 CCTV 了，说明我们现在意识到了这个问题。保证我们语言文字的纯洁性、雅致性，才能保证我们作为一个中国人的文化主体。所以我一直强调，中国传统文化的恢复是任重而道远，对传统文化的认识、继承和发扬是一件任重道远的事，需要几辈人努力。我们用一百年把传统破坏了，要恢复恐怕要二百年、三百年，艰难啊！破坏容易，建设难。清华大学能够把梁启超的《君子》演讲继承下来、延续下来，是非常有意义的事情。今年因为疫情的关系，活动延到了今天，今天又赶上北京天气最冷的时候。我觉得，只要我还能动，我今天就要来，除非我不能动了，就没办法了。

行了，今天我就讲这些吧。扯得远了，扯得远了。

（本文是楼宇烈先生 2021 年 12 月 25 日下午在新清华学堂八三实验剧场的讲座实录，肖磊、子宁、安之校对。）

清华新民主题文化论坛

中国文化的根源性典籍

同学们、老师们：

大家好！很高兴在清华大学校庆前夕来到清华文科图书馆，来到未央厅。按照徐林旗老师的要求，今天我们来谈谈中国传统文化的精神，重点谈谈承载中国传统文化的根源性典籍。

众所周知，中国传统文化最鲜明的特征是人文精神，它有两个突出的特点：一是"上薄拜神教，下防拜物教"，注重人的精神生活，使人不受神、物的支配，凸显人的自我价值；二是强调礼乐教化，讲究人文教育，反对武力和权力的压制。"以人为本"的观念是人文精神的核心，"天人合一"的思想则体现了它的精髓，表现在思维方式上，就是"整体关联，动态平衡"的人文思维。

中国人传统文化精神的主要传播媒介，是几千年来流传下来的浩如烟海的典籍，它们承载了中国传统文化的方方面面，从不同角度阐发了古人的思想，虽然谈论的具体问题不同，但都遵循着共同的理论基础，秉承了相同的价值观念。要想把握中国传统文化的基本内容和根本精神，就一定要读其中的根源性典籍，即"三玄、四书、五经"，这些典籍共同的特点就是"述而不作"和"理念相通"。

一、传统文化的根源性典籍

中国早在 3000 年前的商周时代就已经有了文字，用来记载个人和社会生活方方面面的事情。几千年来，流传下来的典籍可以说是浩如烟海。这些经典，任何人用他毕生的精力都只能窥其一斑，即便给他几辈子的时间，也很难遍览。

中国文献的传承有两个特点，这两个特点使得我们的文献虽然数量繁多，却统之有序。一个就是孔子说的，叫作"述而不作"。所谓"述"就是叙述，"作"就是创作、发明。中国古人可以说是比较谦虚的，他们认为自己其实不是在创作什么新东西，只是在叙述、阐发前人的一些思想。这样一来，中国历史文献的传承就跟西方的文献传承有了很大的不同。很多西方的文献都是强调个人的创作，而中国的古人大都是以阐发前人思想或者前代经典性著作作为表达自己思想的方式。

再一个就是，在中国传统文化中，并没有像现在这样细密的学术分科。文学、历史、哲学、宗教、艺术、政治、经济、法律、军事，乃至农、工、医、科技等，都是混杂在一起的，后来才慢慢形成了经、史、子、集这样简单的四部分类。清代编《四库全书》，就是按照四部分类来分的，即使这样，也有很多的交叉。比如现在我们说的哲学，对应在四部里，应该是哪些科目、哪些图书呢？有的人说是子部，但有些经部和集部的内容也可以归到哲学类去，而且将子部完全归入哲学也不确切，因为其中有很多东西，讲文学也是离不开的。中国古代传统文化典籍分类的方法和现代有很大差异，按现在的分类标准去安排是行不通的。

为什么会这样呢？因为中国传统文化各部分虽然谈论的具体问题不同，但它们的内在其实都遵循着一个共同的理论基础，秉承着同一个价值观念。

一个述而不作，一个理念相通，这两个特点就使得中国文化在其发展过程中逐渐汇聚成几部具有根源性影响的著作，成为中国文化的源头，也使后人得以由此把握中国传统文化的基本内容和根本精神。

这些根源性典籍，我们大概可以用"三""四""五"这三个数字来加以概括，说简单点就是三玄、四书、五经。三玄是指《老子》《庄子》《周易》；四书是指《大学》《中庸》《论语》《孟子》；五经指的是《周易》《三礼》《书经》《诗经》，还有《春秋》(三传)。

加起来是多少呢？十二本。在这十二本书里，五经里面的《周易》跟三玄里面的《周易》是重复的，那么就减掉一个，等于十一本。另外，四书里面的《大学》和《中庸》其实是《三礼》里面《礼记》中的两篇文章，如果把它们再放到《礼记》里面去，那又少掉两个，等于九本。这九本书就构成了中国文化的根源性典籍。

从春秋战国一直到20世纪初的新文化运动，这九本书是中国文化的根源。不管是论述哲学思想，还是论述文学历史；不管是讲政治、经济、法律，还是讲农、工、医、科技，都离不开这几部典籍的根本理念和价值观念，引经据典都不会超出这九本书。

毫不夸张地说，如果不了解这九本书，就很难了解中国文化的方方面面；反过来，即使了解了中国文化的方方面面，但不能将它们统摄到这九本书里去，也把握不住中国文化的理论基础和核心价值观念。所以，这九本书统领了整个中国文化，是我们把握中国文化根本精神的必读书。

二、五经要义

（一）不学《诗》，无以言

五经里面的《诗经》最初应该说是一部文学作品。孔子在教育他的儿子时，就说过"不学《诗》，无以言"，认为学了《诗经》以后，就能懂得怎样遣词造句、怎样表达自己的情感。因为《诗经》描述各种东西的方方面面，通过学《诗经》就可以懂得很多实用的知识，比如各种植物、虫鸟的名字等。

但是到了荀子，《诗经》就不仅仅被当成文学作品来看待了，它成了一种非常重要的，指导人们生活、做人乃至治国的理论依据。在《荀子》这部书里，引《诗经》文字有七十多处。受荀子的影响，汉代很多讲诗的人，都很重视《诗经》的思想性。汉代有一本很著名的注释《诗经》的书叫作《韩诗外传》，写这本书的人叫作韩婴。他就专门用《诗经》来讲为政、做人的道理，其中很多内容都跟荀子讲诗的内容相合。

因此，《诗经》不仅仅是中国文学作品的源头，也是中国哲学的一个基础经典。也有人说，哲学跟诗是分不开的。

（二）不学《礼》，无以立

《三礼》包括《仪礼》《礼记》《周礼》三部分。《仪礼》讲的是人们日常生活中的伦理原则和行为规范，规定了不同的等级应该遵循的礼。《礼记》实际上是解释《仪礼》的，包括了《仪礼》中最基本的内容，同时从理论上进一步阐发为什么要运用这些礼，这些礼都包含了什么样的意义、起什么样的作用。《周礼》主要是讲周代的官制。中央设哪些官，地方设哪些官，这些官的职责都是什么，等等。总的来说，《三礼》中的《礼记》对后世的影响是最大的。像四书中的《中庸》《大学》，其实都是《礼记》里面的文章；还有像大同、小康等我们中国人治国的一些理想也都出自《礼记》。

另外，流传于先秦，后来佚失的《乐经》，它的思想其实也包含在《礼记》之中，《礼记》中专门有一篇《乐记》，对音乐的起源、社会作用以及它在整个礼里面有什么样的地位，都诠释得非常清楚。《乐记》的主要观点就是人生而有情，这些情感需要发挥出来，怎么发挥呢？就要通过唱、呼喊、手舞足蹈等方式来表达。在这个过程中，礼引导得好就会陶冶性情，引导得不好就会使人疯狂。所以，音乐的直接作用是发泄人们的情感。例如，奏起哀乐，人们就会伤心；奏起雄壮的歌曲，人们就会精神奋发。同时，音乐又是用来调节人们之间关系的，所谓"礼以道行，乐以道和"。礼确立了人们之间不同的关系，很严肃；而乐把这种关系拉近了，大家在一起唱歌跳舞，等级差别就不那么明显了，关系自然就亲和了。

《礼记》里面还有一篇《学记》，阐发了社会教育的必要性、教育的意义和教育的方法等，强调教育的本质是要教人如何做人。这些观点，即使对现在来讲，也是非常有参考价值的。

《礼记》里还谈到了许多具体的礼的问题，其中有六个方面的礼是最根本的。

那就是：冠礼、婚礼、丧礼、祭礼、聘礼、乡射礼。

首先是冠礼。冠礼就是成年礼。男子二十就要给他戴帽子，女子十五就要给她及笄，及笄就是上头，在头上插上一个东西，这都属于冠礼。行冠礼就说明你成年了，成年了就要对自己、家庭、社会负责，举行这个仪式就是告诉你应该担负起一个成年人的责任，不能再像小孩子那样随便了。

第二个是婚礼。婚礼也是礼里面的一个重要内容。按照《礼记》的说法，婚礼是合二姓之好，就是把两个姓结合在一起，好延续子嗣。所谓延续子嗣就是延续人类，中国人的生命观念不是个体的生命观念，而是一个族类的生命观念。作为个体来讲，有生必有死，死了以后不会再生，不像佛教讲的有轮回。但是生命在延续，怎么延续呢？就在子女的身上延续。因为子女跟父母血脉相承，所以子女的生命就是父母生命的延续。中国人最重视这个，所谓"不孝有三，无后为大"，因为这是生命延续的问题，要不然生命就没有了，就断了。

第三个是丧礼。丧礼是非常重要的，《礼记》里也讲了它的意义。比如守丧要守三年，为什么？因为从父母生你下来到你能够相对独立活动，要经过三年。你要报父母的养育之恩，就应该守丧三年。孔子讲"慎终追远，民德归厚矣"，就是说要非常慎重地对待人的死亡，并且不断地思念他，这样民风才能归于淳朴。这句话实际的含义是教人不忘报恩。所以我常常讲，一个人如果不知道报恩的话，大概就不能算是一个人了。知恩报恩是人的一个最基本的品行，丧礼实际上就体现了对父母的知恩报恩。

第四个是祭礼。祭礼是祭天地日月、高山河流。从某种角度来讲，这表明中国人有一种对自然神的崇拜，认为不管是天地日月、高山河流都有神，山有山神，河有河伯，等等。但从另外一个角度来说，这实际上也是一种报恩的思想。人生活在这个世界上，就靠这些东西来生存。所谓天生之，地养之，天地万物养育你，你该不该祭它？当然应该！

第五个是聘礼，或者叫朝聘礼，就是聘用人的礼节。这个礼，我们现在经常忽视，其实它是非常重要的。聘用一个人时，在他工作的部门里给他举行一个小小的仪式，其实就是告诉他，他的责任是什么。同时也告诉大家，这个人来是做什么的，大家才好去配合他、监督他。

朝聘礼中也包括了解聘礼，解聘也需要以礼相待，不是说炒鱿鱼就完了，或者说退休了就结束了。

现在很多学校为学生办的入学典礼、毕业典礼都属于朝聘礼这个范围，但是往往都弄得很草率、很简略。其实入学典礼、毕业典礼，对很多学生来说都是终身难忘的，可学校这么简单就完事了，这就是没能做到以礼相待。

第六个是乡射礼。过去就是指一个村子里面，能够体现尊老爱幼这样一种文明风气的礼仪。现在社会上都在强调建设社区文化，我们可以把乡射礼现代化一下，效果一定会很好。

这六个基本的礼，都是非常重要的，对今天也很有借鉴意义。现在提倡要建立和谐社会、小康社会，如果能有这样一些基本的礼仪来规范人们的行为、协调人们的关系，使人们懂得怎样做人、如何尊重他人，那应该是事半功倍的。

总的来说，《礼记》是中国传统伦理规范得以建立的根本典籍，它指导了中国人几千年来的日常生活。

（三）帝王之学——《书经》

《书经》是上古历史文献的一个总集，里面除了一些传说中夏代和商代的文献外，大部分是周代政府的公告，这些公告总结了夏、商两代兴衰的经验教训。《书经》特别注意到，夏代为什么能够兴起？那是由于夏代的创始人禹通过治水为老百姓谋了福利，因此得到了民众的拥戴。夏代为什么又灭亡了呢？那是因为它的末代统治者夏桀残害百姓，失去了民心。同样，商代也是如此，它的兴起是因为开国君主成汤"解民于倒悬"，把老百姓从夏桀的统治下解救了出来；而它的灭亡，则是由于商纣王酒池肉林，荒淫无耻、道德败坏到了极点，完全不把老百姓当人看，人民当然要起来反对它。

正是因为总结了前两代兴亡的经验教训，周代的政府公告中就非常突出地提出了"民惟邦本"的思想，认为"皇天无亲，惟德是辅"，"天视自我民视，天听自我民听"，民是最根本的。一个国家能不能兴旺、能不能巩固，关键要看是不是得到了人民的拥戴。因此周代的公告都强调作为统治者首先要修德，只有德行高尚，才能够获得上天的保佑。

应该说，《书经》里的这些思想决定了中国文化的一个根本特性，就是以人事为根本，这也奠定了中国文化人文精神的根基。

所以，《书经》虽然表面上只是一册历史文献的汇编，是一部历史著作，但它实际上是中国文化最根本的人文精神的重要来源。

（四）中国人的价值观——《春秋》

《春秋》实际上是一部编年史。西周没落之后，周平王东迁，历史上称为东周。东周包括两个历史时期，一个春秋，一个战国。《春秋》记载的就是春秋这一时期的历史。但是《春秋》只记载了某年某月发生了一件什么事情，至于这件事情的来龙去脉、包含了一个什么样的问题等，并没有展开叙述。后人为此对《春秋》又进行了注释，形成了所谓的"春秋三传"。我们现在谈到《春秋》这部经，除了《春秋》，也包括了这"三传"。

相传《春秋》是孔子删订的，而且传说孔子在删订《春秋》的时候，下笔是非常慎重的，可以说每一个字都包含了一种价值判断，表明了孔子对事件、对人物的表扬或者批评。后来就有了所谓的春秋笔法。春秋笔法的特点就是不避讳历史上的事件，该怎么样就怎么样，该肯定的就肯定，该批评的就批评。所以春秋笔法是乱臣贼子见了都害怕的。孟子说："孔子成《春秋》，而乱臣贼子惧。"因为春秋笔法就是给他们在历史上定了位。从这个意义上说，《春秋》这部经实际上是给人一种价值观的判断，告诉人们该怎样来评判历史事件和历史人物，强调一种公正而不妥协的态度。

"春秋三传"第一部就是《左传》，因为传说是一个叫左丘明的人为《春秋》作的传，所以叫《左传》。《左传》的特点是以记事为主，《春秋》里记载某年某月发生某一件事情，《左传》就把这件事情的来龙去脉都详细地叙述出来，侧重于对历史事实的注释。另外两部，一部叫《公羊传》，一部叫《穀梁传》，这两部并不着重于史实方面的讲解，而是注重讲解这个事件本身的意义和它所告诉人们的经验教训。

汉代特别重视《公羊传》，像汉代的大儒董仲舒就是"公羊学"的一个重要代表。汉代人特别注重发掘《春秋》里所包含的那种"微言大义"，就是说在《春秋》简短的语言里，其实包含了非常深刻的道理。汉代人在断狱的时候，都要参考《春秋》里记载的类似事件，看它在《春秋》里面是怎样被解决的、怎样被判断的，然后再按照这个来判断，这在汉代就叫"春秋决狱"。

所以说，《春秋》在汉代政治制度的建立和治国理念的形成上起过很大的作用。

（五）宇宙的奥秘——象数之《易》

《周易》也包括经和传两部分。从现在地下发掘出的一些资料来看，《周易》中经的这一部分形成较早，应该在先秦的时候就已经形成了。它的内容实际上是古人占卦的时候留下来的那些卦辞、爻辞，经过筛选和编辑后，文辞古奥，主要用于占卜。而真正发挥《周易》思想的"十传"，即所谓的易传，大概是在汉代初年才最后形成。

十传，就是指系辞（分上、下）、文言、说卦、序卦、杂卦、彖辞（分上、下）、象辞（分大象、小象）。十传中系辞是最重要的，其次是文言，再一个就是说卦。这些传里讲到了一些对后世影响很大的理论问题，比如《周易》起源的问题、八卦是怎样形成的，等等。至于其他的传，如序卦、杂卦都是用来解释卦序的。序卦是说明现在的六十四卦为什么这样来排，杂卦则提供了另外一种排序的方法。彖辞是对六十四卦的每一卦所包含的意义作一个综述。而象辞中的大象是解释每一卦的卦辞。每一卦又有六个爻，每一爻都有对应的爻辞，小象就是用来解释爻辞的。整个十传大概就是对《周易》经文的解释系统。

综合《周易》的经和传来看，大致包含了三方面的内容。第一个是象，就是卦象，比如乾卦是六条横线，坤卦是六条横着的断线，这就是象。第二个是言，言是指卦辞和爻辞，每个卦都有相应的卦辞和爻辞。比如乾卦的"乾，元、亨、利、贞"，这句话就是它的卦辞。爻辞呢？第一爻是初九，潜龙勿用；第二爻是九二，见龙在田；然后是九三，夕惕若，厉无咎；九四，或跃在渊；九五是飞龙在天；第六爻上九呢？上九就是亢龙有悔。卦辞和爻辞合起来就称为言，有象就有言。第三个是意，就是指每一个卦象以及它的卦辞、爻辞里所包含的意义。所以，《周易》在汉代形成后，当时人们十分重视"象"这一部分，称为象数学。为什么？因为大家都用《周易》来占卜，而占卜的方法主要是跟象、数有关。

实际上，《周易》最初就是用来占卜的，在《系辞》里就非常明确地讲了易是什么，易就是占。在中国历史上，占有两种方式，一种是甲骨的占法，称为兆，就是在一个乌龟壳上钻一个窟窿到火上去烤，烤过以后它就出现裂纹，这种裂纹被称为兆，然后根据裂纹的走向、构成，来预测或判断某一件事情；还有一种就是根据数，这是《周易》所采用的方法，即根据蓍草数目来确定卦象，然后根据卦象来推断一件事情，所以在《系辞》里，《周易》这种占卜的形式被称作"极数知来之谓占"，具体的方法很复杂，这里就不多说了。当然还有更简单的民间的土办法，就是拿一个铜板，扔一下，正反面，正的多少，反的多少，这样来算，这也是占卜。

汉代的易学不仅继承了《周易》古老的象数占卜的方法，而且把象数跟二十四节气、东西南北这些方位联系在一起，形成了一个非常庞大的象数之学，并且归纳得非常清晰明白，用于预测，很实用。一直到今天，只要用《周易》来算卦，基本上用的都是这种方法。

三、三玄要义

（一）不易、变易、简易——义理之《易》

到了魏晋的时候，汉代的象数之学发生了很大的变化。象数学是用比较固定的模式来作判断的。比如说乾卦代表刚健，拿一种动物来比喻，就是马，因为马是非常刚健的。于是后来就固定了下来，乾卦的代表就是马，别的都不行。相应地，坤卦代表柔顺，拿一种动物来比喻，就是牛，因为牛是非常柔顺的，后来也固定了下来，坤卦的代表就是牛，别的都不行。到了魏晋时期，人们认为这种象数学太死板，学习《周易》主要应该把握它的义理，而不是这些呆板的象数。

当时有一个著名的思想家，叫作王弼，他批判象数学说，乾卦为健，所有刚健的东西都可以代表乾，何必一定是马呢？坤卦代表了所有柔顺的东西，所有柔顺的东西都可以代表坤，何必一定要用牛呢？他认为象数学是有局限性和机械性的，研究卦象的时候只要把握它的精神是刚健还是柔顺就可以了。所以他一扫象数之学，提倡要得"意"。在方法上，提出"得意而忘言""得意而忘象"，因为如果停留在象和言上就不可能把握它的意，要得意就不能仅仅停留在语言和卦象上。这就形成了中国文化史上一个非常重要的转折，由强调象转而强调意，玄学也就随之产生了。

魏晋玄学的根本依据就是三玄：《周易》《老子》《庄子》。

我们再来谈《周易》，玄学家抛弃了汉代的象数易学，重视发掘《周易》蕴含的深刻道理，提倡义理的易学。

玄学家认为易这个字，其实包含了三层意义：不易、变易、简易。不易是什么呢？不易是指一个根本的秩序和原则，《系辞》里面一开始就讲，天地上下确定了，这个世界也就确定了，这就是一种不易。但是，这种不易不是那种机械的、固定的不易，而是在变化中的永恒。《周易》又讲了许多阴阳、刚柔等变化的过程，这就是变易。万物的变化虽然繁复，但天地却从不去干涉，一切顺自然而发展，这就是简易。所以《系辞》里指出，简是天之德，易是地之德，简易是天地之大德。

另外，《周易》还包含了一种生生不息的品德。比如，其中"天行健，君子以自强不息；地势坤，君子以厚德载物"的精神对中国人影响就很大。自强不息、厚德载物成了中国人追求的一种理想品格。

《周易》里面还有许多重要的思想，比如它特别强调"时"的概念。我们看到很多象辞、系辞都在赞叹这个"时"，"时之义大矣"强调与时偕行，也就是说时间变化了，我们也要跟着变化。它还强调"中"，中正平和，这跟后来《中庸》的思想也可以联系在一起。

总之，《周易》是中国许多思想的源泉，历代对《周易》的注释数不胜数，思想家们都通过对《周易》的注释来发表自己的见解。

（二）道法自然——《老子》的智慧

三玄里面的第二玄，就是老子的《道德经》，即《老子》。《老子》的核心是自然无为，"自然"是强调尊重事物的本性，"无为"是强调不要以人的意志去干扰事物发展的方向，应该因势利导。所以，无为不等于无所作为，而是要积极地引导，是无为而无不为。

老子认为，如果遵循万事万物自然发展的规律，那所做的事情自然就会取得成功。而这种成功又不是那种有为的成功，不是通过干涉什么、改变什么得来的，而是自然而然得来的，谁都不会感到不舒服。而获得成功的人呢，也不居功自傲，正所谓"为而不恃，长而不宰"。

这种理念应该说和儒家是正好相反的。儒家强调礼教，或者叫作名教，因为礼里面主要规定了每个人的名分。名教认为为了社会的和谐，要克制自己很多自然的欲望，这本来是没有问题的，但是克制过度又会对人性造成伤害，所以在汉末就出现了许多假孝廉、假道学。

玄学家就提出，可以用老子自然无为的办法来调和名教和人的本性之间的矛盾，既尊重了每个人的个性，又能够稳定社会的秩序。所以，人们都把老子的思想看作既可以修身又可以治国的方法。

（三）逍遥游——《庄子》的精神

《庄子》也是道家的一部经典，但是《庄子》跟《老子》的思想有很大不同。《老子》是非常收敛的，《老子》里面有句话，叫作"将欲夺之，必固与之"，我要得到你的东西，就要先给你，这是以退为进。庄子则非常张扬，把自己的个性完全地展现出来，他追求的是一种无拘无束的逍遥。

怎样才能得到这种逍遥呢？庄子说要"齐物"，强调事物之间没有绝对的差异，所有的差异都是相对的。你说大，你大得不得了，还有比你更大的；相对于比你更大的，你又是小的，所以大小是没有实质区别的。因此，有的时候就可以有一种自我安慰，我小啊，可还有比我更小的呢，跟它比，我还大呢。我们常常讲中国人有一种阿Q精神——精神胜利法，很大程度上就是来自《庄子》。

到了魏晋玄学时期，有一位注释《庄子》的非常著名的玄学家，叫郭象。他就不太赞同庄子这种相对的说法。他说形象上的差异是要承认的，如果一眼看去，这一个是比那一个大，那就得承认这个事实，所以他主张承认事物外在大小的差别。

但是郭象也要"齐物"，怎么齐呢？他说事物内在是平等的。你说你身材高大得不得了，我并不需要羡慕你，如果我像你一样高大的话，做衣服还费布呢，还费钱呢。当然郭象不会举这样的例子，这是我举的例子。

郭象举的例子是：两只鸟，一只大鸟、一只小鸟，大鸟要吃很多东西才能饱，小鸟吃一点东西就饱了。但是大鸟没有必要羡慕小鸟，小鸟也没有必要羡慕大鸟。如果小鸟羡慕大鸟，也要多吃一点的话，可能就撑死了。

大鸟如果羡慕小鸟，少吃一点的话，可能就饿死了。所以郭象说"自足其性"就是逍遥，在满足"自足其性"上没有差异。只要适性，适合本性就是逍遥，不适性就不逍遥了。

同样的一些东西，通过后人的注释，就会发生变化。虽然中国文化重注释轻创作，但实际上注释里包含了很多创作。我们研究王弼的哲学，拿什么来研究呢？主要是根据他的《老子注》，玄学的思想就在里面。研究郭象的思想有什么材料？就是他的《庄子注》，他对庄子的解释与别人有很多的不同，刚才那个解释就不同。

又比如《庄子》里面讲逍遥，怎样才能逍遥呢？庄子强调的是"无以人灭天"，不要以人为的东西来改变事物的天性、本性。他举例说，牛、马本来是很好的，放开脚就在那儿跑，这是牛、马的天性。可是人给马套一个笼头把它锁起来，给牛鼻子上穿一个窟窿，套一个圈拽走，这就违背了牛、马的本性，这是人为的，跟牛、马的天性相对立。郭象一解释就不一样了，郭象说，穿牛鼻子、落马锁也是根据牛、马本性所设计的，是顺应它们本性的。反过来，你去穿马鼻子、给牛套一个笼头，行吗？不行的。

郭象由此证明，作为一个人，也必须遵守一些伦理道德的规范，这些规范其实也是人性所具有的、所需要的。这样一解释，跟庄子原来的意思相比就发生了变化。

所以，《周易》《老子》《庄子》成了中国整个思想文化体系里的根源性典籍。后来的人通过发挥书中的思想，来阐明各自的主张。

四、四书要义

到了宋代，又把四书——《大学》《中庸》《论语》《孟子》提升到一个很重要的地位。为什么呢？这有时代的背景。隋唐时期，人们都去信奉佛教或道教，对儒家的思想反而淡漠了。宋代的理学家因此受到触动，认为这都是因为儒家只讲具体的道德和行为规范，而没有一个很深奥的理论体系造成的，因此，他们就要为儒家寻找一个复杂的理论依据。

很快，他们发现，《礼记》里面的《大学》《中庸》两章，包含了许多深奥的道理，可以用来阐明儒家所遵循的道德规范的根据。所以他们把《大学》《中庸》单独拿出来，和《论语》《孟子》一起并列为儒家的根本经典。

（一）至善之境——《大学》

理学家通过考证，认为《大学》是孔子的弟子曾参所作，《中庸》是孔子的孙子子思所作，子思同时也是曾参的弟子，而《孟子》又是子思弟子的弟子孟子所作，这样就形成了一个完整的儒家传承系统。从时间上讲，《论语》第一，是孔子作的；《大学》第二，是曾参作的；《中庸》第三，是子思作的；《孟子》第四，是孟子作的，它们被统称为"四子书"。

但是从内容上讲，理学家又觉得，《大学》是入门书，因为《大学》还是讲具体的道德规范。《大学》讲什么？三纲领、八条目。

所谓三纲领就是《大学》里的第一句话："大学之道在明明德，在亲民，在止于至善。""明明德""亲民""止于至善"，这是人的三个最根本的追求，所以称为三纲领。

八条目呢？八条目就是格物、致知、诚意、正心、修身、齐家、治国、平天下。我们现在常常讲的"修身、齐家、治国、平天下"就是八条目的后半段。修身之前要做准备，准备什么呢？就是八条目的前半段：格物致知、诚意正心。

整部《大学》就是围绕三纲领、八条目来展开的。最高理想是止于至善，通过明明德，明自己的德性，然后不断地新民（原作"亲"，通"新"），就是让民众都能不断提升自己的道德品质，最后一起达到至善。

八条目的核心就是修身，前面的四个步骤是为了修身，后面是修身以后所要实现的三个目标。所以《大学》里面讲："自天子以至于庶人，壹是皆以修身为本。"不管天子也好，普通老百姓也好，都要以修身为根本。修身的目的是达到道德层面的自觉自愿。如果是被动的，就不能称为道德了，那是在法律制裁的威胁下遵守法律的问题。道德一定是出于自觉自愿，只有这样，才可能达到至善。从这层意义上来说，修身当然是最根本的。

（二）为人之道——《论语》

《大学》可以说是入门，然后又该怎样具体去做呢？这就有《论语》提出来的那些具体的道德规范作为参考。

《论语》的核心其实就是仁。因为在孔子所处的时代，按他自己的话来讲，是"礼崩乐坏"了。怎样来挽救这个礼崩乐坏的危局呢？孔子强调要通过人的自我修养来恢复对于"礼"这种规范的遵循。

孔子讲"克己复礼为仁"，即主动地克制自己的行为，使自己的行为符合礼的要求，这就是仁的意义。所以孔子提出来的仁是倡导一种道德的自觉。同时，如果具体来讲，仁又是分散在各个方面的。孔子回答什么叫仁，答案多得很。他根据每个人不同的特点，来告诉对方，什么叫作仁，通过仁来规范这个人的各种行为。

（三）完美政治——《孟子》

孟子又把孔子"仁"的思想进一步推演，成为"仁政"。仁，不仅仅是每个人自我修养时应当自觉遵守的规则，同时也成了治理一个国家的根本理念。

孟子认为，治理国家必须以礼乐教化，而不能用强制的、暴力的手段，要实行王道，而不是霸道。实行王道主要的措施就是要制民恒产。孟子认为，如果老百姓没有固定的而且有保障的财产，就不会有恒心，即"无恒产者无恒心"。没有恒心，国家就不会稳定。

制民恒产在当时讲就是给人民一定的土地，让他们拥有自己固定的财产。孟子常常想象着这个仁政的结果就是百亩之田、五口之家，小孩子有人抚养，老年人也有肉吃，并且不必担心遭强权剥夺。这样当然就是一个比较美好安定的社会了。

（四）最高的德——《中庸》

道德自觉了，政治安定了，就有了达到至善之境的基础。什么是至善呢？就是中庸。从孔子开始，儒家就认为中庸是最高的品德。孔子讲过，"中庸之为德也，其至矣乎！民鲜久矣"。中庸这种品德是最高的，老百姓能够这样去做的已经很少了。

《中庸》就着重探讨了中庸这种品德的内涵。中庸是什么样的德呢？它有两个根本的意义，一个就是中，即什么事情都要做到恰如其分，也就是要掌握一个度。中庸的庸是通常的意思，也是用的意思。所以中庸也可以反过来讲"用中"，即我们要"用"这个"中"，"中"可以说是一个常道。

在这个意义上，儒家还讲一个概念，叫作"和"。跟"中"一样，"和"也是恰如其分的意思。《中庸》里面有一句话叫作"喜怒哀乐之未发，谓之中；发而皆中节，谓之和"。喜怒哀乐表达出来了，而且恰如其分，乐而不淫，哀而不伤，这就对了。儒家还有句话，"礼之用，和为贵"，这个"和为贵"并不是说和和气气，这个"和"就是指用得恰如其分，过头了就虚假了；不足了，心意没到不够诚心，所以一定要恰如其分。这个分寸是很难掌握的，《论语》里面借孔子的弟子有子之口讲道："礼之用，和为贵……小大由之。"只要掌握这样一个原则，掌握这个分寸，那不管大小事情，都可以做到得心应手。所以，中庸也可以说是中国人的一个实践原则。

《中庸》的另一个根本意义就是"诚"。我们现在都在讲诚信，《中庸》就已经把"诚"这个概念提到了一个非常重要的地位。"诚"是什么？"诚者，天之道也。"天是最讲诚信的，"四时不忒"，四季不会错位，春天过去一定是夏天，夏天过去一定是秋天，秋天过去一定是冬天，这个规律是不会变的，这是天道，天道就是这样的诚。人呢？人就应该效法天的诚道，所以说"诚者，天之道也。诚之者，人之道也"。《孟子》里讲过："诚者，天之道也。思诚者，人之道也。"说法不太一样，但意思是一样的。

中国人非常强调以德配天，德配天地，这是最高的。孔庙里面写的就是"德配天地"。孔子了不得，他的德行可以跟天相配，什么地方相配呢？就是这个"诚"字。天人合一，其实讲的就是天人之间德的合一，也可以说是一种德行的天人感应。你的德行跟天一样了，天就保佑你，你德行达不到天的要求，天就不保佑你，所以人的品行跟天的品行是互相感应的。

人道应该向天道学习，天之道讲诚，人之道也要讲诚，以人道的诚之德去配天道的诚。《中庸》提出的这个诚的思想，可以说影响了整个中国文化的气质。

五、从根源性典籍入手，把握传统文化

到了宋代，中国的根本性典籍完全形成了：三玄、四书、五经。可以说，从中国本土的经典来看，以后的发展都没有离开过这些经典。不管是讲科学的也好，讲医药的也好，讲农业的也好，引经据典都离不开三玄、四书、五经。所以我前面就讲了，别看中国有那么多的典籍，汇总起来，都是有源可循的，就是这些根本性的著作。

随着汉末佛教的传入，也有一些佛教经典成为中国文化的重要组成部分，到后来，特别是隋唐以后，成了人们引经据典的一些基本素材。

明末以后，又有西方的一些东西传入，对中国的文化、思想产生了很大的影响，而且不断地融汇到中国的文化中。特别是鸦片战争以后，讲得再确切一点，甲午战争以后，有许多西方的经典对中国文化的影响是极深的。比如严复翻译的《天演论》，就是进化论，对中国的影响就很大，一直到现在还有很深的影响。进化论本来是讲生物演化的，后来又运用到了社会层面，在西方出现了"社会达尔文主义"。本来是讲自然进化的，讲物竞天择、适者生存，到了社会达尔文主义那里，就变成了弱肉强食，变成了强权政治、优胜劣汰。所以《天演论》实际上不是简单的所谓达尔文的进化论，它已经包含了社会达尔文主义的理论在里面。这种理论对中国的影响极大。

　　近代以来，在一代代的中国学人中间，其思想也在不断变化。最初严复、康有为这一代人，基本上是借用西方的一些理论或名词概念来诠释中国传统文化的一些思想和理念。之后的一代学人，就开始慢慢地用西方的理论体系重新构建中国的思想，用西方的价值观念来诠释中国的价值观念，使得中国文化本来的含义渐渐被消解了。逐渐地，中国文化越来越洋化了，失去了它原来的意义。最典型的例子就是中医西化，用西医的理论把中医本来的精髓一点点给消磨掉了。因此，现代人已经很难真正把握中国传统文化原来的含义了。

　　在这种情况下，我们更需要从源头性的典籍入手去体会中国传统文化，而不应该直接从现代人的诠释中去追寻。因为现代人的诠释已经很难把握中国文化的根本精神了。这就是我讲这个题目的目的——让我们，让更多的中国人都来重视这些源头性的典籍。只有从这些源头性的典籍入手，才能够慢慢地对中国本有的文化的精神，有一个重新的体悟和认识，才会有中华民族的伟大复兴，才会有中国梦的实现。谢谢大家。

　　（本文根据楼宇烈先生2014年4月23日在清华大学文科图书馆所做"中国人的文化精神"主题讲座拓展而成，核心内容原载于楼宇烈先生所著《中国的品格》，题目为编者所加。）

敬天法祖　尊师重道

——小学教育中的文化传承与教育之道

各位老师：

大家上午好！我听说今天在座的都是小学校长，你们身上责任重大啊！因为小学的教育，可以说是每个孩子人生道路上的一个重要环节，是他的基本行为准则养成的时期。

一、传统小学教育学什么

中国古代著名的教育家朱熹在给"四书"中的《大学》所作的序里讲到，我们传统的教育是八岁入小学，比现在似乎要晚一点，这个八岁是虚岁。朱熹将八岁到十五岁这个阶段叫作小学的教育。这个阶段学习什么呢？学的是"洒扫应对进退之节、礼乐射御书数之文"。

洒扫应对进退

我们先讲洒扫应对进退。洒扫，可以说是整理内外务。清代的朱用纯先生有一篇文章叫《朱子家训》。开头第一句就是"黎明即起，洒扫庭除，要内外整洁"。小孩子起来以后，要把自己的床铺整理好，把自己的房间整理好，把自己生活的周边环境整理好。这习惯要从小养成。我们现在的孩子，尤其是城市里的孩子，有很多是独生子女，基本上不懂什么是洒扫。这是第一个问题。

所谓应对，就是跟各个方面打交道。见父母应该怎样应对，见师长应该怎样应对，见亲戚应该怎样应对，见同学应该怎样应对。这里面不管是言语还是举止，都有很多的规矩要从小养成。从小养成这些习惯非常重要，因为习惯就会成自然，年纪大了以后，不用教他就知道，遇到比自己年纪长的，应该怎样去交流，去打招呼，跟自己年龄相仿的应该怎么样，比自己年轻的应该怎么样，碰到什么样的事情应该怎么样说话。

然后是进退。进退也是行为规范。从形式上讲，什么时候应该往前走，什么时候应该往后退？《孟子》里面有句话，叫作"徐行后长"。如果跟长辈一起走，你应该让长辈走在前面，你在后面慢慢地跟着。看到长辈往哪儿去，你就往哪儿跟，如果前面碰到一个坎儿，你要赶紧上去扶一把；到了门口了，你得紧走两步，去开门。这个是生活中的进退。

为己之学，洒扫应对进退之"节"

其实从小养成了这样一种习惯，做什么事情都要根据时机来把握什么时候该进，什么时候该退，就会应用到生活的方方面面中去，应用到为人处世和工作的各个方面去。"洒扫应对进退之节"中的"节"，是节点，是恰如其分、恰到好处的意思。做好洒扫应对进退，做到恰到好处，从小就要养成这个习惯。我们现在很多地方在读《弟子规》，其实《弟子规》是一部很好的书，里面教的就是洒扫应对进退之节。但是，这部书不是让我们来背诵的，不是说我们倒背如流、记住就行了，这是需要我们去做的，否则的话，养不成习惯，也无法形成他的人品，这就不是为己之学，而成了为人之学了。

《论语》里有一句话，"古之学者为己，今之学者为人"。我们传统文化强调为己之学，并不强调为人之学。所谓为己之学，就是不断地完美自己；为人之学，是显示给别人看的。为己之学，学了以后，就要来改变和提升自己。

先秦时期，著名的思想家荀子讲过，"君子之学也，以美其身"，君子学习是为了完美自身。他的学习是"入乎耳，著乎心，布乎四体"，从耳朵听进去后，把它记在心里面，然后落实到自己的行动上。这个是为己之学。为人之学呢？是"以为禽犊"。禽和犊，就是飞禽走兽，它象征一种财富，是显示给别人看的。学了很多以后，显摆给别人看。这种为学，是"入乎耳，出乎口"，耳朵听进去，嘴巴说出来。这两种学习方式是完全不同的。

学习《弟子规》，只是背诵，不就是"入乎耳，出乎口"吗？我们要把它记到心里面，并落实到行动中。我经常讲，《弟子规》不用背得滚瓜烂熟、倒背如流，你学一句，就按照要求去做一句，慢慢养成习惯，这对你将来的成人是有极大帮助的。

比如，"父母呼，应勿缓"，能做到吗？我们现在很多孩子，父母呼了半天，他都不答应一声。"出必告，反必面"，能不能做到？出去的时候告诉一下要到哪儿去，回来的时候，汇报一下我回到家了，让父母放心，能做到吗？"晨则省，昏则定"，早晚问个好，请个安，能做到吗？从《弟子规》的这三句话入手，孩子们如果去实践，能做到，那就没有白学。

沿着这个，学一句做一句，《弟子规》里面有上百条呢，全都能做到就不简单了，可以说是养成了很好的人品。等到孩子长大了以后，他就会受到人们的尊重和欢迎，因为好的习惯让他具备了很强的亲和力。

小学是一个人言行举止养成的重要时期，这个时候其实不需要讲很多的道理。懂道理和开发智力不一样，开发智力并不是说让他从小懂得多少道理，懂道理那是十五岁以后上大学的事情。"四书"里面的《大学》，讲的是"大人之学"，就是十五岁以后的人应该学的做人的道理。穷理，要去探索天地万物之理，探索做人之理，明白为什么人这样做才对，如何去跟人家交往，去研究这些东西。小学最主要的是学习洒扫应对进退之节，同时还要学习礼乐射御书数之文。

礼乐射御书数之文

"礼乐射御书数之文"的"文"，是指文事，就是我们所讲的文饰。所谓文饰，也就是各种各样的仪式。我们很多的礼仪，都是文饰的东西，也就是在我们的生活中，通过这些文饰来表达我们内心的情感，而其中最重要的，就是一种敬意，敬畏之心。情感要通过各种仪式来表达。

礼乐告诉我们，人与人之间应该行什么样的礼，什么样的人应该行什么样的礼，什么场合应该行什么样的礼，这都非常重要。礼乐之文是通过诗歌、舞蹈等形式表达出来的。

射御就是通过各种各样的现在称作体育活动的形式进行的文饰。射是射箭，御是驾车，可以说是一种体育活动。体育活动对于培养人的品格，也是很有意义的。就拿射礼来说，中国古代非常重视射礼，有乡射礼，就是社区聚会搞的活动。射礼就是射箭，形式很简单。为什么那么重视呢？这里面我们要学到一个道理。射箭，要正中目标——的。要射中这个"的"，先要对准这个"的"，身体必须站直站正，而要站直站正，一定要保持心态的正。心正才能身正，身正才能中的。我们所说的专心致志，也是这个道理。《孟子》里面讲过一个故事：弈秋下棋的时候，他要专心致志才下得好，如果老想着什么过来了，大雁过来了，分了心，就下不好了。射箭也是一样。心要专一、要正，身体才能端正、才能中的，所以射箭这个过程实际上是在锻炼人的心性，提醒自己做什么事都要专心致志。万一射不中，不要去怨这怨那，这个靶子是不是有点歪？往左边一点儿或往上一点儿，我不就射中了吗？不能这样，不要去怨箭、弓、靶子这些东西，要埋怨自己，反省自己。小小的一个射礼里面，包含了人生修养的道理。

最初的射礼到后来也有了发展和变化。我们都听说过投壶礼。射礼是拿弓来射箭，投壶礼是手拿着箭往壶里面投。我常常讲，这项活动已经延续到我们民间了，民间不是有套圈吗？从某种意义上来讲，套圈也是一种射礼，通俗化、民间化的射礼。我们不要以为套圈就是套个东西，它可以把做人的精神、品格贯穿进去。

书数。"书"，就是写字。文字是一个思想交流的工具，尤其是中国的汉字。我们的小学一定要帮孩子们把好写字关，字要写得正。中国人常讲，字如其人，从他的字里面就可以看出这个人的性格和品德。现在有些人不太讲究，认为把这个字画出来就行了，那叫画字，不是写字。写字有写字的法度，一笔一画，先竖后横，间架结构，都要讲究，从小就要养成。

再说"数"，数学的数。那是要求我们关心天文、地理等等，包括各种各样的术数。

小学教育应该是很丰富的。礼乐射御书数，被称为"六艺"，是中国传统文化中的六艺教育。六艺教育是跟前面讲的洒扫应对进退之节相配合的。六艺教育里面，其实包含了文艺——礼乐、武艺——射御、技艺——术数。六艺教育非常重要，属于基础教育。当然六艺教育也可以增加很多其他的内容，现在有人把茶道、花道也加进去，也是可以的。

总的来讲，儿童通过言行举止规范的学习养成良好的习惯，再通过文艺、武艺、技艺拓展自己的兴趣。少年儿童的教育，兴趣拓展是非常重要的一环。不要让他只有一个兴趣，要让他有广泛的兴趣，兴趣广泛了，拓展空间就大了。而且不用要求他每个兴趣都达到一个什么样的结果，结果不重要，重要的是让他产生兴趣。哪怕只有五分钟的热度也不要紧，说不定这五分钟就为将来埋下了种子。有了广泛的兴趣，孩子的思路才能拓宽，才有探索精神，有好奇心，都想去看一看，问一问。

二、传统文化中的教育理念和方法

我曾经给七宝阁书院题了四句话："教之以爱，育之以礼，启之以智，导之以行。"这是我个人对于少年儿童教育的期望。

"教之以爱"，爱的教育比知识的教育更重要，情商的开发，远比智商的开发来得重要；"育之以礼"，教育，就是要教之以爱、育之以礼，礼就是行为规范，是对自己的一种认识，对他人的一种尊重；"启之以智"，就是拓展学生各个方面的兴趣爱好；最后要"导之以行"，要引导落实到他的人生和行为中去。

中国是一个以教育立国的国家，教育是一个国家的百年大计。《礼记·学记》开篇就讲："建国君民，教学为先。"我们建立一个国家来管理民众，首要的任务就是教育。教育的目的并不是阐述一点儿知识，掌握一点儿技能，而是要通过教育来陶冶和改变人的性情，形成一个良好的社会习俗。

社会教育、家庭教育与学校教育

中国传统文化管教育叫什么呢？化民成俗。教育，就是教化，教化的结果是成俗。一个社会，如果通过教育形成一种良好的社会风气，大家都懂得尊老爱幼，都懂得做人要讲诚信，其实是不需要那么多的法律来维护秩序的。教育的目的、教育真正的力量，就在于形成一个良好的社会氛围，这需要我们大家共同努力。

其实，就整个教育来讲，无非三大块：一个是家庭，一个是学校，一个是社会。从一个人受教育开始，父母是第一任教师，尤其是母亲；然后是学校；而家庭和学校，又不能脱离社会。良好的家庭教育非常重要，但是如果没有一个好的社会教育环境来配合，良好的家庭教育也会受到冲击。孩子们走出家庭以后，掉到社会这个大染缸里去，没几天就淹没了。家庭教育跟社会教育环境是分不开的。

家庭教育跟学校教育又是紧密相关的。一般来讲，孩子上了学以后，他对于老师说的话、老师的行为会更加看重。在日常生活中，孩子们很少到学校里面说，我爸爸怎么讲的，我妈妈怎么讲的，却经常回家跟自己父母说，老师是怎么讲的。这就说明老师在孩子们心目中有很高的地位。从这个意义上说，老师的身教言教，应该是超过父母的。身为人师，一定要成为孩子们行为的模范。

北京师范大学的校训是"学为人师，行为世范"。学问可以做人们的老师，学为人师；行为世范，你的行动要成为社会学习的榜样、模范、范本，世就是社会。我想，我们每一个老师，应该本着"学为人师，行为世范"的目标来要求自己。中国历代强调父母老师，那是一个身教和言教的问题，而且是身教重于言教。

中国传统文化把怎样做人作为教育最根本的目标，教育的目的是教人怎样做人，养成一个完美的人格。但是近百年来，我们教育传统中的许多根本的精神以及优秀的方法被淡忘甚至丢弃掉了，受到现代的那种所谓科学的理念的影响，用一种标准化、规范化的理念去指导教育。

我们恐怕都听过"世界上没有两片相同的树叶"，连叶子都不能完全相同，人能完全相同吗？套用这个话，就是世界上没有两个完全相同的人。人跟人之间有智能的差异、体能的差异、兴趣的差异，这都是客观存在的事实，是不能标准化、规范化的。我们的传统教育历来强调"有教无类，因材施教"，充分尊重每个受教育者的天性，充分发挥他天性中所具有的专长，简单说就是引导他去做自己最想做、最喜欢做的事情。不能用一个刻板的、教条的方法。有些时候，标准化会扼杀孩子们的创造性。现在孩子的厌学问题很严重。为什么？就是因为他的很多想法，很多稀奇古怪的想法无法实现，孩子们的天性就是喜欢玩，可我们留给他玩的时间太少了，而且也没有从游玩中学到东西，我们认为游玩是学不到东西的。

三篇古文带来的教育启示

我曾经推荐中小学的老师去读三篇古文。我觉得我们做教育的，需要读读这三篇古文，它们是不是很有代表性我不敢说，但还是有相当的启发。

第一篇文章叫《种树郭橐驼传》。作者是唐代著名的古文大家柳宗元。这篇文章讲的是一个种树的老人，姓郭，因为驼背，人们叫他橐驼。他移栽的树，帮人种的树，长得茂盛，结的果实也多，大家都称赞他，推崇他，同样的树，请别人来栽，就没有他栽的好。于是人们就问他有什么诀窍，为什么他种的树长得那么好。他说自己没有什么特别的诀窍，就是顺着树的本性，树要根深叶茂，根深才能叶茂，叶茂才能结出好的果实。他种树的时候，一定要把树坑挖到适合树生长的深度，挖好了，把树种下去，填上土，浇上水，就让它自由地生长。他说他不像很多种树的人，种下去以后，今天来看看，觉得哪儿不行了，这儿挖挖，那儿填填，树皮上长了什么东西，赶紧拿工具去给它刮刮弄弄，一天到晚关心它，结果"名曰爱之，实则害之"。果树受到干扰，就长不好了。郭橐驼种树的诀窍就是，把树的基础培养好，让它自由地去生长。

人们听了，觉得很有道理，说这种树的道理能不能应用到我们的官吏治理百姓上呢？郭橐驼说他不懂，他没当过官，不懂这个道理。但是平时也有些体会，他村里的官长也有这样的问题：一会儿打钟了，说大家该起来了，该种地去了；一会儿又打钟了，说大家该吃早饭啦；一会儿又打钟了，说大家该送孩子上学去了；一会儿又打钟了，说该去采桑叶了；一会儿又打钟了，说该去缫丝了；一会儿又打钟了……他说老百姓不厌其烦。生活习惯上的东西，老百姓自己就能安排好，你何必去干扰他呢。

《种树郭橐驼传》告诉我们，什么事情都要尊重事物的自然本性，得有一个自然发展的环境。我们把这个基础环境构建好，让他自由地生长，有很多东西不需要我们去反复叮咛。现在很多人都是出于好心，对孩子百般爱护，结果弄得孩子反而丧失了兴趣，确实值得反思。

第二篇文章叫《训蒙大意》。作者是明代著名的思想家、教育家王阳明。蒙，蒙童、孩童的意思。《训蒙大意》，就是怎么样教育孩子。这里面讲到，孩子们的天性就是喜欢玩，因此，要尊重孩子们的天性，顺着孩子们的天性，不要去强迫他们干这干那。一味强迫，孩子们就会"视学舍如图狱而不肯入，视师长如寇仇而不欲见"，把学校看作监牢，把老师看作仇敌。所以，王阳明说，应当寓教于乐，通过孩子们喜闻乐见的方式，让他们学到应当学的东西，不要去违背他们的天性。

第三篇文章叫《病梅馆记》。作者是清代著名的思想家龚自珍。他有一首诗大家都很熟悉："九州生气恃风雷，万马齐喑究可哀。我劝天公重抖擞，不拘一格降人材。"这篇《病梅馆记》，我记得过去有的教科书里也选过。

龚自珍在《病梅馆记》里讲到，过去的人，认为长得曲曲歪歪、曲曲扭扭的梅花是美丽的，所以把梅花的枝条都用绳子捆起来，给它扭成各种各样奇奇怪怪的样子，以怪为美。他觉得这是违背了梅花生长的天性，所以他就建了一座病梅馆，把那些被扭曲了的梅花买来。买来以后就把它们枝条上面的绳索都解掉，让它们得以舒展生长，他说这才是梅花真正的美，自然的美，不能以扭曲为美。他在文章最后还很感慨，现在天下都以扭曲为美，梅花都已经变了形，都被扭曲了，我的经济力量有限，不能盖更大的病梅馆，把天下病梅都买来，让它们自由地生长，自由地绽放。

希望这三篇文章能给我们中小学的老师们带来一点启发。

我常常讲，人才不是培养出来的，人才是自然生长出来的，我们要做的是营造和提供一个让人才自由生长的环境。环境好了，人才自然就涌现了。

人才更不是我们用某一个标准评定的，不能说这就是人才，那不是人才。

我们有一个"钱学森之问"："为什么我们的学校总是培养不出杰出人才？"我经常讲，这其实不是一个真问题，不是说中国没有人才，也不是说中国没有培养出人才，而是我们认不认同这是个人才，我们对人才的标准是怎么界定的。

什么叫人才？什么样的才是人才？大学生是人才，硕士生是人才，博士毕业是人才，博士后是人才，留过洋的是人才？我们的标准就有问题。民间就没有人才吗？我们怎样来认识人才，怎样来认同人才？这才是个问题。我刚才为什么要念龚自珍的诗，"我劝天公重抖擞，不拘一格降人才"？只有不拘一格，我们的人才才能出来。我们老是拘于一格，合乎这个格的就是人才，不合乎这个格的就不是人才，那人才就出不来。

我们的传统文化中有大量的教育理念、传统、方法，都值得我们很好地吸收，而其中的核心就是培养一个真正的人，这是根本。

三、中国文化的百年沉浮

中国传统文化的断裂，大致可以追溯到一百年前的新文化运动。新文化运动起源于1915年，我们现在一般都会讲1919年的五四运动，那是新文化运动的一个高潮。这一百年来，我们在对待传统文化这个问题上所走过的历程，确实值得深刻反思。

救亡图存路上的自我迷失

一百年前，我们之所以走上对传统文化基本上可以说是彻底否定这样一条道路，跟我们一百多年来的历史有关。鸦片战争以后，国家陷入了存亡的紧急关头，沦为一个半殖民地国家，救亡图存是摆在国民面前的一个最紧迫的任务。我们进行了思考、努力。

当时的思想家、社会精英都认为，要想抵御外敌，也要像西方国家一样有坚船利炮，必须发展物质文明，所以就有了19世纪60年代开始的洋务运动。洋务运动就是希望在物质层面赶上西方，建立各种各样的制造厂，造枪炮、造军舰，发展工业。洋务运动搞了三十年，也取得了一些成就，比如我们的大机器生产开始建立起来了，造出了坚船利炮，也建立了一支相当强大的北洋水师。

可是一场甲午战争，让人们的幻想彻底破灭了。于是大家又开始总结经验，为什么我们的物质文明发展起来以后，还是比不过人家？哦，受到制度的束缚，因此必须配合制度的改革，于是就有了以后的戊戌变法、辛亥革命。戊戌变法是想走君主立宪的道路，没有走通。之后又想走共和制的道路、大革命的道路。从戊戌变法到辛亥革命，搞了两次制度改革。辛亥革命把君主制度推翻了，但是并没有建立起共和的民主制度，成果被军阀们篡夺了。不仅如此，军阀们还老惦记着要复辟君主制。前有袁世凯的复辟，后有张勋的复辟。人们又想到，中国人观念中的传统意识太强烈了，不破除它们，中国革命是不可能有前途、有出路的，为此必须清算我们的传统文化，这中间最核心的就是儒家思想。于是就打倒孔家店，彻底地批判封建的礼教，认为礼教吃人。

可以说一笔就把我们传统文化中的核心成分、核心观念给否定了。礼教吃人，吃人的礼教。恐怕到现在为止，在很多人的心目中，礼教还是很可怕的，礼教是跟我们的现代社会完全格格不入的一种文化。

经过了这一百年，可以说对于自己的传统文化，大家都失去了一种尊重和信心。

20世纪初，在这样一种形势下，再加上西方文化的迅速冲击，五四运动又树起了科学和民主两面大旗，大家对传统文化，都越来越觉得没什么可取的地方，中国的历史几乎成了一片空白。其中最突出的一个现象，就是认为中国人没有信仰，特别是没有宗教信仰。

全盘西化的现实

中国人没有宗教信仰，这种想法恐怕到现在为止，还是相当广泛地被认同。

什么叫宗教信仰？我听说圣凯法师来给大家讲了佛教。佛教在大家心目中，恐怕也是一种宗教信仰。可是，佛教这个宗教信仰跟基督教的宗教信仰是一样的吗？大概是不一样的吧。我们中国文化认同佛教是一种宗教信仰，而不认同儒家是一种信仰，是因为我们以西方宗教的某些特征作为一个标准，合乎这些特征的就是宗教，不合乎这些特征的就不是宗教。

我们以西方的基督宗教为代表，世界三大宗教里面，信仰基督宗教的人数最多，有三分之一以上的人口信仰基督宗教。

基督教的文化特征是什么？第一，信仰一个神。这给我们造成的印象就是有神信仰才是宗教，无神信仰就不算宗教。中国人强调的是无神论，破除的是对神的信仰，所以中国人没有信仰。中国人没有宗教信仰，再往前推一步，就变成了中国人心目中没有敬畏的对象。这就麻烦了。人心中没有敬畏的对象，那还了得？那不就可以随心所欲、胡作非为了？西方人为什么要说中国人没有宗教信仰，就是想把中国人塑造成一种胡作非为的模样。当然现在有了很大的变化，在改革开放之前或者刚刚改革开放的时候，你到西方去，人家都把你想成是长着犄角的怪兽，好斗。

所谓的没有宗教信仰，就是没有敬畏心。宗教就是强调要有敬畏。把中国人的文化说成没有信仰，特别是没有宗教信仰的文化，缺乏敬畏心。不光如此，别的有吗？科学有没有？当然没有，因为中国传统文化当中哪有科学？哲学有没有？也没有。没有宗教，没有哲学，没有科学，那你文化中还有什么东西？

这样一种文化，还能够让人尊重起来吗？还能让人民有信心吗？当然不行了。所以到了20世纪30年代，就有人公开提出，中国的文化要全盘西化，彻底地改变中国的文化才行。中国什么都不如西方人，连衣食住行都不如西方人，必须全盘西化。

就在这个时候，有十位教授联名发表宣言，他们是不同意全盘西化的。他们的宣言叫作《中国本位的文化建设宣言》，提出要建设本位文化。这个宣言的第一句话指出，在当今中国文化领域里面，已经见不到中国人了。我过去经常讲近代中国的思想问题，讲到这个时候，我就说那些人太夸大了。其实在20世纪30年代，在文化里面还能看到不少中国的东西、中国的元素，比我们现在要多得多。但如果把这句话拿到今天来讲，就差不多了。所以，这百年来，尽管有不少人不断呼吁，不断坚持，中国的传统文化不能断根，要继续继承发扬，但是整个社会的现实是一个全盘西化的现实，我们不能否认。

四、中国传统文化的根本精神

崇尚自然的文化基础

我经常讲一个问题：中国的文化是建立在一种崇尚自然的基础之上。

所谓自然，就是自然而然，本然，天然。尊重每个事物的本然。比如刚才我讲的因材施教，就是尊重每个人不同的智能、体能、性格、爱好。

我们现在崇尚什么？是人为。一切都要标准化、规范化，认为人可以改变一切，觉得这个人能做到的，那个人也可以做到，他没做到是因为他不努力。把一个成功的典型树立起来，似乎就觉得可以让人人都成功。事实上，成功者永远是少数。以成功学引导大家走上成功之路，是一条不归路，成功学是一门毒学。人人都有自己的成功之路，是无法标准化的。

我为什么要讲这一点？中国人崇尚自然，尊重自然，天地万物都是自然生成的，不是由某个造物主造出来的。生命是自然而然生成的，生命也是自然而然的才能够生存，生命的延续也是自然而然的延续。因此，我们中国文化探求的人与人之间的关系，重视的也是自然而然的关系。

我们中国有一个成语叫作天伦之乐。一个人能够享天伦之乐，那是人生的幸福。什么叫天伦？天就是自然，天伦就是自然的关系。天伦首先体现的就是家庭，家庭完全是一个天然的关系，家庭里面有父母子女、夫妇、兄弟姐妹。家庭里面，父母子女的关系融洽，夫妇的关系融洽，兄弟姐妹之间的关系融洽，那就是真正的天伦之乐。

父母跟子女，子女跟父母，关系都是自然而然形成的，不是强加的，是自然的关系。我们讲的五伦，君臣、父子、夫妇、兄弟、朋友，是把整个社会关系分成了五大类。这五大类里面，父子、夫妇、兄弟全都是家庭的关系，也就是自然的关系。这种自然的关系，就应该父慈子孝。

除了这三伦之外，朋友是社会群体之间或人与人之间一个必然的关系。一个社会，不可能是一个个体独立生存的，一定有各种各样的人，这就是朋友关系。最后是君臣。君臣关系，在我们过去看来，那都是封建的关系。君君臣臣，父父子子，封建的关系，好像是一个外在的关系，不是自然的关系。但是我们现在就没有这个关系了吗？任何社会，都逃脱不了领导者和被领导者的关系。我们且不说这一层，其实在中国文化中间，也努力地把君臣的关系、官民的关系，诠释成一种自然的关系——父子关系。所以君要称为君父，臣要称为臣子，官要称为父母官，老百姓要称为子民。父母官、子民，现在很多人不愿听这种话，觉得好像是封建关系似的。为什么要说成这样一种关系呢？就是要把它转变成一个亲人之间自然的关系。其实我更喜欢父母官这个称号，公务员是雇用关系，父母官才是亲人关系。我们老觉得亲人关系太私了，不够公，公务员多公啊，父母子女多私密啊。为什么还要叫父母官呢？因为父母子女的关系，完全是一种私密的自然的关系，在这里面恰恰能够体现一种最无私的精神。有哪个父母对子女不是无私地奉献，无偿地付出？有哪个父母对子女要求有回报，我是给你投资的，将来你是要回报给我的，有吗？我们不排除个别，有。前几年人民大学有个硕士毕业生，好不容易找到一份工作，工资3000多块钱，他的父亲大发脾气，我辛辛苦苦培养你，你当那么一个小职员，才挣3000多块钱，我白投资了。这个儿子一生气就跳楼了，多么可悲啊！这是不正常的。正常的亲子关系，父母对子女永远是无私的奉献。当然，子女对父母也要不讲条件地孝养。把官吏称为父母官，把百姓称为子女，就是希望能够构建出一种体现无私的奉献精神的关系。

　　荀子曾经说过"天之生民，非为君也"，老天爷生了好多百姓，不是为了君主；"天之立君，以为民也"，老天爷立这个君主，是为了老百姓。刚才徐老师讲的自己的孩子自己养，自己的学生自己教，自己的百姓自己管，不就是这个意思嘛。既然老天爷给你这个任务，你就应该尽心尽力把它管好。

　　我们常常不去思考蕴含在它内部的精神，就简单地否定，这是不对的。

当然，有人也可以来反驳我，说有很多父母不讲道理地管孩子。我们当然不提倡这个，这个选择在我们，在我们的理解，我们要发扬的是哪一种精神。其实，没有一句话，不可以从两个不同的角度去理解，有的永远是从负面的角度去理解，有的永远是从正面的角度去理解。我们不知道正面的理解里面也可以有负面的东西，负面的理解里面也可以有正面的东西。

大家都知道一句话，"人不为己，天诛地灭"，我们千百年来是怎么理解这句话的？我想我们绝大部分人是这样理解的：人总是要为自己的，为自己谋利，为自己的名利，不这样做，天地都要诛灭你。你看看，鸟都要为食亡了，人还不为财死啊？可是，如果刚才大家听懂了我讲的为己之学的道理，就知道这句话不是这样理解的。应该理解成：人如果不能通过学习来不断地完美自己的话，老天爷也不能容忍。一个人，如果不能不断地完善自己，而是不断地为了自己的私利去钻营，老天爷也不能容忍。这种对传统文化的误解还有很多。

"敬天法祖，尊师重道"的文化精神

其实，中国的礼就包括了我们根本的信仰问题。当我们把礼彻底地否定以后，中国人就变得没有信仰了，这个问题很严重。

中国人讲礼，有许多非常重要的内容。礼，它有很多形式上的东西，更多的是内在的精神上的东西，有很多的内涵。我们常讲，礼里面一个核心的东西，体现出的是一个敬。我们行个礼，不就是表示对别人的尊敬嘛。我们见了老师鞠个躬，就体现了我们对老师的一种尊敬。礼的核心是敬，有尊敬，有敬畏。对什么要有敬畏呢？对我们生命的本源要有所敬畏。

有人说哲学家老是爱问，我从哪里来？要到哪里去？北大流传的一个

笑话，说北大的门卫个个都是杰出的哲学家。为什么呢？你要进门，他首先问你："你从哪里来？"然后又问："你到哪里去？"是不是哲学的问题？当然这是开玩笑。但古时候的人确实也在不断地思考。西方人思考了很久，说人类是上帝创造的。世界上有个造物主，他创造了万物也创造了人类，他赋予了人类每个个体以生命，还给了他灵魂，离开了上帝，还有我们吗？没有啊！我们还能生存吗？不能啊！我们的灵魂还能得到拯救吗？不能啊！好了，这个上帝是最根本的，我们不能违背上帝，要敬畏上帝，上帝时时刻刻在看着我们呢，我们不能做违背上帝的事情，要不然死后灵魂会下地狱。所以，敬畏心，就在不忘本、感恩这样的基础上建立起来了。

我们中国人是通过礼，来探求万物从哪里来、人从哪里来，从礼、礼教里面来寻找我们生命的本源。在中国人的心目中，生命都是自然而然生成的，天地生万物，天地是阴阳之气，相合就有了万物。"天地合气，万物自生"，所以"天地者，生之本也"，天地是一切生命的本源，不能忘本。天地生万物，又有各种各样的物，每一类的物都有它自己的源头，就是祖先。

中国人讲究生命是一代一代延续的，不是今天上帝造一个明天上帝造一个，而是一代一代相延续的，是从祖先延续下来的。所以"先祖者，类之本也"，先祖是一类的本。

这两个本是不能忘的。天地者，生之本也；先祖者，类之本也。礼告诉我们不能忘本，所以我们要祭天祭地祭祖，我们要敬畏天，敬畏祖。

而作为人来讲，人跟其他的生命不一样，人是有思想的生命，是万物之灵，不是一般的生命。一个人生下来，如果把他放到狼群里去，他将来就成了狼孩。我想大家也看过狼孩的纪录片，他不懂得人道，不懂得怎样做人，跟狼一样。人本来就具有动物性的一面。但是人是脱离了动物性的一种生命，人要懂得做人的道理。

怎样才能懂得做人的道理？接受教育。教育的根本是教人怎样做人。你不懂得做人，本事再好，也只不过是为你的肉体而活着。因此要懂得做人的道理，要接受教育。通过谁教育？就是刚才讲的父母、师长、国家。所以，礼里面还强调第三个本，叫作"君师者，治之本也"。君就代表国家，师就是老师、师长。这个师长当然也是广义的，从父母到各级学校的老师。这就形成了中国人对于天地万物生命源头的认识，中国人不能忘掉这个。

自古以来中国人就有一个信仰，天地君亲师。现在我们很多老宅子里面还能看到"天地君亲师"的牌位。有些地方，把君改成国，天地国亲师，也是对的，君就是国的意思。其实，理解了内涵，改不改都无所谓。传统就是天地君亲师，这就是中国人的信仰，也可以说就是中国人的宗教信仰。

西方人碰到什么事情，高兴的也好，痛苦的也好，一张嘴就是"Oh! My God"。中国人一张嘴："哎呀，我的天哪。"所以中国人讲，人在做天在看。敬畏的是天，敬畏的是祖先，怎么能没有敬畏？你对得起天地良心吗？仰不愧天，俯不怍地。做人对得起天地，对得起自己的良心，对得起自己的祖先，这就是中国人的敬畏心。如果我们把这些都丢掉了，那就真是没有信仰了。不是中国传统文化中没有信仰，而是我们现代人把传统文化中的信仰给丢弃了。

把这个信仰归结一下，就是八个字："敬天法祖，尊师重道。"我们中国人现在如果能够恢复到"敬天法祖，尊师重道"，我想我们传统文化的重构就可以说达到目的了。我们要效法祖先，祖先是我们学习的榜样。"敬天法祖，尊师重道"，是中国传统文化的精神。尤其是我们搞教育的，如果能够把这八个字的内涵让我们的学生牢牢记住，那中国文化的根就断不了。

五、中华优秀传统文化的回归与传承

曾经有人问我对中国传统文化的现状有什么看法，我总结了四个大字：失魂落魄，或魂飞魄散。

失魂，我刚才讲的那八个字，就是魂；魄就是我们的行为，而魂就是我们的精神。魂丢了，我们外在的各种行为也不讲究了。举手投足，大家都不知道该怎么做了，什么场合应该怎么样，大家也都忘了。本来中国是世界上出了名的礼仪之邦，可是现在你到外国去，找中国人是最好找的，在公共场合说话声音最大的多半就是中国人，好多人不顾场合地高声喧哗。一个礼仪之邦竟然成了这个样子。落魄，失魂落魄，魂飞魄散。

现在，很多人要重建中国文化，怎么重建？这是很艰难的。我觉得我们要一点一滴地做起。我开始提到的《弟子规》，是我们从小养成言行举止习惯的一种教材。我们不提倡让大家去背诵，而是要一条一条地去做，从小养成习惯。

敬畏自然，以天为则

我们应该怎样努力让大家恢复"敬天法祖，尊师重道"的灵魂和精神？天就是我们的大自然，中国人是最敬天的，要向天地学习，我们人所有的德行都是从天地万物学来的。我们是怎样称颂一个圣人的？我们到孔庙里看一看我们是怎样称颂孔子的？两句话，一句话是"万世师表"，他让我们世世代代都要向他学习，为人师表；还有一句话是"德配天地"，孔子的德行可以和天地相匹配相并列。

天地是无私的、广大的、包容的，无所不容，无所不包，"天无私覆，地无私载"，它长出来的东西没有重样的，可是它又是同样地去看待它们。不是说我喜欢这个，我就在天上盖着你，我不喜欢这个，我就不盖你，地也没有说不喜欢你就不载你了。天地是最无私的，心胸是最广大、最包容的，而且不是去主宰它，是让它自由生长，"生而不有"，"长而不宰"。

天地的德行是我们学习的根源。天地的诚信，一年四季正常运转，春生夏长秋收冬藏，万物才能够生生不息。天地如果不讲诚信的话，万物能生长吗？今年春夏秋冬了，明年变成夏春秋冬了，后年又变成春冬秋夏了，万物还能生长吗？所以"诚者，天之道也；诚之者，人之道也"。中国人是按照天道去做事的，中国人最尊重的是天。天并不是一个有意志的造物者，而是万物自然的本源。这个理念跟西方宗教的理念是不一样的，但从根本上又是一样的，是不忘本，要感恩，在这个精神上是一样的。

所以，不能说信仰一个造物者就是有宗教信仰，我们信仰一个自然的天，就不是信仰。我们不能做违背天地良心的事情，就不是一种信仰？我们不能随意地去支配天地，随意地让天地来符合我们。人应该顺从自然，要去适应自然，不能反过来要自然来适应我们。我们现在创造所谓的环境，让自然来适应我们，还自认为有多了不起。人是了不起，现在几乎无所不能，想做的大概都做得到。但是，人的力量再大，也只能局部地让自然去服从你，整体上人还是要永远服从自然的。

我们现在过得很好，比如说空气质量不好，我们买一个空气净化器，往屋里一搁，空气立马就干净了，不得了，我们还扬扬得意。可是我问大家，你能永远待在这个房间里不出去吗？一想到这个，空气清新对你就毫无意义了，反而会增加负面作用。为什么？当人适应了这个局部环境，就适应不了大环境。整体的变化是没有办法抗拒的，你只能想办法去适应它。

昨天碰到一个从日本回来的朋友，他说日本现在是过敏期，马路上大家都戴着口罩。三年前我在日本待了半年多，赏樱花，高兴极了。大家坐在樱花树下唱歌喝酒。在那之前，我看电视上报道说，日本樱花开放的时候，容易引发过敏，人人都戴着口罩，我还不相信呢。大环境就是这样，人能怎么办呢？网上还报道了一个消息，说日本首相安倍也过敏，他有点生气，国会里面也有很多人质疑，于是他要下令全部砍掉在日本造成过敏源的杉树。可不得了了。这你能抗拒吗？如果说要死抗拒的话，我说是反面抗拒的话，人必须清楚地认识这一点，人类不要再去干预自然的变化了，这样才能够不断地去适应它。

我经常讲，我到北京已经整整 60 年了。60 年前我到北京的时候，西郊地区流水潺潺。这个流水潺潺形容的，不是河流的流水，而是地下的泉水，清泉水。京西原来是种清水稻的，现在已经见不到了，地下水枯竭了，泉水枯竭了。原来不仅种水稻，还种藕，种荸荠，种慈菇，种茭白，很多水生的植物都有。现在看不到了，能看到的都是水泥林子。

人的能量是很大，可是我们要尊重自然。中国人的敬天，我认为是最重要的。既然你要敬天，你怎么能够随意去破坏天呢？

慎终追远，民德归厚

大家问学习传统文化该怎么入手。我想我们如果能把整个社会，把我们脑子里的这两个意思归拢起来，就是"敬天法祖，尊师重道"。这个其实说难也难，说易也易。这个本来就是中国的传统，现在丢失了，而且可以从我们身边做起。我们的祖先就是我们的天，我们要尊重祖先，先从孝亲开始，从孝顺父母开始。我们每家每户都能够从孝敬父母开始，到父母离开的时候，我们要慎终，然后我们不忘祖先，有些节日的时候，比如清明节，大家要去祭祖。"慎终追远，民德归厚矣"，民风就会为之一变。

我们现在的问题就是大家不孝，不敬祖先，要把慎终追远的风气恢复起来。慎终追远不是吃吃喝喝，现在我发现婚礼有车队，丧礼也有车队，特别是在南方。我们少摆点车队，多来点慎重的严肃的礼仪，这样的话我想这种风气应该也可以比较容易恢复，因为这都是出于人的天性。天性就是自然，中国人一讲到自然，就讲天，天性、天命、天道、天理、天然、天成，都是天，自然的，出于人的自然的本性。只要我们把他的本性启发出来，把他的良心良知启发出来，应该是可以逐步恢复的。这就需要我们现在的人认识到，我们做家长的、做老师的，需要身体力行。

文化回归，任重道远

现在我们的担子很重，也有很多难题。我们也开始一点一点地有所认识，过去可能把我们敬天地的思想看作落后的、封建的，现在看科学的发展其实也在回归我们传统的对世界的认识。传统中我们对万物有一个整体的认识，现在的科学也在回归这种观念，并不是把人和万物隔离开来、对立起来。我们现在也越来越认识到，人并不是一个外在世界的消极反应的工具，而是积极参与到万物运行的变化之中。人不是旁观者，而是参与者。这个跟我们的传统文化是有关系的。

我们在座的也一定都学过一点哲学，好像我们探求的问题是先有物质还是先有精神。精神是物质的产物，好像哲学应该研讨这些问题。其实这是一个很普通的常识问题，连身体都没有了，还有什么思想呢，这还需要问吗？

中国哲学不讨论这些问题，讨论什么？讨论的是我们人的精神，跟这些物质现象碰在一起了，各自会发生什么样的变化。不是说先有你后有我还是先有我后有你的问题，而是我们在一起了，你有什么意义，我有什么意义。

我们经常拿心和物来比喻。先有心后有物，还是先有物后有心，这是西方哲学很重视的一个问题。中国哲学讨论的是心物在一起的时候，心发生了什么变化，物发生了什么变化。心没有跟物发生关系的时候，没有跟物在一起的时候，物是物，心是心，不搭界，存在对于我来讲，意义不大。这就是从个体来讲的。从整体来讲，不是我个人，是人类，人类和整个世界，这个整体永远离不开，你也离不开我，我也离不开你，所以没有物在前心在后的问题。

现在我们很多的思维方式要发生变化。我们不要以为逻辑推理的就一定正确，前提错了，全盘皆错。任何科学的理论都是建立在假设的前提之上的，有的时候不能只靠逻辑推理，还要靠我们的直觉感觉，所以直觉直观也不是无效的，不是毫无意义的，有的时候可能它的意义更重要。

现在的科学已经开始认识到，通过有逻辑的科学的实验的方法认识世界，跟通过直觉的直观的体悟的方法认识世界，是人类认识世界的两条并行的道路。我们过去都会否定后者，肯定前者，事实上这两条道路是并行不悖的，它们有相同的认识世界的意义。所以，我们对传统文化中整体的、模糊的、非线性的、随机的认识世界的方法，不能够简单否定，要重新树立起对我们传统文化的信心。

当然，这中间首先要有尊重。回到根子上讲，我们要尊重我们的老祖宗！五千年的文明，三千多年的有文字记载的历史所创造的文化，是我们的宝贵财富。我们中国文化永远是敞开胸怀去接纳全人类的各种优秀文化，但又始终坚持自身文化的主体意识。只要我们坚持文化的主体意识，那么外来文化就是对我们有益的营养。如果把文化主体丢失了，我们只可能成为其他文化的附庸。因此，这一百年来，值得我们总结的经验教训，就是我们的文化主体意识的丧失。

我常常拿一个例子作为教训，就是我们的中医。六十年前，毛主席提出来，中西医结合，西医学中医，中医学西医，中西结合，取长补短。但是我们在实践的过程中逐步把中医的主体意识给丢了，不光是精神丢了，手段也丢了，就成了现在这个情况。

很多人说，我们现在去中医院看病，有多少中医理念下的诊断方案呢？没有了。中医的理念是望闻问切四诊法。我们现在去了中医院，怎么诊断？化验，透视，B超，CT，超声波，去做这些，然后也是根据这些化验检查的数据来诊病。所以我说中医真的是失魂落魄了，这是教训啊！我们把中医的这套理论看作落后的、不可取的，只有西医的那一套才是科学的，手段才是准确的，丧失了主体。中医院把中医两个字去掉，跟西医是一样的。

我们的教育，我们的学术，也存在同样的问题，有的可能比中医的现状还要严重，有的可能比中医稍微好一点。只有在坚持文化主体意识立场的基础上，去吸收外面的东西，才能够丰富和发展我们自己。这里面的很多问题是值得我们认真思考的。新文化运动过去一百年了，我们是不是应该有一个回归呢！

随心所欲地讲了一些，有不对的地方请大家批评指正，我就讲到这里。谢谢大家。

附　楼宇烈先生讲座中推荐的必读文章

种树郭橐驼传

唐·柳宗元

郭橐驼，不知始何名。病偻，隆然伏行，有类橐驼者，故乡人号之"驼"。驼闻之，曰："甚善。名我固当。"因舍其名，亦自谓橐驼云。

其乡曰丰乐乡，在长安西。驼业种树，凡长安豪富人为观游及卖果者，皆争迎取养。视驼所种树，或移徙，无不活，且硕茂，早实以蕃。他植者虽窥伺效慕，莫能如也。

有问之，对曰："橐驼非能使木寿且孳也，能顺木之天，以致其性焉尔。凡植木之性，其本欲舒，其培欲平，其土欲故，其筑欲密。既然已，勿动勿虑，去不复顾。其莳也若子，其置也若弃，则其天者全而其性得矣。故吾不害其长而已，非有能硕茂之也；不抑耗其实而已，非有能早而蕃之也。他植者则不然，根拳而土易，其培之也，若不过焉则不及。苟有能反是者，则又爱之太恩，忧之太勤，旦视而暮抚，已去而复顾，甚者爪其肤以验其生枯，摇其本以观其疏密，而木之性日以离矣。虽曰爱之，其实害之；虽曰忧之，其实仇之，故不我若也。吾又何能为哉！"

问者曰："以子之道，移之官理，可乎？"驼曰："我知种树而已，官理，非吾业也。然吾居乡，见长人者好烦其令，若甚怜焉，而卒以祸。且暮吏来而呼曰：'官命促尔耕，勖尔植，督尔获，早缫而绪，早织而缕，字而幼孩，遂而鸡豚。'鸣鼓而聚之，击木而召之。吾小人辍飧饔以劳吏者，且不得暇，又何以蕃吾生而安吾性耶？故病且怠。若是，则与吾业者其亦有类乎？"

问者曰："嘻，不亦善夫！吾问养树，得养人术。"传其事以为官戒也。

训蒙大意

明·王守仁

古之教者，教以人伦。后世记诵词章之习起，而先王之教亡。今教童子，惟当以孝、弟、忠、信、礼、义、廉、耻为专务。其栽培涵养之方，则宜诱之歌诗以发其志意，导之习礼以肃其威仪，讽之读书以开其知觉。今人往往以歌诗、习礼为不切时务，此皆末俗庸鄙之见，乌足以知古人立教之意哉！

大抵童子之情，乐嬉游而惮拘检，如草木之始萌芽，舒畅之则条达，摧挠之则衰痿。今教童子，必使其趋向鼓舞，中心喜悦，则其进自不能已。譬之时雨春风，沾被卉木，莫不萌动发越，自然日长月化。若冰霜剥落，则生意萧索，日就枯槁矣。故凡诱之歌诗者，非但发其志意而已，亦所以泄其跳号呼啸于咏歌，宣其幽抑结滞于音节也。导之习礼者，非但肃其威仪而已，亦所以周旋揖让而动荡其血脉，拜起屈伸而固束其筋骸也。讽之读书者，非但开其知觉而已，亦所以沉潜反复而存其心，抑扬讽诵以宣其志也。凡此皆所以顺导其志意，调理其性情，潜消其鄙吝，默化其粗顽。日使之渐于礼义而不苦其难，入于中和而不知其故。是盖先王立教之微意也。

若近世之训蒙稚者，日惟督以句读课仿，责其检束而不知导之以礼，求其聪明而不知养之以善，鞭挞绳缚，若待拘囚。彼视学舍如囹狱而不肯入，视师长如寇仇而不欲见，窥避掩覆以遂其嬉游，设诈饰诡以肆其顽鄙，偷薄庸劣，日趋下流。是盖驱之于恶而求其为善也，何可得乎？

凡吾所以教，其意实在于此。恐时俗不察，视以为迂，且吾亦将去，故特叮咛以告。尔诸教读，其务体吾意，永以为训。毋辄因时俗之言，改废其绳墨，庶成"蒙以养正"之功矣。念之念之！

病梅馆记
清·龚自珍

江宁之龙蟠，苏州之邓尉，杭州之西溪，皆产梅。或曰："梅以曲为美，直则无姿；以欹为美，正则无景；梅以疏为美，密则无态。"固也。此文人画士，心知其意，未可明诏大号，以绳天下之梅也；又不可以使天下之民斫直、删密、锄正，以夭梅、病梅为业以求钱也。梅之欹、之疏、之曲，又非蠢蠢求钱之民，能以其智力为也。有以文人画士孤癖之隐，明告鬻梅者，斫其正，养其旁条；删其密，夭其稚枝；锄其直，遏其生气，以求重价，而江、浙之梅皆病。文人画士之祸之烈至此哉！

予购三百盆，皆病者，无一完者。既泣之三日，乃誓疗之：纵之、顺之，毁其盆，悉埋于地，解其棕缚；以五年为期，必复之，全之。予本非文人画士，甘受诟厉，辟病梅之馆以贮之。

呜呼！安得使予多暇日，又多闲田，以广贮江宁、杭州、苏州之病梅，穷予生之光阴以疗梅也哉！

（本文是 2015 年楼宇烈先生在"清华大学——烟台市小学校长优秀传统文化传承与国学经典教育实践课程研修班"上的讲课实录，题目为编者所加。）

大学之道

各位老师、各位同学：

今天我非常荣幸，来参加我们清华大学 105 周年校庆的系列活动，这几年我连续到清华来参加了几次活动。刚才提到了梁启超先生的《君子》演讲那篇文章，前年《君子》演讲 100 周年纪念的时候我记得我也来了，讲过一次《君子之风》，今年徐林旗老师给我一个题目，说讲讲大学之道。

什么是大学之道呢？简单说就是今天我们的大学应该遵行什么样的道德的问题。《大学》是我们的传统文化经典，特别是儒家文化中的一个经典。中国传统文化有一些根源性的典籍，其中最主要的就是"四书五经"，《大学》是"四书"之一。讨论大学之道，自然离不开《大学》这篇传统的经典。

应该说，我们今天的教育出现了许多偏差，很多人对我们今天的教育有很多意见，从基础教育一直到高等教育也逐渐暴露出这样那样的问题，大家都在探讨反思。如何看待今天的问题，我想最好的方法就是拿古代来做一面镜子照一照，看看能不能从里面找到对改进我们今天的教育有所启迪的东西。有一句古话叫"观今宜鉴古"，看今天的问题，最好的方法就是看看古代有些什么经验、教训。

　　《大学》这篇文章，相传是孔子的弟子曾参写的，里面说大学就是大人之学，宋代的理学家"二程"和朱子都非常重视这篇文章。《大学》也是留存至今的、阐述为学次第的一篇重要文章，它告诉我们应该学习一些什么东西，而"四书"的《中庸》又告诉我们应该怎样学习，如果能够把这两者结合起来，将会对我们今天的学习有很多的启发和帮助。

一、"小学"中的大"学"之道

　　古代人学习有个次序。朱熹讲"大学"是大人之学，相对"小学"来讲，它就是一个成人的学习，但这个成人不是一般意义上的成人，指的是学习中间的成长。朱熹在《大学章句》的序里面讲到，我们古代的教育大致可以分成两大阶段，第一个阶段，从八岁到十五岁，也称为小学，是跟大学相对应的。在这个阶段学习一些什么内容呢？他说得很清楚：学"洒扫应对进退之节、礼乐射御书数之文"。八岁到十五岁，差不多相当于我们今天的九年义务教育，八岁到十五岁是七年，我们现在的义务教育是九年。我们现在的入学年龄比较早，到十五岁差不多是初中毕业、升高中的时候，这个阶段学习的东西是非常重要的、是打基础的。

洒扫应对进退之节

　　洒扫应对进退之节，这个节是关节、节点的意思，就是正好在这个点上。洒扫是我们日常生活中应当学习的很多规矩。我们如果读过清代的《朱子家训》，就知道它开头第一句是"黎明即起，洒扫庭除"，整理我们的内务和庭院环境，从小要养成这个习惯。这个习惯养成了，孩子们也就具备了基本的独立生活的能力。现在社会有一些现象让人很伤感，我们很多大学生，上了大学还要母亲陪着来给他叠被子，这就是我们没有从小培养他一种独立生活的能力。

应对，就是怎样跟人交往接触，学会见了父母应该怎样说话和做事，见了长辈应该怎样说话和做事，见了比自己年龄小的应该怎么说怎么做，见了比自己年龄大的应该怎么说怎么做。这些最基本的礼仪、与人交往的能力，需要从小培养。

进退这个方面，简单来讲，就是我们走路是走在前面还是走在后面的问题。《孟子》里面有一句话叫作"徐行后长"，告诉我们：做孩子的，应该慢慢地走，走在长辈的后面，不能够抢在前面走。当然了，如果要进一个门，你就要紧走两步去帮长辈开门，或者长辈要跨门槛，你去扶一下，这些是最基本的礼貌。

应对、进退，如果扩大一步来讲，就是说什么事情该做、什么事情不该做，什么事情应该做在前面、什么事情不能够抢在前面，这是基本的礼仪。"洒扫应对进退之节"是要让人们从小养成一些最基本的生活能力和应对事情的规矩。习惯成自然，如果从小就养成这些习惯，那么长大后做起事来一点也不会感觉到别扭、做作，而是发自内心的，觉得就应该这样做，成了一个自然法，也就是我们做人最基本的应当遵守的一些言行举止规范。

这些东西养成了，就给我们打好了一个礼仪德行的基础。最近我常跟我的学生们讲：我们总自称我们中华文明是华夏文明，我说华夏文明是什么含义呢？什么是华？什么是夏？当然了，从源头上来讲现在有很多很多的解释，我说我讲华夏文明，不是去追寻这两个字从哪里来的、历史是怎么演变的，我是讲这两个字的文化内涵。大家可以去查一下，我们最早的一部字典——《说文解字》，它的解释是：华者，美也；夏者，大也。大在何处？礼仪之大；美在何处？服章之美。

华夏文明，它就体现了我们的礼仪之大、服章之美。用这样的意义来认识我们的华夏文明，看看今天，我们的礼仪之大还有吗？我们的服章之美还剩多少？今天这样的现状，我们还自称华夏文明，我觉得应该感到惭愧。

文明的习惯需要从小养成，所以朱熹才讲，八岁到十五岁算是小学教育，是基础教育，无论是王公大臣的子弟还是庶民子弟都要接受，这跟他后来讲的"大学"的对象是不完全一样的。"大学"教育的对象，是由王公大臣的子弟和平民百姓的"俊杰"部分组成。大学已经不是一个普及的教育。我们华夏文明"礼仪之大"，靠的就是从小培养起来的习惯，我们一举手一投足就在礼仪规范里面，所以我们才能称得起是华夏文明子孙。现在常常能听到人们对我们的冷嘲热讽，我们自称是"礼仪之邦"，可现实是我们已经礼仪尽失了。我想，应该从小学的教育入手的。

礼乐射御书数之文

后面的是礼、乐、射、御、书、数，这是我们经常讲的儒家提倡的"六艺"。"六艺"里边，礼、乐是各种各样的仪式中、各种各样的场合下的仪式规范活动，它包含的内容很丰富，有诗歌、音乐、舞蹈等等，而且贯穿于我们各种各样的日常活动中间，是一种文饰的表现，这才叫作礼乐文化。如果拿现在的概念来讲，礼乐就相当于我们的文艺，文学艺术。

射、御，射箭、驾御。御可以说是骑马也可以说是驾车，一般我们说驾车。射、御，可以看作体育活动，但也不能看作单纯的肢体活动，这里面还包含了相当丰厚的文化内涵。特别是"射"，它是用来培养心性的。射箭，你要射中目标一定要身正，身体得站正了；要身正呢，必然要心正，如果胡思乱想、心不在焉的话，身能正吗？心不正身就不正，要射中"的"也不可能，所以通过射可以培养我们的心性。特别是当你没有射中"的"的时候，该怎样来看待这件事情？去埋怨这个靶子放得不对，说如果把它往上放或往下放、往左边放或往右边放你就射中了，如果这样想的话，你的心就不正了。这个时候应该反躬自问、反求诸己：我当时是不是没有集中精力？我的身体是不是没有站住、站稳？这也是中国文化非常重要的特色——遇到事情不要去怨这个怨那个，要自我反省。相对于前面的礼仪"文艺"来讲，这个射、御也可以称为"武艺"。

最后两个，书、数，也可以称为"技艺"。"书"是"六书"，是讲汉字的形成以及使用方法。这个"书"就是要求我们认认真真地认识汉字的特点、功能，以及如何书写。书写非常重要，我一直跟我们的学生讲，汉字是伟大的文字，在全世界是独一无二的。我们常常讲，中华文明不仅源远流长，而且延绵不绝，世界上的几大古文明都出现了中断，唯独我们中华文明没有出现中断，为什么？我想其中最根源的就是我们的文化载体——汉字，它没有中断，汉字一直保持形、音、义三层。我们看许多文字后来走了拼音的道路，也就是表音，通过表音来表意，而没有这种象形，于是不同的语音、语言之间很难交流，你听不懂我说的话，我也听不懂你说的话。但是，中国尽管有成千上百种方言，可并不妨碍地区间的思想文化交流，可以通过汉字写出来——尽管也是我们听不懂你们的、你们也听不懂我们的。历史虽然在变迁，但我们的汉字没有断根，它的象、它的形没有被抛弃，自古至今的文献中的文字没有变，所以我们今天的人能博古，而在西方，我们看到很多古文字今天的人读不了，这是汉字的伟大！从"六书"中可以追溯汉字从象形，到指事，到会意，到形声等的构成方式，以及它的结构、书写。现在很多人误以为，我们汉字的文化传承、交流的功能已经可以用计算机打字来代替了，不用书写了，汉字书写就是一个艺术欣赏了，错啦！我们每个人还是要学写汉字，不要像现在很多人，提笔就忘字，为什么呢？只会用拼音了。我曾经讲过：拼音只是用一个标准的发音来表述我们的普通话，我们现在设计的拼音文字，是无法来表述我们方言的，很多方言是无法用拼音拼出来的，而我们的汉字可以把你所要表达的意思书写出来。这个"书"，为什么在"六艺"里面有那样的地位？书法书法，就是指我们书写的法度，书写要按照一定的法度，上下结构，左右结构，从哪儿起笔，到哪儿落笔，都是有笔顺、笔序的。我说有法自有美，无法就没有美了，我胡乱画一串就有美了吗？所以"六艺"要求我们，从小就要学好汉字、写好汉字。

"数"是数学的数，也是术数的数，上知天文、下知地理，我们的时令节气，也可以说包括了风水、历法等等。这个星期一的课呢（注：每周一下午，楼先生在北大为学生们解惑答疑），有一位同学问了我一个问题，他问：中国古代人很重视月令，月令就是指季节、气候的变化，是农业时代的、农业文明时代的产物，今天我们是工业文明、信息时代了，月令还有什么用？我觉得现在的人们把我们月令的历史意义看得太浅薄了，以为就是为了农业生产，我说别忘了，我们人也生活在大自然中间、天地宇宙之间，我们人能够回避月令吗？能够回避一年四季吗？能够回避四季的变化吗？我们的二十四个节气、月圆月亏的变化，还有我们看得很清楚的潮涨潮落等等，二十四个节气让我们感受到春夏秋冬四季，今天是星期四，前天刚过了谷雨，"春雨惊春清谷天"，春季快要过去了，马上就立夏了，夏天就要来了，节气的变化跟我们生活有没有关系？它不光是种田的问题，也不光是种菜的问题，它跟我们的生活是有直接关系的，并不因为现在是工业社会，月令就没有意义了。中国人构建了阴阳合历，简单地称我们古代的历是阴历，是不准确的，中国的历法是阴阳合历。我刚才讲的月圆月亏，这是阴历，是按照月亮的变化来讲的；我讲的二十四个节气是按照太阳的变化来讲的，于中国历法来讲，我们一年有四季，四季有十二个月，十二个月里面有二十四个节气，二十四个节气下面我们还有七十二个候，五天一候。学理工的同学应该比我清楚，如果仔细去观察一下我们周围的生物，五天一小变化，有的是很微小的变化，有的是很明显的变化。在这个过程中间，也许在这个季节里，我们看不出天有多大的变化，而在那个季节，天一下子就完全变了，你只要看看我们周围的植物的变化就可以了。所以中国的月令是通过一年四季或者四时，然后十二个月、二十四个节气、七十二个候，来细致地分析我们生存的环境，让我们了解和理解，一切都在那个"数"里边。中国的医学也认为不能离开我们生存的环境，刚才我讲的这一大套，我们的生活也离不开。

二、经典里的"三纲八目"

从八岁到十五岁，是小学阶段，要学"洒扫应对进退之节、礼乐射御书数之文"，它们并不是单一的、单调的，而是丰富得很。那么到了大学——十五岁以后上了大学了，我们要学什么？朱熹的《四书章句》里讲，到了大学要学"穷理正心、修己治人"之道，要我们学道理。小学基本上是一个言行举止规范的养成，是打基础，是为为人处世做知识储备，大学则是让我们更加自觉地来认识做人做事的道理——"穷理正心、修己治人"。

那为什么说《大学》这篇"四书"中的经典是告诉我们为学次第的呢？刚才讲到朱熹用"穷理、正心、修己、治人"四个词来概括做人做事的道理，这个概括就是从《大学》里面来的。《大学》这篇文章总共 2000 字左右，条理非常清楚。我们经常讲，《大学》这篇文章首先提出了"三纲领"，然后为了具体说明怎么来达到这三个纲领，又提出了八个条目，朱熹的四个词就是从这八个条目里边概括出来的，他把两个条目合成一个概念：把"格物、致知"概括为"穷理"，把"诚意、正心"概括为"正心"，把"修身、齐家"概括为"修己"，把"治国、平天下"概括为"治人"。

三纲领

《大学》的目的其实很清楚，就是告诉我们怎样做人。中国古代的教育是围绕怎样做人展开的，《大学》一开始就提出了："大学之道，在明明德，在亲民，在止于至善。"这是《大学》的三个纲领。

第一个纲领是"明明德"，意思是说我们每个人生来就具有一种光明的品德，应该把它发扬光大。"明明德"，第一个"明"，是发扬光大的意思，第二个"明"是形容德行的，就是说人生来都具有这种美好的德行，就是孟子讲的：人人皆有恻隐之心、羞恶之心、辞让之心、是非之心，人皆有这四端。这四端使人具备仁、义、礼、智这些最基本的德行，"恻隐之心，仁之端也；羞恶之心，义之端也；辞让之心，礼之端也；是非之心，智之端也"。人生来就有这样四种心，如果把这四心发扬起来，人就具有了仁、义、礼、智四德。

第二个纲领是"亲民"。关于"亲民"人们有不同的理解。最初人们的理解，就是我们刚才讲的"亲民"这个概念，亲近百姓、关心百姓。后来程朱理学家根据《大学》里面讲到的"苟日新，日日新，又日新"中"新"的概念，认为这个"亲"当作"新"来解释，就是不断提升自己的德行。第一个是从修己的角度来理解，第二个是从治人的角度来理解，治人就要"亲民"，修己也叫"亲民"，不断地自我提升。我们要提升到一个什么样的高度呢？至善，"止于至善"，达到最好的一种德行，所以整个的过程就是不断地培养、提升、超越自我。这里面就涉及了对人的本性的认识，在中国历史上，对人的本性历来有不同的认识，有性善论、性恶论，也有性善恶混合，或者无善无恶等，这些不同的说法，应该说并不是对立、冲突的，它们从不同的角度提醒我们人性中有这样一个东西，也有那样一个东西。其中我们看到的最突出的有孟子的"性善论"和荀子的"性恶论"，我们也常常把它们对立起来，其实它们并不是对立关系，而是人本身就具有的，从不同的角度来看，就展现出不同的特性。作为人来讲，跟动物有区别，我们应该看到他跟动物的区别在什么地方。荀子曾经对这个世界上的万物做过一个简单的分类，他说天地之间的万物可以分成四大类：第一类是水火，有气而无生，只有气，没有生命，谈不上生命；第二类是草木，有气有生但它无知，没有知觉，有生命现象而没有知觉；第三类是禽兽，有气有生又有知，而它没有义，仁义的义，什么叫义呢？义就是懂得什么该做、什么不该做。义者，宜也，礼仪，这个是合宜的，那个是不合宜的，这个该做、那个不该做。禽兽是没有义的，只有人是有气有生有知又有义，这是人与其他生命，特别是与禽兽的区别。因为所有的禽兽都是被它生存的环境所规定好的，它们没有自己选择的主动权，更没有改变这个环境的能动性，而人是有的，因为天地赋予了人最大的资源，人有很多选择，也有很多的能动性可以发挥，也正因为如此，人必须懂得什么该做什么不该做，否则就跟禽兽没有区别了，做出的事情连禽兽都不如，所以荀子讲性恶。但是他又讲到了人是懂得什么该做，什么不该做的。

孟子说"仁，人心也"，仁义的仁，是人心；"义，人路也"，仁义的义，是人走的路。什么路？孟子主张人皆有四个心，不是说人生下来这四个心就是完备的，人生下来这四个心受到了环境的污染，它会消失，并不是说每个人出生就是善良的，而是说每个人生来是可以为善的，因为他具有这四个心。所以孟子说"学问之道无他，求其放心而已"，我们读书学习没有别的目的，就是把放逸、丢失的本心找回来而已，这样才会成为真正的人，所以古人叫作"为己之学"。"为己之学"也就是"君子之学"，"君子之学也，以美其身"，要不断地追求完美，光找回来不够，还要扩而充之，要不断地提升。

儒家讲的做人的道理，首先你要跟动物区别开来，认识到你是一个人，做一个能够自觉、自律，约束自己言行举止的人；再进一步，你是读书人，你应该跟一般人有所不同，因为你是社会的领路人，是一般人学习的榜样，你应当更加自觉地来提升自己，做一个君子，不要做一个小人，要做一个坦荡荡的人，不要做长戚戚的人；再进一步要求，那就是成圣成贤，成为人们学习的榜样、楷模、圣贤，这是孟子的理论。

荀子的理论呢？他讲人性也有恶的方面，他说人生下来也是有很多问题的，比如"饥而欲饱"，饿了要吃；"寒而欲暖"，冷了就想穿衣服；"劳而欲休"，累了想休息；趋利而避害，哪儿好我往哪儿走，哪儿有危险我就不去哪儿，这是人的天性所具备的。人生而有欲，欲而不得就求，求不到就争，一争就乱了，如果不能自我节制、自我管理的话，那这个社会就会陷入混乱。从这个意义上讲，人性是"恶"的。孟子和荀子的出发点不同，孟子的理论是讲怎样恢复本性，荀子则是讲怎样来变化德行，荀子提出一个概念"化性起伪"。其实，礼制的制定，就是按照这个来的，因为人心生而有欲，欲而不得则求，求而不得则争，这样的情况下需要用"礼"来规范。

八条目

荀子对礼的起源做了很深刻的阐述，他认为礼的起源在于"养人之欲，给人之求"。养，养人的欲望；给，就是给人的追求。礼的制定是为了满足人们的欲求，并不是我们后来所理解的。那是否可以说礼是用来敬重人的欲望、欲求的呢？不是，而是通过礼满足人们合理的、恰当的欲求。怎样才能实现呢？《大学》里提出了"八条目"。

格物致知就是让我们了解天地万物的一些根本道理。这些根本的道理在人们的认识中也是有差别的，比如程朱理学比较偏重通过对外物的考察、研究、思考来掌握天地万物的道理。所谓即物穷理，"即"就是通过跟外物接触，不离开万物去了解万物的生存变换，让人们明白社会、人生的道理，通过穷理、格物来致知。程朱所理解的这种通过格外物即去观察、研究外物得到天地万物之理，有点像近代西方自然科学那样一种理念和方法。最初，也就是民国初年的时候，我们把科学称作格致学，格物致知，研究客观物质世界的学问，所以程朱的穷理相当于研究天地万物道理的学问。后来陆（陆九渊）、王（王守仁）对于这个格物致知的认识又有所不同，他们认为我们对外物的认识只能是局部的、暂时的，更重要的是去把握整体的、恒常的状态。这其实是由内向外看。他们从不同的角度来认识这个问题，当然也有很多的争论，但总的来讲，我们要认识天地万物的规则规律。

　　道家在追求什么？也在追求天地之道、万物之道，只有通过追求，才能够诚意正心，通过诚意正心才能达到正身的目的。《大学》里面讲：诚意者不自欺。诚意，就不要自己欺骗自己，要慎独，要不欺暗室。诚，就是我们天地万物运行的根本的德行。这个"诚"，我们也可以说是诚信，是天道定性的根本规律，所以强调做人首先要自信、要自律。《中庸》更明确地讲道："诚者，天之道也；诚之者，人之道也"，人是按照诚去做的。我们常常讲中国文化"天人合一"，其实从"一"的角度来讲，中国的文化就强调天地合德，人所有的德行都是从天地万物学来的，天地万物的德行也就是人的德行，天地是最讲诚信的。这里面涉及什么概念呢？我们可能也听说过"神道设教"。"神道设教"这个概念是从《周易》的观卦象辞而来，里面有一句话："观天之神道，而四时不忒。"在中国的文化里面，"神"这个概念最基本的含义就是变化莫测。天道是什么呢？就是天地万物变化之道。我们观察天有什么特征呢？四时不忒。忒就是差错，不忒就是没有差错。四时不忒，就是去年春夏秋冬，今年也是春夏秋冬，明年我们还可以预计是春夏秋冬。春生夏长秋收冬藏，正因为这样的四时不忒，万物才得以生长。《论语》里面孔子感叹，"天何言哉，四时行焉，百物生焉"，万物生长，这就是天的变化之道，不按天之神道则事事不顺。观卦象辞后面紧接着就讲"圣人以神道设教，而天下服矣"，圣人按照天的这种神道来设教，来教化，天下太平了、和谐了。不要去违背春夏秋冬这样的规律，你做一个圣人的话，怎么来教化？以神道来设教，不是用造物主来吓唬人使人害怕，而是要人遵循天地万物的运行规则，要人也讲诚信。诚可以说是做人做事的根本，只有意诚才能心正。所谓心正，这个"正"也就是公平、不偏的意思，《大学》里面讲心正的时候也讲到，人如果有这样的偏、有那样的偏，心就正不了。心一定要放正。这是为人之道的根本落脚点，落到诚意正心。

《大学》里又告诉我们，这些都归到什么上呢？归到修身。《大学》把修身看得非常重要："自天子以至于庶人，壹是皆以修身为本"，从天子一直到最普通的人，都应当把修身当作最根本的事。《大学》里面经常强调本末，"物有本末、事有终始"，要清楚什么是本、什么是末。中国文化里面非常强调知本和治本，我们要明白什么是根本，要从治理这个根本来入手，知本才能统末。本是根本，要从根本上去治理，不管是个人还是单位、国家，都要抓住根本。知本、治本，也可以说是《大学》里面重要的传统。首先修身是根本，不抓住修身这样的根本，就不可能养成和提升德行，也不可能做到知本。然后《大学》又讲到，人和财哪个是本？里面明确地讲："有德此有人，有人此有土，有土此有财，有财此有用。"有了德行，民众才会向你靠拢，民众来了，你才可以有土地，有了土地，你才有可能变成财物，有了财物，你才可以使用。所以《大学》得出一个结论：德为本，财为末。一个国家也是这样，有德才能有国，没有德要失国，天命是无常的，没有德是不行的。所以《大学》告诉我们，八个条目里面，在国家层面来讲德是什么。那么怎样培养德呢？用教育。教育是立国之本，《礼记》里面反复强调，"建国君民，教学为先"，教育是国之根本，抓好了教育，我们才能够防止恶劣的事情发生，教育的根本目的就是要正人心，如此也回到了修身，从内心不断地提升自己的德行。

提升了自己的德行就要去运用，运用到哪里去？运用到齐家治国平天下上去，这就是所谓的"外王"。修身不能光在口头上讲，我们要去落实，落实到哪儿？到齐家。《大学》又讲，你如果连一个家都齐不好，怎么治国呢？国治不好怎么能平天下？它是一步一步来讲的。家和万事兴，并不是说只有你一个小家兴旺，家和，整个国家也会兴旺。内圣外王，我们修内身，是为更好地外王创造条件，要把这两者结合起来。

三、大学之道，止于至善

《大学》三纲里的最后一条是止于至善，要达到一种最高的善，这种善并不是空洞的、虚无缥缈的。"止"才能达到至善，如果过了，好像做得很好，其实不是至善，所以需要知止。"知止而后有定"，"知止"这个概念是非常重要的，它是什么意思呢？能够认识到自己的一个身份，认识到自己的身份下该做的事情，尽了你这个身份该做的事情、责任和义务才叫知止。其实儒家整个礼教的构建，其核心的内容，就是要我们每个人都能知止，每个人都能明白自己的身份、认同自己的身份，按照自己的身份去做自己该做的事情，也就是我们讲的尽伦尽职。人跟动物最大的区别在哪里？在于人是一个有组织的群体。动物虽然一群一群，可是它们没有组织。荀子对这些问题做了很深刻的分析，他说人"力不如牛，走不若马，而牛马为用"，为什么？因为人能群，牛马不能群。一个有组织的群体要发挥作用，就一定要有所分别，里边的每个成员都要有一个身份。我们现在都觉得这种身份似乎是外加的，其实不然。在中国文化中，首先是从人与人之间的自然关系中去确定他的身份。所谓的身份就是类别，因此中国人一讲到人，首先会讲天伦。天伦就是自然之理，人与人之间自然的关系。儒家讲五伦，君臣、父子、夫妇、长幼、朋友。我们仔细看看这个伦理，父子、夫妇、长幼应该说是天生的、天然的关系。父子我们不能颠倒，夫妇我们现在一般来讲是男女，也是天然的，长幼也是一个自然的关系；最后一个是朋友，在一个社会里，人与人之间都是朋友嘛。甚至包括前面三个里面也可以以朋友的关系来相处，当然因为那个里面带有很多亲情的关系，比朋友更深入一步。那么这个里面似乎只有君臣是社会关系，不是自然关系里面的，是在社会的结构上面构建出来的。我们试想一下，一个正常的文明社会，如果没有上下级的关系，没有领导与被领导的关系，它是很难有序运转的，大家都说了算，就等于大家说了都不算，没有一个能拍板的人是不行的。从社会的自然关系里面来看，恐怕没有这个关系是不可能的。理想中可以，但是现实中必须有这样一种责任关系。我们可以看看我们的历史文化，君臣的关系总是希望被诠释成一种父子关系，变成一种自然关系——君父臣子；渐渐把官民的关系也诠释成这种关系——父母官子民。这里面也寄托着我们的一种愿望，就是希望把这样一种外在的关系内在化，只有这种内在的自然关系才可以体现出一种无私的精神。因为父母对子女，它是一种无偿的、无私的付出，它不是功利的，是不追求回报的。当我们把基层关系、官民关系也作这样的解释，其实就寄托了一种希望——我们的为官者要像父母一样无私地、无偿地付出，所以我们中国的文化历来就构建了这样一个以民为本的理念，民为子。这种自然关系是我们的"礼"所建构的基础，是通过人与人之间的自然关系，让我们每个人都能够来认识自己的身份，不光认识，还要能认同它；不光认同它，还要去履行它，根据你这样的身份应该怎样做。所以"礼"的构建强调我们身份的认同，是强调人的责任和义务。知止这个问题就是让我们认识自己的身份，根据自己身份来做事。比如父要慈，子要孝，君要仁，臣要忠。在这个社会中，不管你承认不承认，你都是有身份的，而且最初就是一个身份，比如子女，你有父母。中国人的生命观，是一代代延续的生命，不是说一个人独立地生存，有上一代才有我这一代，有我这一代才有下一代，一代一代传下去的。

　　同时，每个人在这个社会上都有个名分，我们为什么把"礼"叫作礼教？就是让你认识到你的名分，你是一个什么样的人。我们对这个误解最多的地方是认为这个名分是不能动的，其实不是，每个人的身份都是多元的。你上有老下有小，你在父母面前是子女的身份，在子女面前就是父母的身份。礼就告诉我们在这样的场合下面自己是一个什么身份，并应该按照这样的身份去规范自己的言行举止，去规定责任义务。我想这个是需要学的，如果每个人都不这样来认识自己的身份，都不按照自己的身份去做自己的事、履行自己的责任，那这个社会还能够和谐吗？还能够有序吗？无法安宁。一个社会的治理，最重要的是把伦序——伦常的次序辨别开，让每个人都能够做到尽伦尽职。所谓的知止，就是让我们作为父的就只为父，作为子的就只为子，然后我们每个人都明确各自的身份所应担当的责任和义务。

　　我们常常觉得现在进入了一个现代化的社会，各个方面都比较好。可是我们文化中"家"的概念越来越淡了，觉得任何事都应该由社会承担。我们现在也不知道自己应该往哪里走，这是我们今天社会很多乱象产生的原因。我曾经跟一个媒体讲过："现在有父母的子女，就不应该成为留守儿童；有子女的父母，就不应该成为空巢老人。解决空巢老人和留守儿童的问题，要从父母子女的身份认同上面去解决，让他明白做父母的，生就要养，养就要教；让做子女的明白，应该养自己的父母，这是最基本的，乌鸦都知道反哺，你作为一个人，不知道这个道理吗？"当然了，鳏寡孤独的人，社会应该负担起来。但是把留守儿童、空巢老人，都抛给我们社会来管，这实际上是在消解我们的家，在消解我们对自我的身份认同。

四、结语：大学之道、百年树人

《大学》告诉我们许许多多做人的道理，其中具体的关于做人的内容是三纲和其中的六个条目：明明德、亲民、至善，格物、致知、诚意、正心、修身、齐家。它所体现出来的重要性在哪儿呢？第一，治本，要抓根本；修身，立德行。第二，知止，懂得我们自己的身份是什么，要做什么样的人。所谓什么样的人就是你是一个什么样的身份，你就做一个什么样的人，要尽做人的职责。知止，知本，这是《大学》里面告诉我们的根本理念。

今天来讲，在大学里面念书，也应该继承我们传统大学的教育理念，我们的大学不能沦为单纯的知识教育、单纯的技能教育，变成了一个职业培训机构，这样的大学，意义不大。办个培训班，搞职业培训、技能培训是可以的，但是大学之道首先要明明德，它能够把我们内心美好的德行充分地发掘出来。我想我们今天的大学可以，也应当来继承我们传统的大学的育人之道，让我们每个人成为一个真正的人，一个有高尚德行的人，一个能够引领社会前进方向的人。这样的一个大学，教的内容才具有深远的影响。十年树木，百年树人，我们今天大学培养出来的人，将决定未来百年我们社会和国家的大环境，我们应当把提升我们每个人的修行、品格放在第一位，然后再来学好知识技能，要弄清这个先后次序。青年是我们国家的未来，是我们的明天，我们清华大学已有 105 年的历史，培养了无数为国家作出了重大贡献的人才，希望我们今后为国家提供更多的人才。谢谢大家！

附　答学生问

问答一：我们年轻人如何把握情和理之间的度？

学生：非常感谢楼先生给我们做的讲座，作为新一代的大学生，大家现在做的更多的是格物致知的事情，但我们确实需要从正心诚意开始，正心诚意认识到自我，包括重建这个社会，不失良俗。在这个里面我有一个比较小的困惑：我们看到传统文化中自古忠孝难两全，现代社会里思想也更开放，对于我们来说，情和理之间如何把握这个分寸？

虽然古人很早就说，"发乎情止乎礼"，但是我觉得就是放到我们这样一个未必成熟的个体身上，这个思考会很困难，那就是我们这个年纪的人应该怎样把握情和理之间的度？应该怎么样既能表达自我，认识自我，又能很好地适应这个社会，这是我想问的问题，再次谢谢您。

楼先生：这个问题恐怕让很多人困惑。我们很多人听著名理学家讲到"存天理，灭人欲"，便把人欲（情欲）、天理对立起来，其实这里面有很多的误解。"存天理，灭人欲"这句话，也不是宋代理学家最先提出来的，《礼记》中的《乐记》里就提出了"存天理，灭人欲"，这样说是针对"乐"对人的潜移默化的作用：音乐要把人们的心引导到一个正确的、和平的状态，不要让人听了音乐就发狂了，所以它说不能够随人欲去，要按照天理。

关于"情"，这个概念也是多层次的，其实它最根本的内涵，是实情、事实。我们常常讲的一句话：合情合理合法，这个情就是事实的意思。《孟子》里面有一句话"物之不齐，物之情也"，习近平在纪念孔子诞辰2565周年国际学术研讨会上讲到文化的多元性、文化的多样性时就引用了这句话。这句话的意思很清楚，万物不止其一，不是整齐划一的，这是万物的实情。这是情的最根本含义。

人生而有欲有情，这是荀子讲的，他认为动物也有情，也有天然欲求，但是它不知道怎样去分辨，其实它也不需要去分辨，它想乱来也不可能，它完全被规定好了，但是人就不一样了。荀子讲到，禽兽有知而无义，而人呢，有知也有义。禽兽是有气有生有知而无义，那么人呢，是有气有生有知又有义，如果我们把这个知、知觉（也就是一种情，知觉也是一种情），运用到这句话里面去，禽兽是有情而无义，人是有情又有义，因为人可以规范自己的情义，什么该做什么不该做，这个本来是不矛盾的。所谓天理者，自然之理也，它并不是说要让你做一个虚伪的人，那样的话就是伪道学、伪君子。在人的天性中间，有的东西只要在合理的情况下就是可以的，所以这两者不应该对立。

而你现在讲到这个问题的时候，是把人欲看作了私欲，把天理当成了公理，人欲和天理的对立，说是对立，实际上是公私不明。如果你是为了满足大家的欲望，这就不是欲，这是仁义，人生而有欲、有要求，大家要吃好穿好，你现在给大家都吃好穿好了，这是合乎天理的，也是仁义的。如果你只是为了自己吃好穿好，不管别人，那就是私欲。理学家的"存天理，灭人欲"这个概念里面有个公私之理，天理是合乎公，人欲只是定义为私，如果你是合乎公的，那不叫人欲，你是为了私的才叫人欲。我们也把它分析一下，那么在历史上有没有那种所谓的禁欲主义呢？我们也不能说得太绝对化了。极端的，就像我们常常讲的"三纲"："君为臣纲，父为子纲，夫为妻纲"，有人把它变成了君要臣死，臣不得不死；父要子亡，子不得不亡。这种愚忠、愚孝不是没有。那从根本上讲，"三纲"是让我们做君的、做父的、做夫的要起一个纲的作用、带头作用、模范作用，要你带头，那么你的臣、子、妻才能跟着你去做。纲本身的含义是一个带头的作用。

其实，凡是符合天理的欲望不是"人欲"，不符合天理的才是"人欲"，情和理应该是统一的，不是对立的。当然由于观念的不同，它也会掺杂某种对立起来的东西，这也就是我们现在说的，比如说我们要自由，自由无所谓对与不对，自由一定是以不妨碍他人自由为前提的，你妨碍了别人的自由你就没有自由。我们可不可以随心所欲？可以的。孔子到70岁不就随心所欲了嘛，但那随心所欲的后面还有一句话追着——"不逾矩"，也就是在这个规矩里面你可以随心所欲，离开了这个规矩、这个范围你就不能随心所欲。我们常常讲最简单的交通例子，如果你遵守交通规则的话，你怎么走都没有问题，如果你违背这个交通规则，那你就没有随便走的自由了，你处处要违章、碰钉子，甚至要受处罚。所以没有一个绝对，人欲也是这样，如果你的人欲超越了规矩，那就要受到惩罚。这是我们对这部分的理解，还是在于我们人。人是有理性的，是能够分辨的，是能够自己来管束自己的，有主动性，有能动性的，不要让自己做出违背天理的事情。

所以，在合乎天理的这样的次序中间，你怎么做才不会出现冲突和矛盾呢？如果拿一个哲学的例子来讲，就是必然制度与自由的关系。我们哲学里面常常讲，只有认识了必然才有自由，你认识不到必然的话，你要求的自由是得不到的。我们不能抽象地去讲，这个情是不是超出了范围，如果超出了可允许的范围，那就是不合理的，就会发生冲突；如果在理允许的范围之内的情，我想二者是不矛盾的。

问答二：现实生活中如何修身？到底是得什么？

学生：您好，楼老师，我的第一个问题是，修身在现实生活中以何种方式来落实？就是以一个什么样的规矩才能做到《大学》上所说的修身？第二个问题也是知止，因为知止而后能定，然后经过几步之后，我们才虑而后得。知止是各安其位，然后我就不太明白，经过这几步的修行之后，虑而后能得，它到底是得什么？谢谢老师。

楼先生：我想这个"得"就是得到"大学之道"，得到他应该怎样做人做事的道理，得到怎样的道理，明白怎样的道理，最终能够明白自己这样的身份，自己这个身份应该尽的职责，应该遵守的言行举止。如果我们不经过，不懂得"止"，不去思虑，不清醒的话，就不会知道做人的道理。所以这个"得"实际上就回归了他对自我的认识。我觉得每个人都要充分认识自己在社会中、在单位中、在家庭中的身份。

所谓的做一个人就是指自己的身份，自己这样的身份就应该这样做人，自己那样的身份就应该那样做人，就只在自己的身份上认同。比如说，我是老师我应该尽什么责任？我是学生我应该尽什么责任？我是父亲应该尽什么责任？我作为一个子女应该尽什么责任？其实一个人最大的问题就是不能够认清自己的身份，不能够认同自己的身份，现在有很多人是知道自己的身份的，但是不能认同自己的身份，更不愿意按照这个身份去做自己该做的事。

用过去的话来讲，不安本分，总是有非分之想。其实，真正认识了自己的身份，按照自己的身份去做自己该做的事情，尽自己该尽的责任，应该就能收获愉快、幸福的人生，否则，你永远会纠结。你明明是这样的身份，可你非得不按自己的身份去做人做事，不是很纠结吗？另外，人的身份也不断在变，你今天是这个身份，明天可能就是另一个身份了，对你言行举止的规范变了，你的责任义务也变了，人的一生是不断变化的。

我起初是个儿子，后来变成了父亲，现在变成了爷爷，不同身份的职责都不一样，每个人要时时刻刻地看清楚自己的身份，场合变化了，时间变化了，你的身份也跟着变化了。这个"知止"，就是认清楚你的身份。名教名教，你不按照你的名分去做事，就成名教罪人了。我们现在受到一些似是而非的"自由平等"的思想的影响，常常不愿认同自己的身份，不按照自己的身份去做事，那么难免要遭罪。

如果我们能够想清楚，不去做我不该做的事，要去做我该做的事。到了自己该做的事情，你主动地去做、高兴地去做，就愉悦了；如果你被动地、不情愿去做，事情也做不成，心里还不高兴。这个道理是很简单的，我们也不需要做多深的理论探讨。我们每个人在这个社会上，都有一个角色，这个角色在不断地变化，我们也不断地在给自己的角色定位。按照这个定位去做自己的事情，这样一定是一个愉快的、幸福的人。

（本文根据楼宇烈先生 2016 年 4 月 21 日在清华大学音乐厅讲座整理而成，题目为编者所加。）

君子的新民情怀

　　"君子的新民情怀"，我想这是一个很有意义的题目，我刚才讲到这个（论坛）的主题"大学之道"，其实它有两层含义：一层是指"四书"里面的《大学》这篇文章究竟传播了一些什么道？另一层面，也就是我们现在的大学的任务究竟是什么？我刚才也讲了，我们的大学最根本的任务，就是培养一批社会的精英，也就是君子，他们应当起到一个社会的引领作用。这跟《大学》这篇经典里面所讲的道，又有相契合的地方。当年，梁启超倡导"新民说"，这个"新民"的精神，我想跟《大学》是有密切关系的。《大学》开篇就说："大学之道，在明明德，在亲民，在止于至善。"北宋程颐认为，"亲"当作"新"，"亲民"应该作"新民"。程颐为什么会提出这个观点呢？这跟《大学》在之后引的两段话又有关系，一段是汤之盘铭："苟日新，日日新，又日新。"突出了一个"新"字。《诗经》里边有一句"周虽旧邦，其命维新"，也突出了这个"新"。除了汤之盘铭，《大学》又引了《尚书·康诰》里面的一个概念，叫"作新民"。我想这大概就是程子把"亲"解作"新"的原因。"苟日新，日日新，又日新"，要做新民，程子认为亲民应该不是一般的亲近民的问题，而是不断地让民能够新，要日日新，又日新。

那怎样新呢？程子觉得我们君子就要做到明明德。所谓"明德"就是我们天生以来所具有的那种德行、品德。那么明明德呢？就是我们要去弘扬、发扬我们每个君子应当具备的那种"明德"。从程子一直到朱子，他们理解的"明德"，是每个个人的行为，我们每个个人都应当不断地去把自己天生就具有的好德行发扬起来。做个君子，除了发扬自己的好德行之外，还要帮助其他人，让他们能够不断地改变旧的习气，树立新的品德。

《易经》说：地势坤，君子以厚德载物。这个"厚德"就是指君子应该具有的，就像大地那样丰厚的、好的品德，它可以载物。这个"物"也不仅仅是草木、禽兽，也包括人在内，人也是物，君子的厚德也要载人，让所有人都能像君子一样。所以，梁启超他们把新民当作一个君子的社会责任，要去感化所有的民众，让他们把本性中的天理得到充分的展示和提升。那么，想要提升就要不断地自强，这就跟《周易》的乾道联系起来了，"自强不息"。我觉得，当时梁启超在传承我们传统文化上有一个很系统的思考，他为此还写了好几篇文章，最后就变成了一本书，叫《新民说》。在当时的那个环境下，梁启超确实是有一种君子的情怀，也可以说是一种社会责任感，要让我们中国人都能够明明德，能够做新民，自强不息，让我们中国走向更加富强、文明的前程。从这里面，我们可以体会到中国知识分子的理想就是要让自己成为君子，他的担当就是要让自己能够引领这个社会，让我们所有的民众都能够不断地上进，不断地求新。梁启超在当时可以说发挥了非常大的作用。他后来在日本创办了《新民丛报》，不断地推动我们的民众，为了我们的国家，为了我们的民族，为了我们5000年的文明，不断地日日新、又日新。

我们的国家有悠久历史，也可以说是个旧邦，但是我们的民众能够日日新、又日新，因而能够"其命维新"。所谓维新，其实就是一个自我的革新。维新跟革命这两个词正好是相对的，革命就是说你已经不行了，要革故鼎新；维新，就是自我来创造发展，在继承的基础上来创造发展。维新并不是一个贬义词，而是传达了一种能够自觉的、自我更新的、与时偕行的精神。君子要有社会担当，我希望今天每个希望成为君子的人，也要同时成为社会的榜样，由你去引领社会，让我们的民众也都能够有一个新的面貌。

我刚才也提到，我们现在最需要变化的，是整个社会的风气。按照《礼记·学记》里面讲的，我们的教育目的无非是两点，教育是一个国家立国的根本：建国君民，教学为先。它的根本任务，首先，化民成俗，形成一个习俗、一个社会的风气。化民，改变民众，有除旧布新的思想在里面，这是最根本的。其次，对每个个体来讲，要懂得做人的道理，为人之道。所以《礼记》用了《诗经》里的一句话：玉不琢不成器，人不学不知道。这是我们传统文化中教育理念的一个根本。再强调一下，教育的目的，一个是化民成俗，一个是教为人之道，并不单纯是学一些技能和知识。

我们现在向西方学习的教育，出现了很多很多的弊病。我记得前两年在我们清华的一个论坛上，也探讨了我们大学究竟是培养通才，还是培养专才的问题。2018年，西南联大成立80周年，前些日子刚在北大举行了一个纪念活动，我也看到网上有很多关于西南联大的报道和回忆。有一位清华大学的教授回忆了西南联大的教育理念，那就是培养一个通才的教育理念。培养通才，首先就是怎样做人的问题。他提到当年的清华大学梅贻琦校长那句话："所谓大学者，非谓有大楼之谓也，有大师之谓也。"当年的西南联大，在那样艰苦、简朴的环境下，培养出了多少大师，培养出了多少真正的人才！好像也有个统计，新中国成立以后，我们有多少个院士，有多少个科学奖获得者，有多少个受到人们尊敬的知名人士是从西南联大走出来的。而讲到当年西南联大的教学理念，那时候的学生是可以变更自己的学科的，有的学生进西南联大以后转了三个系，也是允许的。同样一门课有好多老师来讲，学生也可以选择老师：这个老师的课，我听着觉得不太合我的意，或者解决不了我的问题，我就去听另一个老师的课，这种自由的环境现在很少见了。

一个大学可以引领一个社会的风气，大学要培养我们社会的英才。希望大家能够有更广博的知识，能够会通天地人，而不是仅仅局限于某一个方面；能够在社会上，做出一个模范的、示范的形象。所以，那个君子的情怀，我觉得今天我们还要继承、发扬。要回到北宋范仲淹说的那两句话，我们君子应当有这样的担当，先天下之忧而忧，后天下之乐而乐。希望我们的民众都能够去旧获新，能够不断地前进，自强不息。只有这样，我们整个社会的风气才能发生变化。大家都以诚信、敬畏来对待自己，对待自己的工作，我们中华民族真正复兴的时代才会到来。

（本文是楼宇烈先生2017年4月底校庆期间，在清华大学主楼接待厅举办的"首届清华新民文化论坛"上的讲话实录，题目为编者所加。）

中医与中国传统文化

各位同学：

大家晚上好！今天我讲的题目是"中医与中国传统文化"。

为什么要讲这个题目？因为，在我看来，中医是中国传统文化不可分割的一部分，它的理论和实践充分体现了中国传统文化的根本观念和思维方式。中医认为天地之气是生命的本源，这也是中国传统文化对生命的认识。中医强调阴阳平衡，讲究五行生克，在其养生理论中也有顺其自然之说，这些都与中国传统文化的精神一脉相承。

一、传统文化是中医理论之源

传统中医，整体关联

中医与中国传统文化有着非常密切的关系。刚才讲，它的理论及实践充分体现了中国传统文化的根本观念和思维方式。如果说中医是一种巫术、一种迷信，是一种不科学的医学，实际上也就是说，中国的文化是不科学的，它也是一种巫术。因为中医理论是在中国传统文化这种整体的辩证思维方式下展开的。中医的理论观念跟中国传统文化的许多理论观念，可以说完全一致。

我们已经说过，中国传统文化是与西方文化不同类型的文化模式，在这种文化中产生的医学、医术跟西方的医学、医术也是不尽相同的。因此，不能简单地用西方的医学和医术来衡量中国的医学和医术。

中医本身体现了中国文化各方面相互联系的特点。中国文化不是分成单个的门类，而是互相关联在一起的。不管是文史哲也好，政经法也好，农工医也好，甚至于军事，许多理念都是相通的。医学的理论可以用在文史哲上面，文史哲的一些理念也可以用在医学上面。像中医里运用的阴阳五行、天人合一等观念，都是中国文化其他各个方面，特别是哲学中存在的观念。所以，了解中医理论，对于中国传统文化也会有进一步的认识。

生命之源，天下一气

中医对于生命的认识，其实也是中国文化对于生命的认识。中国传统文化中，虽然有一些譬如女娲造人的神话传说，但从根本上来讲，中国的整体文化，包括中医在内，没有关于生命是神造的或者是神赋予的这样一种观念，而是认为生命来源于天地之气。天地之元气是生命的本源。

庄子就讲过："通天下一气耳。"天下都是一种"气"。"人之生，气之聚也；聚则为生，散则为死。"（《庄子·知北游》）人的存在就是气的集聚，气聚就是生，气散就是死。中国的整个思想体系都认为生命就是"气"的生成。具体来讲，可以说是精气和浊气的结合，浊气形成人的形体，精气成为人们精神活动的来源。实际上，精气在某种程度上也指一个人的生命力。因此，精气和浊气二者缺一不可，要形神相结合，才会有一个生命体的产生和存在。

东汉时期著名的哲学家王充说："天地合气，万物自生；犹夫妇合气，子自生矣。"天地阴阳之气相合，就产生了万物。人完全是自然的一个产物。

历代的思想家、医学家都强调气的根本性，指出生命如果离开了气，就会结束。董仲舒在《春秋繁露》中就讲道："民皆知爱其衣食，而不爱其天气。天气之于人，重于衣食。衣食尽，尚犹有间，气尽而立终。"人们都知道珍惜衣服和食物，却不爱"天气"，这个"天气"指的就是人秉承的元气。"天气"对于人来讲，比食物要重要得多。衣服穿坏了，食物吃光了，都没有关系，可以想办法再找。但如果气尽了的话，马上就死了。气对于生命来讲是十分重要的。

中医最重要的经典《黄帝内经》中也讲道："天覆地载，万物悉备，莫贵于人，人以天地之气生，四时之法成。"认为人禀受了天地之气而生，应当按照四时运行的规律活动。

中医常常讲先天、后天。人在出生之前，是秉承天地之气而孕育，这时的气对于这个人来讲就是先天之气，而生下来之后，又无时无刻不在呼吸，这就是后天之气。人有先天之气跟后天之气，而后天之气又在不断地补充先天之气。中医认为，生命就是先天之气和后天之气的结合。气盛，生命就旺盛；气衰，生命就衰竭。如果气尽的话，那么这个人就死了。所以，"气"可以说是中医理论的一个根本出发点。

二、中医体现了传统文化之道

阴阳平衡，执两用中

气分阴阳。阴阳平衡是人体健康的最根本因素。如果阴阳失调，就会产生各种各样的疾病。所以，阴阳理论是中医最根本的理论。那么中医又是怎样运用它的呢？

我们来看《黄帝内经》的解释。《黄帝内经》是汉代的一部医学著作，是中医理论全面确立的标志。它的主要内容是黄帝跟他的国师岐伯的对话，因此，现在中医有时候也被称为岐黄之学。《黄帝内经》分为两大部分，一部分叫作《素问》，一部分叫作《灵枢》。《素问》主要是从阴阳五行的理论来说明人的生理、病理，以及治疗疾病的方法；《灵枢》则提出经络学说，成为以后针灸治疗的依据。《素问》认为，人身的阴阳跟天地的阴阳是完全一致的。它用阴阳来分析人生理上各种各样的问题。

首先拿阴阳的理论来归纳人体脏腑组织的属性，把人的内脏分成脏和腑两大类。脏就是指五脏，包括心、肝、脾、肺、肾；腑是指六腑，包括胆、胃、大肠、小肠、膀胱、三焦这六个部位。脏和腑是如何区分的呢？脏是指胸腔、腹腔中内部组织比较充实并且具有储存和分泌功能的一些器官。我们看心、肝、脾、肺、肾，它们都具有这种结构特点。而腑主要是指腹腔中那些中空的、有管道的器官，如胃、大肠、小肠、膀胱等，它们都有传导和化解吸收各种东西的功能。五脏六腑有不同的属性。五脏是阴，六腑是阳，五脏跟六腑是阴阳配合的，可以用阴阳来分析人的病理变化。比如说，阴太盛的话，阳就要病了；阳太盛的话，阴就要病了。阳盛表现为一种热，阴盛表现为一种寒。

之后，用阴阳理论来诊断病症的属性，看是属于寒症还是热症。诊断了病症以后，就要进行治疗，治疗也要先分清阴阳，以确定治疗的方向。如果是寒症，当然就要用热来加以补充。寒就是阴寒，阴寒就用阳补。如果是热症，就要用阴来补。总之，阳病要治阴，阴病要治阳。这种阴阳理论实际上就是利用事物之间对立统一、相辅相成的规律来判断和分析人的生理状况、病理状况，然后进行相应的治疗。也就是说，它看到事物之间实际上都是相互联系的，一个地方过了，另一个地方就会衰弱。

中医的治病原则，就是要维持阴阳的平衡。要维持阴阳的平衡，首先就要辨明阴阳的消长，看是什么原因造成了阳的过盛，或者反过来，看是什么原因造成了阴的过盛。中医的阴阳理论是对中国传统文化思维方式的一个最基本的运用。中国传统文化最根本的特点就是中庸之道，所谓中庸，我们讲过，可以倒过来讲，叫庸中，即用中。为什么要用中呢？因为中就是维持事物的平衡。如果事物失去了平衡，就会产生偏差。平衡就是适度，既不过，也没有不及。我们吃东西吃得过饱，就会有问题，吃得不够，也会有问题。不管是过饱也好，饥饿也好，都会使身体不适。因此，中医认为一切疾病都源自阴阳的失衡，也就是说失了中道。

从这个意义上讲，不能简单地说中医是指中国的医学，实际上它更是一种中道的医学，"中医者，中道之医也"。中医吸纳了中道的理论，并建立在这个基础之上。有人说中医不科学，但在我看来，它的理论基础却是最科学的——符合现在辩证法的原则。阴阳理论就像辩证法讲的对立统一，既要讲平衡、统一，又要讲矛盾、斗争。之所以要平衡，就是因为有冲突。阴阳如果没有冲突，为什么还要讲平衡呢？根本没有必要。一个人的身体由于内伤和外感，阴阳也就不断地处于一个不平衡的状态。有些外感是无法避免的，比如气候的变化，所以我们要注意调整自己的生活，以适应外界的各种变化，从而取得一个相对的平衡，这样才能保持身体的健康。

《素问》里就讲到了这一点。《素问》开篇第一章，黄帝首先提出问题：为什么古代的人活到百岁，动作还是非常敏捷，可现在的人刚刚半百的时候，动作就不灵活了，这是怎么回事？岐伯就告诉他说，那是因为上古之人，"食饮有节、起居有常、不妄作劳"。这三句话是非常重要的，"食饮有节"，是饮食要有节制。节制不是说不吃，而是要适当，不暴饮暴食，也不忍饥挨饿，这就是饮食有节。"起居有常"，就是有固定的作息时间。"不妄作劳"，就是不没事找事做。其实都是很普通的话，但养生就是靠这些。岐伯说上古之人正因为这样，才保持了他们形神的完备，所以能够"终其天年"。他认为现在的人已经没有办法保持这种有节制的平静生活了。他们是"以酒为浆，以妄为常，醉以入房"。其结果当然就是"竭其精""散其真"，才五十岁，身体就非常衰弱了。

《素问》用古人和今人的比较告诉我们，人要想身体健康，就必须懂得保持一种平衡，要有节有常。中医阴阳理论的核心也就在于维持人各个方面的平衡，达到一种安定和谐的状态。

五行生克，辩证统一

中医里面还有一个最基础的理论，就是五行学说。五行学说也是中国文化中一个非常有特色的理论，就是把天地万物归纳成木、火、土、金、水五大类，认为这五大类物质之间有一种相生相克的关系。譬如说，如果按照木、火、土、金、水的顺序排列的话，它们之间就是"比相生、间相克"的关系。即相邻的相生，相隔的相克。木生火，火生土，土生金，金生水，水生木，这是相生。而木克土，土克水，水克火，火克金，金克木，这是相克。

中医运用这个理论去分析人体脏器之间的关系，而且治疗的时候还运用这种相生相克的关系，来确定从哪个方向入手。在五脏中，肝属木、心属火、脾属土、肺属金、肾属水。肝能够制约脾，因为肝属木，脾属土，木克土。而脾和肺之间又有滋生的关系，因为脾属土，肺属金，土生金。但肺又能够制约肝，因为肺属金，肝属木，金克木。我们可以看到，这里面实际上形成了一个循环的关系。肝制约脾，脾滋生肺，肺又制约肝。

在运用五行相生相克的循环关系治疗肝脾胃病的时候，就要根据这样的制约关系。比如一个人肺有病，医生不一定直接治肺，如果能把脾胃调好的话，肺病自然也会好。中医非常注意脾胃，脾胃虚弱可以说是万病之根，万病都来源于脾胃，之所以提出饮食有节，就是因为饮食直接影响到脾胃的健康与否。这是五行里相生相克的关系。

五行里还有相乘相侮的关系。所谓相乘相侮，"乘"有乘虚而入的意思，"侮"有恃强凌弱的意思。比如说，在五行关系里，肝是木，心是火，木生火，所以称肝是母，心是子，如果一个人的心火非常盛，就有可能是肝不好，所以才造成心火旺盛，这种关系，就叫作母病及子。这个时候，看心火旺盛该治什么，不是治心，而是治肝，这就是五行的具体应用。反过来的情况就是子病及母，比如说，脾和肺的关系，脾属土，肺属金，土生金，因此脾是母，肺是子，当肺气非常虚弱，发展到一定程度的时候，就会影响脾的功能，那么按照关系来讲，这就是子病累及母。

母病及子、子病及母体现了五行学说的一个核心观点，就是人作为一个生命体，是一个整体，其五脏六腑是相互关联的，而不是一个一个孤立存在的。这可以说是一种非常整体的辩证思维。

复兴中医，重塑文化

中国古代讲"上医治国，中医治人，下医治病"。中医的中也就体现在治人上，而不是单纯地治病。也就是说，中医是把人作为一个整体来治的，而不仅仅是治局部的病。

中医这种局部反映整体的思维方式，可以说体现在方方面面。比如说现在非常风行的足疗，实际上就是脚底按摩，中医认为脚底虽然只是人体的一个部分，但它却能够反映全身的状况，所以用足疗可以医治各方面的病。同样，手掌的每个部分也能反映全身各个部位的状况。中医强调的就是整体和局部的这样一种关系，整体之中的每个部分之间是息息相关的。

阴阳理论反映的是平衡，五行学说反映的是整体的相关性，这些都可以说是中国文化最根本的理念，也是宇宙最根本的规律。中医正是运用了这样一种求实的精神来构建它的理论体系。

如果有人认为，中医的阴阳五行理论根本就是不科学的，是模糊的、不可实证的，那只是因为他们已经习惯了现在的一种非常清晰的观念，你是你，我是我，我不是你，你不是我，所以他们就无法认同你是你、我是我，但是我中有你、你中有我这样一种观念。但不能认同并不代表这种理论就是错误的，如果因此把这种理论彻底否定了，那也就是把中国传统文化的根本理论给否定掉了。

中医理论的存亡，实际上涉及了中国文化根本精神的存亡。如果能够把中医的理论重新确立起来，让大家认识到中医理论的合理性——虽然它不一定符合现在所谓的科学概念，但它本身是科学的——那么对于中国传统文化的信念，也可以恢复、确立起来。因此，复兴中医，是复兴中国文化一个非常重要的途径。

三、传统文化智慧与中医养生要诀

治人为本，不服药为中医

根据中国文化整体思维方式的特点，中医理论并不仅仅是要落实到治病这一点上，而是要落实到治人这个层面。因此它不是把治病当作首要的，而是把治人作为最根本的出发点。怎样才能治人？用中医的理念来讲就是要养生，要把中医理论落实到养生这个理念上来。《素问》里就讲到，"凡人之病，不病于已病而病于未病"。人生病的原因不是在病已发作的时候，而是在他还没有生病的时候就已经存在了。为什么呢？因为"养之不素则病生，治之不素则病成"。

注意这里的"素"字。关于这个字的解释，历来都有一些不同的看法，有一个解释是非常好的，说"素者，本也"，"素"就是本，就是它本来的状况。

那么"养之不素则病生，治之不素则病成"是什么意思呢？就是说养生如果不从根本上来养，即不按照自然的规律来养的话，就可能会有生病的征兆。而治病如果不从根本上去治，不按照它自然的状况去治，那么就真的生病了。

可以看出中医的养生理念，首先是治愈未病，治愈未病就是要让人不生病，就是要"养之有素"。已有病的征兆时该怎么办呢？那就要"治之有素"，使它不至于真的变成疾病。

"治之有素"不一定要吃药，现在总是认为要治好病就得吃药。中医的理论不是这样，吃药并不是最好的办法，最好的办法是不吃药。

汉代是中医理论形成的时代，在《汉书·艺文志》中，记载了关于医的问题，医在古代被称为方术。《汉书·艺文志·方技略》中就记载了许多医书，其中还提到，医方是根据不同药物的性能来治疗各种各样的疾病的。

具体是怎样来治的呢？书中讲道：根据草木的寒温，病的深浅，借助于药物滋养的力量，使得人"气感"调适。最根本的问题是"致水火之齐，以通闭解结"。

就是说，治病不是通过吃药，而是先达到阴阳的平衡，阴阳平衡以后才能"通闭解结"。用中医的理论来讲，所有的病都是因为身体的某处闭塞了，气不通了，所以就要想办法，让气通顺，从而达到平衡。如果不这样的话，吃药吃错了，以热增热，以寒增寒，精气内伤，就麻烦了。《汉书·艺文志·方技略》中有一句话："故谚曰：有病不治，常得中医。"清代有一位学者，对这句话作了一个注解，他说现在江苏苏州一带的人还这么说，"不服药为中医"。

在《黄帝内经》里，黄帝曾经这样问岐伯：我听说古代的人治病，只需要通过移精变气，祷告一下就好了，而现在的人要吃那么多的药，扎那么多的针，结果还是有的治好了，有的治不好，这是怎么回事呢？

岐伯回答说：古人是跟野兽杂居的，天冷了动一动就可以避寒，天热了就到一个比较凉快的屋子里面待着。在家里也不会时时念着这个丢不下，那个想得到；在外面也没想过要当官，生活得很恬淡，邪气根本不能够侵入体内，当然也就用不着吃药扎针了。但当今之世就不是这样了，人们脑子里有各种各样的想法，因此就有各种各样的忧患，身体也很劳累，而且还不顺从季节的变化，夏天贪凉，冬天就贪热。这样早晚都会产生虚邪之气，并逐渐侵蚀五脏骨髓，外面也伤了五官和肌肤，即使是小病也会非常厉害，光靠祷告又怎么能治呢？

知道了这段话，"有病不治，常得中医"的意思就不难理解了。其实这句话的本意就是指，如果能够调顺身心的话，就可以不服药，这就叫"移精变气"。

现在人们的观念里还存在一个很大的误区，就是认为养生就要吃补药。很多的商家都在推销营养药、滋补药，但其实都没有必要吃。因为有的时候吃了，反而是有害的，会造成营养过剩。在老年人中这样的例子似乎还不是很多，但是在青少年中间，这个问题就显得非常严重。吃了过多的营养药、滋补药之后，儿童的发育就会变得很不正常。在某种程度上，也可以说是发生了生理变态，早熟了，这是很有害的。因为一个人的成熟跟他的寿命是有关系的，成熟得越快，生命就越短，并不是说成熟得越快，生命就越长，身体就越好。

现在这些营养品、滋补品，在青少年中已经引起了相当严重的危害，这完全违背了中医的养生理论。

养生之道，顺其自然

中医养生理论中最根本的一条就是要顺其自然。《黄帝内经·灵枢经·本神篇》里讲："故智者之养生也，必顺四时而适寒暑，和喜怒而安居处，节阴阳而调刚柔。如是则僻邪不至，长生久视。"

董仲舒在《春秋繁露》中也说："循天之道以养其身，谓之道。"

什么叫作养生之道呢？就是"循天之道养其身"。一句话，养生就是顺其自然，人跟人是不一样的，要按照自己的实际情况来循天道。

我有四句话："法无定法，因人而异；理有常理，顺其自然。"认识到这个，养生就好办了。

三理养生

中医讲的养生是很值得探讨的，还有"三理养生"这样一种说法，所谓的"三理养生"，就是从生理、心理、哲理上来养生。

什么是生理养生呢？包括了动静适度、食养和起居有常等三个方面。

首先是动静要适度。运动不能过分，而是要根据每个人的情况，进行适度的锻炼。锻炼也不一定拘泥于一种形式，比如有的人爬山心情舒畅，有的人散步就觉得很好。所谓动则养，是从生理机制来讲的，动可以活络筋骨、疏通气血，但是动和静还得结合起来，静可以说就是适当的休息。

另外，动也不一定就是我们表面上看到的动，其实动也可能是内在的。有的时候，一个人表面上是静的，其实内里还有动。比如说静坐，静坐是一种很好的休息办法，也是一种很好的养生办法。在静坐中．其实就有动，就是通过外部的静，让气在人的身体里面动起来。道家讲有小周天，打通任督二脉，气息循环一个小周天就有这个道理在其中。禅宗的坐禅，也是静中有动，主要通过调身、调息再到调心。至于太极拳，更是动中有静、静中有动了。我认为太极拳最全面地体现了中医和中国文化内外结合、动静结合、刚柔结合的精神，是一种很好的生理养生的方式。

生理养生的第二个方面，就是食养。食养的关键是要营养均衡，同时不要暴饮暴食，养好脾胃。刚才我讲了，脾胃不好可以引起种种疾病。其实对一个人来讲，脾胃不舒服，各个方面都会不舒畅。我们也必须看到，脾胃不舒服，有时跟精神也有很大的关系，脾胃不好本身也会引起精神的不适，如果能够调适好精神，也会使脾胃舒畅，它们是相辅相成的。

生理养生的第三个方面，就是要起居有常。总的来讲，食饮有节、起居有常、不妄作劳，是生理养生最重要的三条原则。

第二层养生的"理"，就是心理养生。心理养生，其实主要包括调节情绪与修养德行两个方面。

第一个方面是调节情绪，就是调适好七情六欲。喜怒忧思悲恐惊，这就是七情。中医里讲，七情常常是受到外在的各种刺激后产生的。它有时候是一种生理的反应，比如说在我前面突然出现一个东西，我一点不紧张、一点不惊恐，不可能！所以我常常讲，一个人如果没有喜怒哀乐，就不能算人了。喜怒哀乐是很正常的生理反应，问题是能不能调适好它们。中医主张，对七情六欲应有所节制。就像孔子讲的，"乐而不淫，哀而不伤"，就是说高兴不能过分，悲哀也不能过分。喜怒哀乐一过分就会伤害身体，能不能调节好情绪，这是一个心理的问题。

心理养生中最重要的就是调适自己的情绪，不要有那种大忧愁、大悲哀，也不要有所谓的大喜，太高兴就有可能乐极生悲了。如果能够保持七情不受干扰，能够保持一种平和心境的话，按照中医来讲，真气就能内存，人的五脏六腑的气血就可以调和流畅了，各种各样的邪风就无法乘虚而入。这样的话，你的身体就可以百病不生。

心理养生的另一个内容，就是修养德行，即提升自己的品德。《论语》里面也讲过，"智者乐，仁者寿"。仁者就能寿，俗话也讲，有大德者必长寿。

唐代有一个非常著名的医学家，叫孙思邈，他在自己的医学著作《千金要方》里就说过："德行不克，纵服玉液金丹，未能延寿。"也就是说，你的德行如果达不到一个很好的程度的话，即使服用什么玉液金丹，也不能够延长你的寿命。他还讲："道德日全，不祈善而有福，不求寿而自延。"如果你的道德不断地完善，即便你不去祈求善也有福，不求寿也会延长寿命。他最后得出结论是："此养生之大旨也。"这就是养生的根本道理。

　　第三层"理"是什么呢？就是哲理养生。哲理养生是更高层次的养生，涉及每个人的人生观、世界观。简单说来，就是你悟透了人生的道理，悟透了世界的道理。那么，怎么样叫悟呢？明末清初有一个著名的思想家叫王夫之，他就提出了一些哲理方面养生的说法，叫作"六然四看"。

　　"六然"是指什么呢？第一是"自处超然"，自处就是自己看待自己，自己怎样来看待自己呢？要超然，也就是说，要达观、豁达；第二是"处人蔼然"，处人是对待别人，就是说对人要非常和气，与人为善；第三是"无事澄然"，没有事情的时候要"澄然"，澄是非常清澈、非常宁静的意思，就是说没有事的时候要非常宁静，如果说自处超然有点淡泊的意思，无事澄然就是宁静，宁静就可以致远；第四是"处事断然"，就是处事要有决断，不能优柔寡断、犹犹豫豫；第五是"得意淡然"，就是说得意的时候要淡然，不居功自傲，忘乎所以；第六是"失意泰然"，失意的时候要泰然处之，别把它看得那么重。

　　自处超然、处人蔼然、无事澄然、处事断然、得意淡然、失意泰然，这六个"然"，不就是一种人生态度、一种人生观吗？是不是很有道理？

　　还有"四看"。"四看"其实也很有意思。看什么？

　　第一是"大事难事看担当"，遇到大事难事，要看你能不能勇于面对它，是不是不回避、不逃避，勇敢地担当起来；第二是"逆境顺境看襟怀"，碰到逆境，或者处于顺境，这时就要看你的襟怀够不够豁达，能不能够承受得起；第三是"临喜临怒看涵养"，碰到了喜事或者令人恼怒的事，换句话说，面临得失（喜就是得，怒就是失），就要看你的涵养，能不能宠辱不惊；第四是"群行群止看识见"，所谓行止，就是去留的意思，碰到去留的问题，就要看你的识见了，看你能不能作出正确的判断，该去就去，该留就留。

大事难事看担当、逆境顺境看襟怀、临喜临怒看涵养、群行群止看识见，这"四看"实际上也就是对人生、对社会一种很透彻的了解和把握。这些都是在更高的思想层面上来讲的，因此叫作哲理养生。

我觉得中医在养生方面非常深入，从生理到心理到哲理，都考虑到了。现在很多的病都停留在治疗生理层面上，但全世界都开始认识到人们亚健康的状态是越来越严重了。所谓的亚健康状态，其实就是心理越来越不健康，心理疾病越来越多。心理层面的治疗现在已被提到一个相当高的地位。中国现在拼命地学人家，其实这个方面中国的资源是最丰富的。

现在，我们还没有哲理方面的治疗，甚至于还没有意识到治病还要从哲理方面去治。其实哲理方面的治疗就是培养一种正确的人生观、世界观，我觉得这对人的健康而言，可能具有更重要的意义。我们常常讲要心胸开阔、心境平和。心胸开阔、心境平和，应该说是心理层面上的，如果还解决不了，就必须到最高层次，即人生的意义、人生的价值的认识层面才能解决。"仁者寿"，这话绝对是有道理的，问题是我们能不能做到。

四、结语

我想中医理论的核心、落脚点就在养生上，即治病于未病。我们也可以看到，中医的思想，不是仅仅针对某一个具体的实际的病，而是从整体上来治疗，从饮食、起居、心理、哲理各方面进行总体调节。人是有生命的个体，生病不可能只是个体某一部分孤立地出问题了，一定是整体上都有问题。

用这样一种整体的辩证的思维方式来看待一个生命体，应该说是中医最根本的一个基点。治疗要有整体的调适，只有整体的调适才能够从根本上治好病。

中医讲固本培元，要从根本上入手，治标必须治本，或者是标本兼治。在中医里面，处处都体现了整体的观念，体现了相互关联、以本统末的观念。

我们只有真正认识到中医的这些理论和它几千年实践的经验，认识到它真正的价值，才能够真正地看到中医里面所体现出来的中国文化的精髓，才能够真正认识到中华文化的意义、价值之所在。谢谢大家！

（本文根据楼宇烈先生为清华、北大学生中医协会讲座整理而成，题目为编者所加。）

禅与生命的体悟

各位同学：

　　大家晚上好。应禅学社的邀请，我今天来给大家做个讲座，说说禅与生命的体悟。

一、禅与禅宗

　　禅，大家都有些了解，但又不是非常了解，所以常常对禅有种很神秘的感觉。其实，禅是最朴实、最贴近生活的，和我们生命的联系都很紧密。为了讲清楚这个问题，下面我将对禅这个思想的发展变化情况做个简单的介绍。

禅的本来意义

　　"禅"是一个外来的概念，是从印度传过来的，是印度古代各种宗教修行的一种方法。它可以翻译成"思维修"，即思维的修炼，也有人把它翻译成"冥想"。它的办法就是让你的思想专一、专注于一境，所以也可以翻译成"定"。有的时候我们也讲"禅定"。"禅"是音，"定"是意，翻译成"禅定"这个词就是把音和意结合在一起了。在印度古代，一些宗教家认为，通过一种禅修的方法能够产生智慧和各种各样的神通，同时也能产生一种慈悲的心。所以，他们把禅修作为基本的修行方法。佛教发展起来之后，继承了这种禅修的方法，并使它的内容慢慢充实起来。把禅和智慧联系起来，通过坐禅来启发人的智慧，让人了悟人生。禅后来就成了佛教最基本的修行方法。

我们知道，佛教有三个基本的学习和修行方法，我们称之为"三学"：戒、定、慧。"戒"，就是指各种各样的戒律，修行者通过戒律来自我约束。佛教认为，人生充满了苦和烦恼，因为人存在着三种心：贪、嗔、痴。佛教用"三学"来治服这"三心"。"戒"就是来对治"贪"的，贪一般指生理上面的一些欲求，基本戒律都是限制生理方面的追求的。比如说"五戒"，不杀生、不偷盗、不邪淫、不妄语、不酗酒及吸食毒品等等，都是针对生理上面的贪欲。"定"，是来对治"嗔"的，"定"也就是"禅"，"嗔"就是一种不平衡、嫉妒，把自己和别人一比较，看到别人在哪些方面比自己强，就不高兴，起嫉妒心，这时候我们就需要"定"，静下心来，不要胡思乱想，不要跟人家攀比，禅定能让你的思想专一，从嫉妒心中解脱出来。"慧"就是"智慧"，它是来对治所谓"愚痴心"的。"愚痴"并不是我们通常所说的笨，用佛教的话说，它是一种"无明"。有"愚痴心"的人，他可能非常聪明，但是聪明反被聪明误。"愚痴"包含一种执着心，一种颠倒心。什么事情都分得很清楚，你的我的分得很明白，然后就喜欢争执。我们还可以说，那种认死理、钻牛角尖等等，都属于"愚痴"。佛教所讲的智慧是用来驱除"分别心"或"执着心"的，驱除偏执、驱除钻牛角尖，让你明白世界是整体的，任何事情之间都相互紧密联系，不能简单地对立起来看。在"三学"里，"戒"是基础。而"定"（即禅定）是关键，因为前面讲过，禅的修行方法就是入定了之后，让修行者认识世界、认识社会、认识自我，从而发挥"智慧"。禅，于是便成了原始佛教的一种求解脱的主要修行方法。佛教发展成大乘佛教之后，禅依然是求证佛道的主要方法。大乘佛教讲"六度"（或者说"六波罗蜜"），"六度"中的"禅度"也即"禅波罗蜜"是一个很重要的部分。以上我给大家介绍了禅的本来意义。

佛教中还有很多具体的修行方法，包括打禅等等。有机会的话大家可以去体验一下打禅。但是禅是不能随便乱坐的，如果没有得到正确的引导，就会出岔子。比如，冥想变成了幻想，变成了幻觉，最后就要出问题。这不是我危言耸听，包括出家人，他们中就有因坐禅而变成神经病的。所以，同学们平时简单地静坐是可以的，如果真想体会禅的境界，体会禅的喜悦，那一定要有正确的引导才行。在坐禅的过程中，确实会出现生理上、心理上的一些变化和一些特殊现象，这是不稀奇的。中国近代有个怪人，叫杨度，他很有意思，也很有学问。他是保皇党人，辅佐袁世凯。保皇失败后，他就跑到天津闭门学佛。他把自己在坐禅过程中的外在表现和心得体会都记录了下来，并且体会到：坐禅不是去追求特异功能，而是去领会禅的根本精神。他认为，禅的基本精神就是无我，所以他曾提出，要建立一个无我法门。后来，他从佛教中走出来，又参加了中国共产党。他的党员身份很多人都不知道，还是周恩来总理给他证明的。他对佛教的体会能走进去又走出来，是值得我们借鉴的。

禅宗的“禅”

现在我们所讲的“禅”，常常是和中国的一个佛教宗派——禅宗联系在一起的。下面我来讲讲禅宗中的“禅”是怎么回事。

禅本来是印度古代宗教常用的一个修行方法，不同的宗教修行的具体方法不一样。比如佛教中显教和密教的坐禅方法就有差异。禅宗之所以能称为“宗”，在这里，禅已经不是普遍的一个修行方法了。从某种程度上说，它已经摆脱了禅的外在形式，而着重于把握禅的内在精神。所以他们称这种禅为“最上乘禅”。禅宗的祖师们，根据修行者修行所达到的不同的程度，把禅分为不同的层次。唐代著名佛学家宗密，把禅分为五类：

第一类叫作“外道禅”，所谓外道就是不属于佛教，这种禅是其他的宗教也可以用的修行方法。

第二类叫作“凡夫禅”，凡夫就是普通人，没有异端信仰的人。

第三类叫作“小乘禅”，“乘”是一种运载的工具，“小乘”只能渡自己到彼岸去。“小乘”这个概念带点贬义，我们现在不常用，只是沿用历史上的说法。被“大乘”称之为“小乘”的，是一些部派佛教。佛祖释迦牟尼创立佛教，经过一百多年后，内部形成了许多不同的意见和分歧，于是就分裂成了二十个部派。分裂前的佛教我们称之为原始佛教，分裂之后的我们称之为部派佛教。部派佛教中的一部分后来发展成了大乘佛教，有一部分淘汰了，还有一部分跟大乘相对的上座部佛教，现在还存在，主要存在于东南亚地区，包括我国云南的傣族地区，也称作南传佛教。

第四类叫作“大乘禅”，它基本符合大乘佛法的观念。禅宗认为仅仅达到大乘禅还是不够的，因为大乘禅中对佛法还有不同的理解。

第五类叫“最上乘禅”，自心本来清净，原来就没有任何烦恼，自心本来是无漏之心（在佛教中无漏与有漏相对，有漏常常指有烦恼，而无漏之心就是没有漏洞，没有烦恼，很圆满），无漏之心本来自足，众生和佛没有两样。只有能悟到这些，才是"最上乘禅"，比一般的"大乘禅"要高一个层次。禅宗"最上乘禅"的核心是要把握大乘佛法一切皆空的道理。

佛教的"苦"和"空"

我常常说，佛教最根本的理论只有两个字："苦"和"空"。佛教教义建立在"一切皆苦"的基础上，它体悟到：世界上一切有生命的众生都是苦。释迦牟尼当年出家，就是因为看到人有生、老、病、死等这些苦，他感觉到人生整天都在苦，于是创立佛教要解决苦的问题。那么"苦"是怎么来的呢？"空"的理论就是要解决这个问题。本来一切都是"空"的，我们却看成"实"的；本来一切都是虚幻的，我们却看成实在的。这样，就产生了"苦"。"空"就是在分析人们会产生这样颠倒的认识的原因。原始佛教，包括小乘佛教的时候，人们对于"空"还仅仅是一个局部的认识。刚才讲过，人因为把不实的东西看成实在的，并且去追求、去执着，所以会"苦"。既然这样，通过修行的办法，包括禅这种修行方法，把看到的一切都"看空"，这样就不会去追求它，不会去执着它，就没有欲望了。所以说，原始佛教和部派佛教追求的都是这种"离欲"的解脱。他们解脱以后所达到的果位，是我们现在常常听到的"阿罗汉"或者叫作"罗汉"。我们到寺庙里都可以看到，有的是十八罗汉，有的是五百罗汉等等。这些"罗汉"都是断除了种种欲求的人，断除了欲求，也就断除了对事物本身的认识。这是从主观上、从主体上把事物看"空"，忽略了事物的外在现象。原始佛教和部派佛教没有慎重地考察外在现象的"空"与"实"。而大乘佛教所提出的"一切皆空"，不仅仅指主观，还包括一切外在现象，这些外在现象，不仅仅指物质现象，还包括精神现象、理论及学术方面，都是"空"的。佛教中有个"法"的概念，它有多重含义，其中一个很重要的含义，是指一切的现象，包括物质的现象、精神的现象和理论学术的现象，它还包括宗教设计的终极目标——彼岸世界在内，在部派佛教和原始佛教中，讲"人空法不空"。

佛教的缘起理论

为什么一切现象都是"空"呢？下面讲讲佛教的缘起理论。简单地讲，缘起理论认为，事物或现象都不是孤立存在的，各种条件凑合在一起才出现某种特定的事物或现象。比如说，一个花瓶就需要几种条件凑合在一起：泥、水、工匠。组成事物的这些条件就叫作"因"和"缘"。因缘也分主要、次要，主要的我们称为"因"，次要的我们称为"缘"，也称作"助缘"。既然一切事物都是因缘合成的，那么因缘聚则事物存在，因缘散则事物消失。根据这样的理论来推论，一切事物就都没有一个恒常的、独立的本性。用佛教的话说就是没有自性。佛教有"三法印"之说，印就是印记、印章。佛教的三个标志是："诸法无我""诸行无常""涅槃寂静"，前面两个讲一切法皆空，最后一个是说佛教追求的涅槃的境界。"诸法无我""诸行无常"，是说一切事物都由因缘聚合而成，因此没有自性，这就叫"无我"；因缘有聚就有散，不可能永远聚在一起，因此不可能恒常，这就叫"无常"。无恒常性说明了事物是不可能永恒的。这就说明了"空"的理论。

因缘合成。大因缘由小因缘合成，小因缘由小小因缘合成。因缘就这样往细分，分到极微小后，还能再分下去吗？没办法分了。最后，还得承认极微（色的最小单位）是真实的，这是部派佛教因缘关系没有完全解决的一个问题。大乘佛教对这个问题的理解有了发展，它认为：一切事物，我们讨论的是它的无自性和无恒常性，因为事物由因缘组成，因缘有聚有散。既然这样，那些极微小的因缘就没有讨论的必要。"因缘所生法，我说即是空"，凡是因缘所生成的法，就是空。大乘佛教思想认为，"空"并不是"无"。"空"是指事物的无自性和无恒常性，并不否认事物暂存的现象或者说假象、幻象。当佛教讲空的时候，并不是否认现象。我说我们都是空，那我眼睛里什么也没有，是这样吗？不是这么回事。大家都是一个个有活力、有朝气的年轻人。但是我们要看到：每个人都有生老病死，有生就必有死。每个人都会由年轻人变成老年人，我1955年进北大的时候也和各位一样，现在已经垂垂老矣。就是有这样的变化，必须承认这个现象。人也是无常，总有一天要离开这个世界，肉体将会散掉，因缘也就散掉了。大乘佛教讲"空"的理论，是要求把握"空"的根本精神的，并不是去分析"空"。对现象我们不能太执着，人亦空，法也空。法空里还包括佛教中所提的种种最后境界。

禅宗的精神

我们常常听到这样的话，"色不异空，空不异色；色即是空，空即是色"。这是《心经》里的句子，在《红楼梦》里大家也可以见到。所谓"色"，即指各种各样的现象，"空"包含在各种现象中，没有离开"色"的"空"，而一切"色"的本质即是"空"。

有时候我们会想：真烦恼了，去找一个清净的地方吧。这种想法在佛教看来，无非是从这个牢笼里面跳出来，钻到另一个牢笼里面去。所以，不能执着于烦恼，也不能执着于清净。佛教告诉我们，所有的东西都是相对的。我举个例子：一件衣服脏了，就拿去洗。那么是不是洗洗就干净了呢？其实，洗干净了之后，脏不存在了，干净失去了和它比较的东西，那么干净也就不存在了。禅宗就是要我们把握大乘佛教中一切皆空的根本精髓，破除对一切现象的执着。这好像违背人们的常识，因为我们要认识事物，必须进行分别、比较。说一个东西甜，那一定是和不甜或者和酸的东西来比较而言的。佛教看到，正由于用分别心看问题，使人产生了执着心，放不下。一切的执着，来源于"有我"。因为"有我"所以"有他"，"我的"就要好好保护，"他的"我得想办法变成"我的"。这样，便产生了三心：贪、嗔、痴。其实，"我的""他的"等事物都不具有恒常性，争来抢去的有什么意思呢？"空"的理论就是用来破除分别心和执着心。禅宗，"最上乘禅"的核心表现是：注重内在精神的把握和修证，而不拘于外在的各种表现形式。所以参禅的关键，是要把禅的精神，体现在时时、处处、事事当中。唐代玄觉禅师有句话："行亦禅，坐亦禅，语默动静体安然。"禅师马祖道一的大弟子大珠慧海也讲过："行住坐卧并是汝性用。"禅本来需要静坐的，但禅宗破除了这种外在形式，把禅体现在一切地点、一切时间、一切事件上面。这样，禅已经不是佛教统一使用的修行方法了，因此禅宗是一个独立的宗派。

二、体悟生命

禅的本质是一种实践，而不是单纯的理论讨论。传统的禅如此，禅宗的"最上乘禅"也是如此,"最上乘禅"实践的中心,就是今天我的讲座题目——体悟生命,认同生命的意义和价值叫体悟生命。如果你想学禅,学禅后没有体悟到生命,那我认为你的禅只是口头上的禅,只是文字上的禅,这样的禅对你没有帮助。

认识生命之苦

怎么来体悟生命呢?生命也可以分为几个不同的层次,有肉体上、生理上的生命,也有精神上的生命。精神上的生命又可以分成心理层面的和理智层面的。生命的这三个层面和我前面提到的贪、嗔、痴三心是联系在一起的。

体悟生命,首先要认识到生命之苦。生命之苦,一个是贪、嗔、痴"三毒攻心",一个是"八苦缠绕"。这些苦每个人都避免不了,我不是在吓唬大家。

贪、嗔、痴三心中,"贪"相对来讲是最容易戒除的,"嗔"比较难戒除。现实中有许多东西让你放不下,比如说名次:比赛第一、学习第一等等,让你不得不去和别人比,这使人很痛苦。我认为一个人在这样的环境下是不能够健康发展的。人人都有自己的长处,应该发挥自己的长处,不应该向一个标准看齐,标准可以有许多。俗话说,"三百六十行,行行出状元",而我们现在往往只盯着其中一行或几行,这就麻烦了。现在有些年轻人,正是由于这样,感觉压力很大,心理不平衡,导致精神失常,我对此很痛心。"痴"现在也越来越严重。我们现在一切讲科学,科学就要分辨,就要分析,就要打破砂锅问到底。但是实际上,有许多问题是打不破砂锅,也问不到底的。有很多东西,我们不知道什么时候才能知道,还有很多东西，我们可能永远都不会知道。更重要的是，我们对客观事物研究得越深入，我们未知的东西就会越多。所以我常常讲，我们要有一个科学的精神，但是我们还必须有人文的化导。

2003年6月，国家宗教局召开了一个座谈会，讨论关于宗教的长期性问题。我们曾经有很长一段时间认为宗教很快就会消亡，因为我们科学发达了，我们能掌握自然规律了，能掌握自己命运了，剥削阶级推翻了，阶级压迫不存在了。但是从哲学上说，有些问题是永远解决不了的。第一，人认识的有限性和世界的无限性这对矛盾永远存在。今天认识了这个，明天它就可能变化了，我们又不认识它了。或者你认识这个，不认识那个。偌大的一个世界总有人未知的角落。如果世界被人认识透彻，那世界就不存在了。而恰恰是人们的种种疑问的存在，导致迷信或者宗教信仰的可能。第二，偶然性和必然性的关系。偶然性永远排除不掉，所有的必然都要通过偶然才能实现，反过来，偶然之中也有必然。两个人一块儿走，为什么这块砖头偏偏掉到我脑袋上而不掉在他脑袋上呢？解释有很多，但有一点，偶然性是存在的。人们对偶然性的各种理解，同样有导致宗教信仰的可能。而这些东西是科学永远无法证明的。

我在会上提出：应该多一些人文的开导，我们应该有一个开阔的胸襟，不要追究过分细小的事情，不要钻牛角尖。中国古人有很多这方面的教导。庄子说："吾生也有涯，而知也无涯，以有涯随无涯，殆矣。"我的生命是有限的，而认知是无限的，以有限的生命去追寻无限的世界，那是要出问题的。孔子说："知之为知之，不知为不知，是知也。"这句话不仅仅是表达谦虚，而是因为有些事情我们确实不可知。庄子还说过："六合之外，圣人存而不论；六合之内，圣人论而不议。""六合"是天地四方，说的是：天地范围之内的事情我们可以讲一讲，但是不必要去议论它；天地范围之外的事情我们可以"存而不议"。禅宗之所以能在中国发展起来，是因为它和中国传统的人文精神有着契合点。《荀子》中说，人们求学问，并不是为了自己怎样通达，而是为了当碰到坎坷挫折的时候，不会被它们难倒而不知所措。才与不才是人自己的问题，遇与不遇是时的问题。有才能的人没有机遇，古往今来多得很。怀才不遇的人，往往会有很多牢骚，怨天尤人，实际上这是自寻烦恼。其实我们在增长才能的时候也要等待时机、把握机会，更要创造时机，有很多机遇可以由自己创造。我想举一个很简单的例子：两个人给领导当助手，一个人总是认认真真地完成任务，另一个人总觉得任务太简单，自己是大材小用，所以总是马马虎虎地完成任务。如果你是领导的话，你更喜欢哪个人？很多人会告诉我，当然是喜欢第一个人了！所以，第一个人实际上就是给自己创造了机会，下次领导有事情肯定找他，因为他做事认真负责。时间长了之后，他积累了工作经验，增长了才能。我们要看到才能和时的关系，更要看到创造机会的重要。我现在在讲台上讲，下面那么多同学在听，你们不要觉得我有多了不起，而是因为我有这个机遇，很多造诣比我深的人没有这个机会来给大家讲。刚才有同学说我是权威，不是的！有这样的机会我就要把握，充分发挥才行。没有机会的时候，也不要埋怨，因为你在积累你的才能，你在寻找、在创造机会。我认为贪、嗔、痴"三毒"现在对我们影响比过去更厉害，我们因此也更需要人文的开导。一个人，不应该老是很紧张，文武之道，一张一弛，需要认真的时候，也需要放松的时候。看问题要全面一点儿，把事情看得开一点儿。事事得第一，一定是好事吗？不见得。把事情做好才是最重要的，不是第一，但也能够把事情做好。中国传统文化中的儒家、佛家、道家文化，还有禅宗的人文精神，都可以对今天的人们有清醒、缓释的作用。

另外，生命还有"八苦缠绕"。生、老、病、死就是其中四苦。确实，生死是困扰人类的大问题。人类的大脑太发达了，会想这个问题，动物大概很少想。人们常常把宗教说成一种临终关怀，其实临终关怀不是只关怀死，也要关怀生，没有生哪来的死？老病会给家人、给社会带来很多麻烦，所以现在常常讲健康最幸福。同学们有时候对我说，楼老师您年纪也不小了，下雨下雪天就别来上课了吧。我说，不行哦！人能活动就是幸福，你们不要剥夺我的幸福！今天我能来给大家讲座，是我的幸福，我能让大家都感到幸福，那更是我的幸福，是吧？还有四种苦，跟精神上有关系。爱别离苦，我们会为和我们爱的人分别而痛苦；怨憎会苦，冤家碰头肯定痛苦；求不得苦，想要得到的东西得不到，很烦恼；五蕴炽盛苦，五蕴就是色、受、想、行、识，在佛教看来，一切生命体都是由这五个方面组成的，色属于物质方面，受、想、行、识属于精神方面。以上八苦缠绕着我们，任何人都逃脱不了。可能有人能摆脱后四种苦，但前面四种是无论如何也逃脱不了的。但是，后四种苦，凡是有感情的人也逃不掉。我们先要认识人生的苦，然后再寻求生命的真谛。

探求生命真谛

生命的真谛也是禅宗经常讨论的问题。禅宗祖师六祖慧能，从他的老师弘忍那里得法后，弘忍劝他快走，因为弘忍怕慧能的师兄弟们嫉妒，慧能连夜就走了。第二天一早，弘忍的弟子得知此事后便去追，其中一个和尚追上了慧能。慧能问："你追来是不是为了我的袈裟和钵盂啊？给你得了。""我不要。我想要得法。"慧能又说："不思善，不思恶，哪一个是明上座的本来面目？"本来面目成了禅宗追求的目标。本来面目就是指人的本性，禅宗认为，本来面目就是清净的本性。《坛经》中慧能的得法偈有云："菩提本无树，明镜亦非台。本来无一物，何处惹尘埃？"最初记载的是："佛性常清净，何处有尘埃？""本来无一物"，容易让人产生误解。"佛性常清净"，是说它的本性是清净的，所谓"清净"就是指"空"。既然是空，为什么还要讲清净呢？《大般若经》里讲明了：一般人听到"空"就认为是什么也没有，就害怕，所以要讲"清净"。"性空幻有"，空是从本质上讲，而有是从现象上讲，所以称为幻。空不离有，有不离空；离有无空，离空无有。如果能认识到事物本质是空，那么任何的分别和执着都是没有意义的。我们哪一个生命体不是空的、赤条条地来到这个世界？！又有哪一个生命体不是空的、赤条条地离开这个世界？！这就是生不带来、死不带去。既然如此，我们现在拥有的一切是怎么来的？是社会给我们的，是众生给我们的。所以，最后应该把现有的东西全都还给天地，还给众生，这就叫报恩。这一点在中国传统文化中也有体现。荀子说过，"礼有三本。天地者，生之本也；先祖者，类之本也；君师者，治之本也"。所以中国古代，人们都要供一个牌位：天地君亲师。为什么啊？报本，报生之本、类之本、治之本。大乘佛法认为，最有意义的生命是要慈悲济世。很多佛经中写道："如来圣教，慈悲为本。"一切佛法以慈悲心养育万物，以慈悲水灌溉众生。大乘佛教把慈悲是放在第一位的。所谓慈悲，慈是给众生以快乐，悲是拔众生于苦难，合在一起，就是说要救度众生。

大乘佛法的根本精神可以用两个字来概括："智"和"悲"。也可以连在一起，叫作"悲智"。"智"是讲自我觉悟的问题，"悲"也就是觉他，是讲救度别人的问题。"悲智"，也即自觉觉人、自度度他。觉悟人生，奉献人生。智慧的人才能觉悟，觉悟人生就是"智"，没智慧的人永远是"迷"，因为在"迷"的过程中三毒攻心。

奉献人生就是"悲"，就是度人。禅宗对生命的认识不能够只停留在虚无缥缈的地方，不能永远沉浸在幻想之中。禅宗十分强调现实，也即当下。生命的意义，体现在当下。我们活在当下，修在当下，悟在当下。禅不需要离开当下，离开了当下什么也得不到。近代著名高僧太虚的偈子云："仰止唯佛陀，完成在人格。人成即佛成，是名真现实。"体悟生命，就要从当下做起，不要离开现实。

三、人生"修禅三次第"

在这里我告诉大家，学禅就是要从你的本分事做起。有人问学禅有没有一个次第、一个道路可循。有。这就是三句话：做本分事，持平常心，成自在人。或叫作"禅学三要""修禅三次第"。

做本分事

第一句就是"做本分事"，做好你现在应做的事。刚才我们看到图片上禅学社的同学去参观河北赵县柏林寺，柏林寺是唐代赵州禅师的道场。做本分事就是赵州和尚在接引学人时讲的一句话。他的弟子不明白什么叫"做本分事"，他就解释说："树摇鸟散，鱼惊水浑"，树一摇动，鸟就飞散了，水里的鱼一惊动，水就浑了，这是很普通的事情。学禅也是很普通的事情，你现在在干什么，那你就继续干什么。有人听了不解，会问"那你还修什么呢，既然你已经这样了那你要修什么呢"。但这正是佛教所讲的"无修之修"，这个其实比你想通过学一个什么方法去修更难。因为就一般人来讲，他们都是不太安于自己的现状的，总是手里做着一件事，心里想着另一件事，而且总觉得我手里做的这件事是委屈了我这个人，而我心里想的那件事才是真正适合我做的事。所以说要能够做好你手下的本分事不是一件很简单的事，而禅正是要在这个地方考验你、锻炼你。我们常常讲事情要从脚下开始，你怎样才能使自己成为一个有修养的人？脱离你现在所做的事，这只能成为一个空想。禅不是一个空想，它是很具体的，就在你的面前。你要是能真正做到这第一步，你也就有了一个很好的开始了，你也就开始认识到禅的真谛了。禅不是要让我们离开现实世界去幻想一个什么样的境界，而是就在现实生活中让你去体认你的自我。学人们经常会问这样的问题："你有什么办法帮我解决种种烦恼啊？帮我解脱掉绑在我身上的种种绳索啊？"很多禅宗祖师们在回答他们的时候就会反问："谁绑住你了？"没有人绑住你，是你自己绑住你自己的，我们有句话叫"自寻烦恼"。你自己有了分别心，自己讨厌这个现实生活环境，讨厌这么多的包袱，就想跳出这个现实生活环境去找一个清净的地方躲起来，可是有这样一个清净的地方吗？没有！看起来你是跳出这个环境了，可实际上你是放下这个包袱又去背上另一个包袱，逃出这个牢笼又去钻进另一个牢笼。禅宗强调当下就觉悟到你的本性，本心是没有烦恼的，只是你自己把烦恼加在自己身上，禅宗的第一个宗旨就是"自心本来清净、原无烦恼"，你要离开现实的世界去寻找一个清净的世界，本身就是一个烦恼，因为你找不到。所以我们要从当下的本分事做起，这是第一步。

持平常心

第二句话是"持平常心"。这句和前一句是相通的，但是它对你的要求又提高了一步。因为虽然你做好了本分事，但你是否还能做到对你所做的事没有什么计较呢？你是否在意别人对你所做的事的赞扬或批评？是否会因为别人说风凉话心里就不高兴、别人说了好话心里就很舒服呢？做好本分事不等于保持了平常心。平常心就是该做什么做什么，不动心，不起念。禅宗公案里有这样一个故事，有人问一位禅师："你平时修炼不修炼啊？"他说当然修炼了。又问："你怎么修炼啊？"他说我是"饥来吃饭，困来睡觉"。别人就纳闷，说你这也叫修吗？他说当然是修了，有多少人是吃饭的时候不好好吃，百般思虑啊，睡的时候不好好睡，千般计较啊。本来很普通的一件事，吃饭睡觉，可是有很多人就是要想东想西，吃到好的就高兴，吃到差的就埋怨。对于这些事你能不能不计较任何的好坏呢？用佛教里的话讲就是能不能做到"八风吹不动"。哪"八风"呢？利、衰、毁、誉、称、讥、苦、乐。"利"就是顺利，"衰"就是衰落，"毁""讥"就是毁谤你、讥讽你，"誉""称"就是赞扬你、吹捧你。你做任何事情，在这八种情况下都能不动心，那是需要很高的修养的。有时尽管你嘴上会说"这些事我都看穿了，根本就不在乎"，可是当别人说你几句风凉话的时候，你心里可能就不太好受。别人要是吹捧你几句，你虽然表面上说"哪里哪里"，可是心里面可能在暗暗自喜。这也是人之常情，要想克服这一点，必须禅修达到相当的境界才行。我常常讲一个故事，宋代的著名文学家苏东坡，他对禅学有很深的造诣，他跟佛印禅师关系相当好，平时经常来往，他们一个住在江南，一个住在江北。有一次苏东坡坐船过江去看望佛印，恰好碰到佛印不在寺庙里，他就一个人在寺庙里转悠，看到大雄宝殿里的佛像十分庄严，他就写了一首诗："稽首天中天，毫光照大千。八风吹不动，端坐紫金莲。"写完很得意，就交给小和尚，说等你师父回来交给他看，然后就走了。佛印回来看到这首诗，提起笔来在上面题了两个字：

"放屁！"并让这个小和尚给苏东坡送回去。苏东坡一看很纳闷，心里很不以为然，心想我写那么好的诗，居然给我的评价就是"放屁"两个字。所以他就马上坐船去找佛印禅师，要跟他辩辩理。见了佛印禅师，佛印跟他说，你不是"八风吹不动"吗？我怎么一屁就把你打过江来了呢？所以你们看，苏东坡的佛学修养还是相当高的，对佛学的义理理解得也相当透彻，可是碰到这样具体的事，他就不能用平常心去对待。大乘佛教讲"六度"，即从此岸世界渡到彼岸世界的六种修炼方法：布施、持戒、忍辱、精进、禅定、智慧。其中第三度所讲的忍辱，我们常常将它理解成忍受屈辱，比如别人打你、骂你你都能忍住，甚至像基督教里讲的那样，别人打你左脸，你还要把右脸也送上去。其实佛教里讲的"忍辱"不只是忍受屈辱，你还要忍住人家的吹捧。"八风"里不仅有毁、讥，还有誉、称，对于别人的毁、讥，你可能忍住了，对于别人的誉、称你能不能也不为所动呢？要做到这一点是相当困难的。

成自在人

第三句话就是"成自在人"。所谓"自在"，就是自由自在。我们没有任何烦恼的束缚了，那不就是自由自在了吗？做"自在人"是佛教所追求的最高境界，佛教里描写的佛、菩萨所追求的就是一种大自在的境界。《心经》的第一句就是："观自在菩萨，行深般若波罗蜜多时，照见五蕴皆空，度一切苦厄。"那么怎样才能成自在人呢？什么是大自在境界？禅宗里也有描写，就是"终日吃饭，未曾嚼着一粒米；整日行走，未曾踏着一片地"。这句话在一般的思维方式下是不好理解的，而佛教通过这个要说的是，你不要被这些外在的相状所牵动，你虽然整天在吃饭、走路，但不会被米、路这些外境所干扰，而你又始终没有离开这个外境。修禅并不是要你躲到深山老林里去，什么东西都见不着，好像这样就不会被外境干扰了。其实就算到了深山老林里，要是你的心不净的话，你产生的种种妄想念头可能比你在热闹的地方更多。禅宗讲，你心净了，才能佛土净，心不净到哪儿都躲不掉。所以在这个花花世界里，如果你能做到对境不起心、不起念、不著相，那你就自在了。

四、活在当下的智慧

上面我给大家讲了三个步骤，即"做本分事、持平常心、成自在人"。有些人听了我这三句话，觉得很有意思，就问能不能给它再对上三句，让它成为一个对联呢？我想了想，觉得对上这三句话比较好，今天也奉献给大家：行慈悲愿、启般若慧、证菩提道。这三句话应该算是大乘佛教的最根本的精神。

行慈悲愿

第一句话是"行慈悲愿"。大乘佛教从哪儿入手？就是从慈悲入手，慈悲就是予乐拔苦，对众生要行慈悲，而对自己来讲也是一个修证的过程。因为最切实地来讲，怎么才能行慈悲？慈悲就是你的本分事。

启般若慧

第二句话是"启般若慧"。"启"就是开启，而"般若"本身就是智慧的意思，那么为什么不直接把它翻译成智慧呢？因为它跟我们平时讲的智慧不是一个层次上的东西，我们平时讲的智慧就是指一个人很聪明，或者这个人对事物能够分辨得很清楚。我们平时的认识就是从分辨开始的，我们讲一个东西是方的，这是相对于圆的、三角形的来说的。可是正是这种分别的思维方式让我们产生了一种分别心、执着心。在佛教看来最基本的一个分别就是我跟他人的分别，即"我执"，一切的烦恼归根结底来说都是来源于"我执"，将我和他人对立起来。那么要怎样才能破除这种分别与执着呢？那就是要用一种般若的智慧。所谓般若的智慧就是消除这种分别，它是一种平等的智慧，用《金刚经》里的话讲，就是"是法平等，无有高下"。这种所谓平等、无分别是在什么基点上来讲的呢？就是认识到一切事物本来是清净的、本来是空的。为什么说它们是空的？因为一切现象世界的事物都是因缘而生，都是"缘起"，既然是缘起的，这个事物就没有一个独立的自性，它是各种因缘集合在一起的，因缘汇聚才有这个生命体。所谓生命体都是由"五蕴"聚合而成的，即色、受、想、行、识。所以"因缘所生法，我说即是空"。没有一个独立的自性，在佛教里称作"无我"，因缘一旦散了，这个事物也就没有了。因此这样一个现象世界的事物是没有恒常性的，是刹那生灭的，所以佛教里讲"无常"，一切生命体都有生、老、病、死这样的过程，一切非生命体也有成、住、异、灭这样的过程，所以佛教才讲"诸法无我""诸行无常"。般若这种智慧要你看到这一点，用《金刚经》里的话说就是"一切有为法，如梦幻泡影，如露亦如电，应作如是观"。这样你就不会产生种种颠倒妄想，去执着它。只有这样你才会有平常心，不会去计较得失。佛教就是要你用般若的智慧去消除分别心、执着心，以及由这种执着心产生的贪、嗔、痴这"三毒"。贪就是贪得无厌，嗔就是恼怒，痴就是不明事理。有人会问佛教讲消除"执着心"、破除"我执"，这和有人生目标、有人生追求有没有矛盾？我想这是两个问题，一个人怎么可能没有追求呢？佛教并不是要制止你有人生目标，而是说你要找到自己恰当的人生目标。人最难的就是自我认识，把自己放在一个恰当的位置，如果你没有把自己放在一个恰当的位置上，瞎追求这个追求那个，那很可能就会出问题。一旦你把自己放在恰当的位置上，并在这个位置上做到最好，那就是真正把握了自我，这并不是执着。我们不要把两种执着混淆了，做事情要有一种执着心，这是佛教里讲的"精进"，是佛教所提倡的，它不同于我们这里要破除的"我执"。

证菩提道

第三句话是"证菩提道"。《法华经》里讲，佛是为了一个大因缘来到这个世间的，这个因缘就是开佛知见、示佛知见、悟佛知见、入佛知见。佛知见就是般若的智慧。那么佛教追求的是什么东西呢？就是"证菩提道"。菩提就是觉悟。佛教说，这种般若的智慧就是让你悟到你自己的本来面貌。禅宗常问，父母未生你前，什么是你的本来面貌？那就是什么都没有啊。佛教最终来讲是讲人的觉悟的，觉悟人生，认识到自我，而不被现象世界的我牵着鼻子走。如果你回归到真正的自我，那你就是自由的，现在人最痛苦的事情就是自我的失落。我们所以烦恼，所以觉得没有自由，是因为你还没有认识到必然，如果你认识到必然，那么你就有了自由了。自由是对必然的认识和把握。比如我们现实生活中的法律、规则都是一种必然性的体现，你是不能随便违背的，违背了就要惩罚你。可是你认识到这种必然性，按照这种必然性去做的话，那么你就到哪儿都是自由的。为什么孔子讲到了七十岁就可以"从心所欲不逾矩"？因为七十年的人生经历让他能够充分地了解和把握到人生的一些必然规则。当然不一定要到七十岁，这要看各人的悟性。有些人七十多岁了，还是达不到"从心所欲不逾矩"，有些人不到七十岁就能觉悟。前些日子我看了一个节目，其中接受采访的一个小女孩，她的悟性就比我高。这个节目是采访大连的一个叫"爱心之家"的社会机构，它是专门收养那些父母都是囚犯的孤儿的，其中就有一个 12 岁的小女孩，她父母都在坐牢，她只能在外面流浪捡破烂，在流浪的过程中，受到社会上的种种歧视、侮辱、打骂。但是她说她在受到别人打骂的时候从来不去还手、还口。主持人就问她为什么不还手、还口。她回答说，要是我去还口，他还在骂我，这不就吵起来了吗？那就等于我自己换了个嘴在骂我自己，要是我去还手，他就会变本加厉地还手，那就等于我自己换了一个手在打我自己。她小小年纪就能看到这一点，有这样一颗平常心，是很不简单的。总的来说我们要有一种觉悟，这样才能获得自由自在的我。

活在当下

我讲完这两个联了，有人就会问：是不是还有个横批啊？是有个横批，就是四个字："活在当下"。这就是说，佛教并不是像我们想象的，是脱离世间的生活的，恰恰相反，它是从当下做起的。大乘佛教起来以后，它对原来的原始佛教、部派佛教（所谓"小乘佛教"）最大的批评，就是这些部派佛教"欣上厌下"。所谓"上"就是菩提、涅槃，"下"就是生死、烦恼。小乘佛教把"上"看得很重，拼命地追求，把"上""下"看成对立的。但其实二者并不矛盾。佛教并不是宣扬命定论，你的命完全是由你自己决定的，你造这样的业，就受这样的报，你一念之差，你觉得现在生活在地狱里一样，但你也完全可以改变你的心念。因果理论是两方面的，它并不是要你消极等待，你完全可以改变自己的命运，这叫作"命由己定"。所以佛教强调的是当下，是靠你的觉悟来解决你自己的生死、烦恼问题。

我们要体悟实实在在真实的生命，体悟时时刻刻充实的生命。谢谢大家。

（本文根据楼宇烈先生为清华禅学社做的讲座整理而成，题目为编者所加。）

乡贤文化

中国的文化，特别是儒家文化，是一种做人的学问。即便我们知识再多，不懂做人的道理，也不能说是一个真正有知识、有文化的人。"乡贤"就是中国文化滋养出来的人，是本土本乡因德行而被本地民众所尊重的贤达之人，而"乡贤文化"就是这一地域历代圣贤积淀下来的文化形态，它影响和激励着民众的思想信仰和价值追求，从而引领社会，造福社会，维持社会和谐。过去乡间有"乡贤"，城市里有"贤达"，二者都是所在地域人民的榜样和表率。

一、既仁且知，立志希贤

儒家把圆满具足"仁"和"智"作为圣人的标志，初步做到"既仁且知"（知，通"智"），就是君子。那么"仁"和"智"是什么？我觉得先秦著作《荀子》的解释是比较深刻的。荀卿是战国末年的大思想家，我们常称他为"先秦文化的集大成者"。《荀子》乃荀卿所作，后人可能也编纂过，但编得很有意思。《荀子》记载着这样一个故事：有一天，孔子在屋子里休息，子路进来，孔子问："由！知者若何？仁者若何？"子路对曰："知者使人知己，仁者使人爱己。"孔子评价说："可谓士矣。"你可以称为读书人了。一会儿子路出去，子贡进来，孔子又问："赐！知者若何？仁者若何？"子贡对曰："知者知人，仁者爱人。"孔子评价说："可谓士君子矣。"你可以称为读书人中的君子，也就是说子贡在道德实践的方面高于子路。后来子贡出去，颜渊进来，孔子再问："回！知者若何？仁者若何？"颜渊对曰："知者自知，仁者自爱。"孔子听后非常高兴，大加赞赏说："可谓明君子矣。"你不是一般的君子，而是"明君子"，顾名思义，是指明白、通透的君子。

"何谓仁？何谓智？"以上三种回答都可以包括其中，但确确实实是有不同的境界。"人贵有自知之明"，"知人容易知己难"。老子讲"知人者智，自知者明"，只有看清自己的问题，才是真正明白通透的人。人也贵有"自爱"，所谓自爱，就是要有自尊；要自爱，就是不做不该做的事情。所以，颜渊的回答是最合乎孔子理念的根本宗旨的。

《论语》中关于"仁"的概念有很多。颜渊问："何谓仁？"孔子回答很明确，"克己复礼为仁"。"仁"就是管好自己，让自己的行为合乎礼。"礼"既是人性自然的发露和引导，又是历史积淀形成的社会公共规范，每个人都应该遵守。生活在有组织的群体中间，必须遵守群体的规范，想任何问题都不能只为自己想，还应为群体想、为社会想。社会是"人人为我"的，因此要做到"我为人人"，不能仅仅想自己，更应当考虑群体，一切言行举止应合乎群体的要求规矩。"克己复礼为仁"，这就是自爱！因此，懂得自爱、爱人，才能被人爱，这是做人的根本道理。中国文化，特别是儒家文化，其根本点就立足于人的自觉和自爱。《论语》曰"为仁由己"，不是别人要求，而是"由己"，即自觉地、自律地"为仁"。

"何谓智？"在中国文化中，明白做人的道理是最根本的智慧。教育的目的是什么？对个人来讲，就是要人人懂得做人的道理。《礼记·学记》说："玉不琢，不成器；人不学，不知道"。"道"是什么？就是"为人之道"。人不学习，就不懂为人之道，不能成为君子。教育的目的，对于社会而言，就要"化民成俗"，即引导社会构建一个良好的习俗或风气，大家沐浴在这样的风气中，便知道怎样做人、怎样处世。也正因为如此，所以"建国君民，教学为先"（《礼记》），通过国家教育，让人明白做人的道理，让整个社会构建好的习俗和风气。教育离开了这个根本的目的，那无非是学了些静止的知识而已，而不能够成就人之为人应该具备的"人格"（"人的品格"）。

汉武帝时，淮南王的门客们集辑了《淮南子》一书，其中也说到"智"与"仁"，"遍知万物而不知人道，不可谓智"，提出了知晓人道是最根本的智慧；接着讲"遍爱群生而不爱人类，不可谓仁"，仁的根本在爱人类。两千多年前老祖宗所说何尝不切合今天的现状？现代人很多也沦落到这样的状态：爱小狗小猫爱得不得了，对于人类却爱不起来，甚至为了小狗小猫不惜伤害人类。

总之，我们做人，我们的教育、学习，究竟是为了什么？就是要做到"既仁且知"。中国文化的重点，在于人类要认识自己的特定身份。特别是儒家的文化，首先强调做人要跟动物区别开来。这是最基本的，不要像禽兽一样，更不能连禽兽都不如。但人和动物有多少差异呢？孟子讲"几希"，就只是一点点区别。荀子更明确地把天地之间的万物分成四大类：第一类，是水火，"水火有气而无生"，只是生命元素却没生命气象；第二类，是草木，"草木有生而无知"，草木有生命，但没有知，知是知觉、情感；第三类是禽兽，"禽兽有知而无义"，有知觉没有仁义；第四类，是人类，四者皆有，"人有气，有生，有知，亦且有义，故最为天下贵也"。人之贵，就贵在他有"义"。所以禽兽是有情而无义，人是有情而有义的。什么叫义？孟子讲，"仁，人心也；义，人路也"。义就是人应该走的路，路需要辨别清楚，也就是要知道应该走什么路、不该走什么路、什么时候走、什么时候不该走。"义"为尽其分内之所当然，"利"言求其私欲之所欲得。义利之辨即公私之辨，人须"见利思义"。董仲舒说过，"正其谊不谋其利，明其道不计其功"。做人，要辨别心术之正邪，见到"利"的时候，要考虑"利"该不该得，是正当还是不正当的"利"。我们不能见利忘义，而应该见利思义，甚至要以义为利，这才是为人之道，也正是人跟动物的区别所在。

今天，我们不仅要跟动物区分开来，受过良好教育的读书人，更应该立志在社会上发挥榜样作用、表率作用、引导作用，立志成圣成贤。作为士，一个读书人，应当有这样的理想和目标。一个社会的精英，有责任做社会的引领者，成为一个贤人，甚至圣人。

什么叫贤人？过去我们笼统地讲"圣贤"，圣人是"与天地合其德"的"大人"，是通透的，洞彻天道、地道、人道。而圣人是极少数的，或许难以企及，而我们成贤却是力所能及的，这就要高尚其志，在"仁"和"智"上面下功夫。

二、乡贤的四个标准

贤人应该具备怎样的品德呢？《荀子》记载，鲁哀公问孔子："人，大约可以分为几种状态？"孔子回答："人有五仪。"第一类是庸人，庸常的普通人；第二类是士，即受过教育的读书人，比普通人受更多的教育，比如子路；第三类是君子，历史上，君子最开始更多指身份地位的差异，后来更着重于品德的差异，君子与小人相对举，君子品德高尚，是能践行道德的人；第四类是贤人，有明确的要求；第五类是大圣。进而，鲁哀公又问贤人的标准，孔子总结为四个方面，前两条是从德行方面而言，后两条是从德行结合了实际利益来讲的。

第一条"所谓贤人者，行中规绳"。贤人的行为是中规中矩的，以至成为人们学习效仿的标准。但这不是做作出来的，而是自然而然的，所以说"行中规绳""而不伤于本"，不违背本性，是本性的流露。

第二条是"言足法于天下而不伤于身"，言论可以为大家所学习和效法，但也不是做作的、故意的，故"不伤于身"。言行中规中矩足以为天下人效仿，这要求贤人要做得恰如其分，"不苟且为之"，《荀子·不苟》中提到"行不贵苟难，说不贵苟察，名不贵苟传，唯其当之为贵"。对于自己的言行作为，不以不正当的难能为可贵；对于自己的学说，不以不正当的明察为宝贵；对于自己的名声，不以不正当的流传为珍贵。行为、学说、名声恰如其分才是最重要的。

最后两条，是过去乡贤们经常做的，是对自己的要求。

第三条"富有天下而无怨财"，财富很多，而不令人产生怨恨，财产来源清清楚楚，明明白白，正正当当，是合理合法所得。

第四条"布施天下而不病贫"，把所有财产拿出来奉献社会，但不会鄙视贫穷。古代乡贤就是这样做的，他们做了诸如办学、开仓、修桥、补路等公益事业，可谓是贤人。

孔子对贤人有非常明确的四个标准，今天打造乡贤文化，大家应该明白入手的这些方向。过去很多地方事务都是靠乡贤们承担的，传统社会里

"王权不下县"，县里基本是社会自治，县衙门里没几个人，乡贤们在维持地方自治和社会和谐方面，起着关键的作用。所以，地方如果能够培养一批乡贤，对于维持地方和谐是很有现实意义的。

三、"贤达"之"达"的两重深意

在城镇里，贤人过去更多被称为"贤达"。达是达人，不是今天年轻人的网络用语"达人"；"贤达"就是"闻达"，声名远播，在社会上人人皆知。贤，要做到以上四条；而达人的"达"呢？《中庸》里有"达道""达德"的说法。

何谓"达道"？《中庸》言："中也者，天下之大本也；和也者，天下之达道也。""和"是天下之"达道"。"致中和，天地位焉，万物育焉。""中庸"是中国文化实践的原则，我们做任何事情都有要以"中"为标准，无过无不及，才能达到"和"。什么是"和"？"和"不是孤立的、单向的，至少是两个不同的方面协调之后的结果。达人不能只顾一面，要思考怎样才能让社会、让人际关系达到"和"的状态。

何谓"达德"？《中庸》曰："好学近乎知，力行近乎仁，知耻近乎勇。""知仁勇三者，天下之达德也。"《中庸》的知仁勇和人们通常所理解的还不太一样，值得我们细心关注和认真实践。

"好学近乎知"，人活一辈子就要学一辈子，没有止境地不断努力学习。如此，方能"青出于蓝而胜于蓝，冰水为之而寒于水"，一句话"学不可以已"。所谓"知"者，就是好学，不停地学。当然，学也要讲究方法，不能死学，不可囿于名相，死于句下，要活学，更要活用。我们要活读书，读活书，才能读书活，如果我们死读书，读死书，那一定是读书死。什么叫"活书""死书"？书本是死的，生活和社会是活的，除了读书本的书，更应当读社会生活的书，这才能做到真正地"好学"，才能有"知"。"力行近乎仁"，这里对"仁"的解释与刚才所说的"自爱，爱人"等内容都不一样，《中庸》强调"力行"，要去践行，才是"仁"的品德。"仁"的概念非常丰富，不是简单的爱人就能概括，既包括自爱也包括力行。只说不做不能说是仁人君子，君子不仅要说，更要去做。"知耻近乎勇"，关于"勇"更值得我们思考。我们提到勇，就觉得是勇敢而已。《中庸》认为"知耻近乎勇"，知即自知，"知耻"就是要有羞耻心，要懂得做的是对的还是不对的，不对的要改正，羞耻心十分重要。知耻而改过才是真正的勇气。不懂得羞耻，不会去改过，"无耻之耻，是耻也"。无耻之徒是不懂得有错即改的。

所以，《中庸》的"三达德"是非常有价值的。但光讲"三达德"还不够，我们既要懂得什么是达道、达德，更要特别强调"力行近乎仁"，仁不仅是道德，更是践行、是实行。因此，做社会的贤达是不容易的。在当今社会，"乡贤""贤达"都是我们热切盼望涌现出来的人物，希望有这些人来引领社会，造福社会，维持社会和谐。

四、文化传统与"新乡贤"

讲到中国文化，我们也不能把眼光停留在儒学这一个方面。从中国思想史的角度来讲，我们的本土文化，最后汇聚成了儒、道两家，但儒、道也不完全是原初的儒、道，都有很大的发展。儒家孔子以后还有孟子、荀子，特别是战国时候的荀子，对我们后世的社会实践中的儒学影响巨大。荀子是先秦思想文化的集大成者，他把儒、道、法、墨、阴阳初步融会到一起。荀子的思想对汉代以后的思想发展有很大影响，在社会实践方面影响更大。也正因此，近代思想家谭嗣同概括中国思想文化用了两句话：二千年之政，秦政也；二千年之学，荀学也。他概括这两句话的目的，是让我们集中力量去批判秦政、批判荀学，因为他看到两千年来的专制集权制度就是从秦始皇开始，秦确立了中央集权制、君主专制制。从事实上而言，他的概括是对的，秦以后不再是封建社会，成为自夏商周三代以来制度的分水岭，其后的政治系统基本都是中央集权下的郡县制。"二千年之学，荀学也"，对不对呢？我觉得是对的。因为除了政治制度，我们的社会伦理关系，我们的言行举止规范，这些生活中最实际的东西都是按照儒学的理念构建的。所以从最现实的生活层面来讲，中国传统文化中儒学处于主干的位置。

至于精神生活方面，道家占据了一席之地；后佛教进来，也占据了重要位置。儒释道形成了三个不可分割的文化组合，这个组合就是中国文化的主体结构。谭嗣同主要是从社会现实生活角度，特别是制度、伦理、行为、规范这几个层面来讲的。荀子提倡"礼法并重，王霸兼行"，秦汉以后，世代都是"刑德兼用"，并非纯粹用礼来治国，都是礼法兼用。荀子提出"隆礼重法"，"隆礼尊贤而王，重法爱民而霸"，认为不仅要讲王道，还要讲霸道，国家才能强大，所以《荀子》有《强国》《富国》篇。荀子在中国历史上有很大影响。谭嗣同的提法是有道理的，但是他是从否定和批判的角度来概括的。总体来讲，人在现实生活中总要有精神的需求，不是单纯的伦理关系就能解决的，还有种种境界的追求、情感的寄托等，所以道家和佛教在这些方面起了很大作用。

佛教于公元前后、两汉之际传入中国，逐步与中国本土的儒、道相结合，成为中国精神生活的重要方面。有唐一代，佛教基本定型，其间发生了儒释道三教合一的标志性事件，即唐玄宗亲自选了三本书——《孝经》《道德经》《金刚经》予以注解，正好与儒道佛相对应，它们都是儒道佛的核心和基础经典。从此以后，中国读书人没有不是贯通三教的。有宋以来，理学家重新复兴儒学，但是他们的很多思想也受到佛、道的影响。所以，自隋唐以来，中国主体文化的三教是相互匹配的，"以儒治世，以道治身，以佛治心"，而且是相互借鉴、相互吸收，你中有我，我中有你；更由于中国文化从来都是包容的、没有立于一尊的想法，故三教仍各自保持了自己的独特性、主体性，所以尽管三教是你中有我，我中有你，但各自还是你是你，我是我。

中国传统文化的这种开放包容的传统，一直延续不断。除了三教之外，历史上很多西方文化传入中国，也都是被接纳的。基督教在公元6世纪末（唐代）就传入了中国，由于基督教传播过程中间或表现出的排他倾向，出现了时断时续的情况。伊斯兰教也在6世纪末7世纪初传入中国，在中国传播1300多年未曾中断过，而且不断和中国文化相互交融结合。

总之，中国文化传统都是"以人为本"的，儒释道三教都是以人为本的。儒家的理念是成圣成贤，是人的自我超越、自我提升；道家追求成仙，仙也是人做的，是能够保持真性的人，归根复命的人；佛教追求成佛，佛就是一位觉悟者，佛教提倡觉悟人生，奉献人生，学佛绝不是去求佛求菩萨，而是追求成佛成菩萨。中国这三教，都是以人为本的，我们要牢牢把握住这一特性。

能够延续这样的文化精神，在今天人的主体性、独立性越来越丢失的时代，意义就很深远了。我们今天所处的时代，是对自己越来越缺乏信心的时代，是把自己交给了数据、机器去管理的时代，也就是人的主体性丢失的时代。因此，学习传统文化，应该重新找回人的主体性、独立性。人的主体性为什么会丢失呢？恰恰是由于人无限制地发挥了、盲目地张扬了其主动性和能动性。中国文化要求我们管理好能动性，而不是无限制地任其发展。如果人被人自己发明的机器、数据把控住了，囿于数据，死于标准，那这就是人的自我异化。我们中国文化既要求保持好人的主体性、独立性，又强调控制好人的主动性、能动性，从这点来讲，中国文化是具有世界意义的。

我希望我们现代青年更多地深入传统文化，去重新认识传统文化，更好地继承和发扬传统文化，让人类共享中国文化。孟子说过，"一乡之善士，斯友一乡之善士；一国之善士，斯友一国之善士；天下之善士，斯友天下之善士。"我们今天处于全球化的时代，不止要有"乡贤"，更要有"国贤""天下之贤"；要有开创"新乡贤"的广阔视野和胸怀。作为中华传统文化的传承者，我们常讲要让中国文化"走出去"，但我们首先要让中国文化"走回来"，那就是了解和认同自己的传统文化，恢复文化的自信。有了这样的文化主体意识，我们才能把中国文化建设好，让世界感受到中国文化的魅力。

（编者按：本人曾经两次当面聆听楼宇烈先生谈乡贤文化：一次是2015年4月，作为新罗峰书院的名誉院长，楼宇烈先生莅临中国金都为书院揭牌时的开示与期许；另一次是2017年4月30日，跟先生一起应杨汝清先生之邀，参加江南书院的乡贤文化会讲活动，楼先生做了主题讲座。本文根据先生在江南书院的讲学实录整理，题目为编者所加，谨此说明。）

附录　梁启超《君子》演讲原文

君子二字其意甚广，欲为之诠注，颇难得其确解。为英人所称劲德尔门包罗众义与我国君子之意差相吻合。证之古史，君子每与小人对待，学善则为君子，学不善则为小人。君子小人之分，似无定衡。顾习尚沿传类以君子为人格之标准。望治者，每以人人有士君子之心相勖。《论语》云："君子人与？君子人也！"明乎君子品高，未易几及也。

英美教育精神，以养成国民之人格为宗旨。国家犹机器也，国民犹轮轴也。转移盘旋，端在国民，必使人人得发展其本能，人人得勉为劲德尔门，即我国所谓君子者。莽莽神州，需用君子人，于今益亟，本英美教育大意而更张之。国民之人格，骎骎日上乎。

君子之义，既鲜确诂，欲得其具体的条件，亦非易言。《鲁论》所述，多圣贤学养之渐，君子立品之方，连篇累牍势难胪举。周易六十四卦，言君子者凡五十三。乾坤二卦所云尤为提要钩元。乾象曰："天行健，君子以自强不息。"坤象曰："地势坤，君子以厚德载物。"推本乎此，君子之条件庶几近之矣。

乾象言，君子自励犹天之运行不息，不得有一暴十寒之弊。才智如董子，犹云勉强学问。《中庸》亦曰，或勉强而行之。人非上圣，其求学之道，非勉强不得入于自然。且学者立志，尤须坚忍强毅，虽遇颠沛流离，不屈不挠，若或见利而进，知难而退，非大有为者之事，何足取焉？人之生世，犹舟之航于海。顺风逆风，因时而异，如必风顺而后扬帆，登岸无日矣。

且夫自胜则为强，乍见孺子入水，急欲援手，情之真也。继而思之，往援则己危，趋而避之，私欲之念起，不克自胜故也。孔子曰："克己复礼为仁。"王阳明曰："治山中贼易，治心中贼难。"古来忠臣孝子愤时忧国奋不欲生，然或念及妻儿，辄有难于一死不能自克者。若能摈私欲尚果毅，自强不息，则自励之功与天同德，犹英之劲德尔门，见义勇为，不避艰险，非吾辈所谓君子其人哉。

坤象言，君子接物，度量宽厚，犹大地之博，无所不载。君子责己甚厚，责人甚轻。孔子曰："躬自厚而薄责于人。"盖惟有容人之量，处世接物坦焉无所芥蒂，然后得以膺重任。非如小有才者，轻佻狂薄，毫无度量，不然小不忍必乱大谋，君子不为也。当其名高任重，气度雍容，望之俨然，即之温然，此其所以为厚也，此其所以为君子也。

纵观四万万同胞，得安居乐业，教养其子若弟者几何人？读书子弟能得良师益友之薰陶者几何人？清华学子，荟中西之鸿儒，集四方之俊秀，为师为友，相蹉相磨，他年遨游海外，吸收新文明，改良我社会，促进我政治。所谓君子人者，非清华学子，行将焉属？！虽然君子之德风，小人之德草，今日之清华学子，将来即为社会之表率，语默作止，皆为国民所仿效。设或不慎，坏习惯之传行急如暴雨，则大事偾矣。深愿及此时机，崇德修学，勉为真君子，异日出膺大任，足以挽既倒之狂澜，作中流之底柱，则民国幸甚矣。

（本文原载 1914 年 11 月 10 日的《清华周刊》第 20 期，为 11 月 5 日梁启超清华《君子》演讲实录。演讲地点在今大礼堂东南的同方部，是学校首期建筑物之一。）